WESTEND

Florian Rötzer, geboren 1953, hat nach dem Studium der Philosophie als freier Autor und Publizist mit dem Schwerpunkt Medientheorie und -ästhetik in München und als Organisator zahlreicher internationaler Symposien gearbeitet. Seit 1996 ist er Chefredakteur des Online-Magazins Telepolis und Herausgeber der Telepolis-Buch- und eBook-Reihe. Von ihm erschienen sind u.a. »Die Telepolis. Urbanität im digitalen Zeitalter« (1995) und »Vom Wildwerden der Städte« (Birkhäuser 2006). Bei Westend erschien zuletzt sein Buch »Smart Cities im Cyberwar« (2015).

FLORIAN RÖTZER

SEIN UND WOHNEN

Philosophische Streifzüge zur Geschichte und Bedeutung des Wohnens

WESTEND

Mehr über unsere Autoren und Bücher:
www.westendverlag.de

Die Deutsche Nationalbibliothek verzeichnet diese Publikation in der Deutschen Nationalbibliografie; detaillierte bibliografische Daten sind im Internet über http://dnb.d-nb.de abrufbar.

FSC
www.fsc.org
MIX
Papier aus verantwortungsvollen Quellen
FSC® C083411

ISBN 978-3-86489-322-3

Umschlaggestaltung: © Buchgut, Berlin
Satz: Publikations Atelier, Dreieich
Druck und Bindung: CPI – Clausen & Bosse, Leck
Printed in Germany

Inhalt

Einleitung

Eigentlich kann man überhaupt nicht mehr wohnen.

– Theodor W. Adorno: Minima Moralia, 1944

Menschen wohnen. Dieses Bedürfnis scheint ein Existenzial zu sein, angemessenes Wohnen wird denn auch als Menschenrecht gehandelt, Obdachlosigkeit hingegen gilt als Fall ins Bodenlose. Bis zur Coronakrise beherrschten die steigenden Kosten des Wohnens und die Angst vor der Wohnungslosigkeit den Diskurs, aber mit den Ausgangssperren und Kontaktverboten wurde plötzlich wieder klar, was Wohnen in aller Ambivalenz bedeutet: Schutz vor Gefahren, ein gesicherter Raum des Intimen und Persönlichen, aber eben auch ein Gefängnis und ein Raum der Vereinsamung. Quarantäne in der eigenen Wohnung heißt nichts anderes, als dass diese zum Gefängnis oder zur Monade wird, was vor allem Singles und Menschen beeinträchtigt, die eng zusammengepfercht wohnen und die Außenwelt als erweiterten Wohnraum benötigen.

Der Aspekt des Schutzes vor dem Außen und des Abstands zum Anderen macht einleuchtend, warum die Unverletzlichkeit der Wohnung von der Verfassung fast so hoch wie die Würde des Menschen und die Gleichheit vor dem Gesetz geschützt ist. Wenn die Wohnung oder das Haus wieder zur Burg wird, die vor Gefahren schützen und für Sicherheit sorgen soll, verwandelt der verordnete Rückzug in die eigenen oder gemieteten vier Wände diese trotz historisch einmaliger medialer Anbindung nicht nur an den Nahraum, sondern praktisch an die ganze Welt zugleich in eine Falle, sobald das freie Pendeln zwischen innen und außen eingeschränkt wird. Wer zudem in kleinen, überfüllten, dunklen Wohnungen leben muss oder dem Hype gefolgt ist und in sogenannten »Tiny Houses« oder Mikroappartements wohnt, erfährt in Zeiten von Quarantäne und Ausgangssperren, dass eine angemessene Größe und Beschaffenheit der Innenräume gewährleistet sein muss, um einen längeren Aufenthalt in diesen nicht zügig als bedrückend zu erleben.

Seltsam ist freilich, dass bislang in der Philosophie das Wohnen nach der radikalen Negation der Kyniker im antiken Griechenland, die sich dem Rückzug in den privaten Raum verweigerten und provokativ ihr Leben im öffentlichen Raum führten, kaum zum Gegenstand wurde. Es blieb ein Nebenthema, kaum erwähnt und durchdacht, obgleich jeder Philosoph wohnt und auch daraus seine Gedanken spinnt. Das Naheliegende und Alltägliche bleibt ausgespart, wird meist nur indirekt thematisiert, vermutlich weil das Wohnen kontextbedingt und zeitlich variabel erscheint, also nicht würdig ist, allgemeines Thema des Daseins zu werden.

Diesem allgemeinen Trend ungeachtet, machten nach dem Zweiten Weltkrieg zwei äußerst unterschiedliche Philosophen das Wohnen zum Thema: Martin Heidegger als Sympathisant der Nationalsozialisten und der Verankerung des menschlichen Daseins in der Heimat und der Jude Vilém Flusser, der vor den Nazis aus Prag flüchten musste und als Vertriebener eine neue Identität, eine Philosophie der Bodenlosigkeit, entwickelte. Für den Kosmopoliten Flusser hatte Wohnen, vor allem in Bezug auf Heimat, eine völlig andere Bedeutung als für den sesshaften Heidegger. Mit Flusser lassen sich Grundzüge einer modernen Philosophie des Wohnens entwerfen, die konsequent den Begriff der Heimat dekonstruiert: »Man kann die Heimat auswechseln oder keine haben, aber man muss immer, gleichgültig wo, wohnen.«

Mit der Reise aus dem Bannkreis der Erde heraus, mit den Flügen zum Mond, hat sich der Blick auch auf die Erde als Raumschiff und als singuläre Wohnung des Menschen noch einmal verstärkt.

Der Blick von außen, aus dem Weltall, macht die Menschen zu Gästen und zu Mietern der Erde, die es seitdem nicht mehr zu kolonisieren, sondern zu erhalten gilt. Verwoben damit ist die Erzählung vom Paradies, einem Garten als Wohnstätte und der Abschiebung in die Welt. Das machte die Menschen zu heimatlosen Migranten auf der Suche nach einer Wohnung in der Natur, die wieder zu einem Garten umgebaut werden soll. Den Wurf aus dem Paradies muss man mit der Geburt in Verbindung setzen, die den Menschen aus dem Mutterleib als der ersten Wohnung in die Welt »wirft« oder aus deren schließlich beengendem Gehäuse er flieht. Die Suche und das Einrichten in einer Wohnung ist von der Ambivalenz bestimmt, wieder in das geschützte Reservat, in die Höhle oder das Paradies, zurückzukehren oder dies zu rekonstruieren und vom Drang nach dem Freien, der Suche nach Ausgängen. Das zeigt sich auch in philosophischen Entwürfen von Lebenswelten, beginnend mit Platons Höhlengleichnis.

Die Wohnung, das Haus, ist im digitalen Zeitalter alles andere als der Rückzugsort der Menschen, der Raum des Privaten, durch Mauern, Türen und Fenster getrennt vom Öffentlichen. Mit den sogenannten »Smart Homes« holen wir Maschinen als vermeintliche Diener in den privaten Raum, die uns überwachen und unser Verhalten kontrollieren oder steuern. Über Künstliche Intelligenz könnten sich »Smart Cities« und »Smart Homes« auch verselbstständigen, als Bewohner würden wir dann zu Gefangenen – und richten uns mit Theorien über die Simulation in den digitalen Gefängnissen nach dem Vorbild des platonischen Höhlengleichnisses auch ein.

Im Gegensatz zu früher ist das digitale Gefängnis nicht mehr Anlass, einen Weg hinaus zu finden, sondern um sich noch besser einzuschließen, was dem Verlangen nach »Gated Communities« und »Gated Nations«, also nach kontrollierten Grenzen, möglichst mit Mauern, entspricht – einem Leben in Festungen, die mit Hightech nach außen und nach innen gesichert sind. Hier kommt auch der Krieg ins Spiel, der Festungen, Bunker und Häuser zerstört und

Vertriebene hervorbringt. Es ist eine besondere Weise des Entwohnens, die auch im Alltag permanent durch Abriss, Neubau und Gentrifizierung vonstattengeht und manchen in die Obdachlosigkeit stürzt.

Im Zweiten Weltkrieg kulminierte der Luftkrieg in der Vernichtung ganzer Städte. Nachdem man aus dem Ersten Weltkrieg gelernt hatte, richtete man in Deutschland ein System von genormten Schutzbauten in Häusern ein und veränderte Stadtbaubilder, die von der verdichteten Stadt – nach Le Corbusier »Wucherungen« – in die funktional aufgeteilte, »gegliederte und aufgelockerte« Stadt mit den neuen Wohnsiedlungen wechselten. Sie sollte bei den Nazis als Schutz vor Luftangriffen dienen, die nur noch einzelne Häuser zerstören konnten, aber nicht mehr ganze Stadtviertel. Ebenso wurde darauf geachtet, möglichst nur feuerfeste Materialien zu verwenden, die auch heute noch in unseren Gebäuden zur Anwendung kommen. Mit der Vorstellung, sich durch Schutzräume sichern zu können, räumten allerdings die Atombombenabwürfe auf Hiroshima und Nagasaki gründlich auf. In den 1960er Jahren stellte der deutsche Staat die letzten Programme zum Bau von Schutzräumen ein, der Regierungsbunker wurde hingegen erst in den 1990er Jahren stillgelegt. Jetzt bereiten sich sogenannte »Prepper«, die Kriege oder Katastrophen erwarten, privat durch Bunker und andere Schutzmaßnahmen vor, während das Heiligste der digitalen Gesellschaften, die Serverfarmen und Rechenzentren, zu den am besten geschützten Orten werden, zu den Festungen der digitalen Gesellschaften.

Der Blick nach vorne in die neue »Un-Heim-lichkeit« des Wohnens führt in Exkursionen, wie in der Geschichte des Menschen gewohnt wurde. Dabei findet häufig der Umstand Erwähnung, dass Wohnen mit frühen Erfahrungen des Lebens im geschützten Uterus und dem Sturz in die Welt verbunden ist – Erfahrungen, die vermutlich Erwartungen an das Wohnen geprägt haben. Wie haben frühe Menschen gewohnt, wann haben sie begonnen zu wohnen, wie hat sich das geschützte Wohnen, möglich geworden durch

Werkzeuggebrauch und Feuermachen, auf die Entwicklung des Menschen ausgewirkt? Und was ist mit der letzten Wohnung eines Menschen, dem Grab?

Wohnen ist mit dem Verhalten zum Gast verwoben. Die Menschen sind Gast auf der Erde, aber sie haben ihre Wohnungen mit vehementen Mitteln, vor allem ab dem 19. Jahrhundert, gegen unerwünschte Gäste verteidigt. Die Hygienisierung der Wohnverhältnisse, das große Reinemachen, geht im Bürgertum auch einher mit dem Verschwinden der Dienerschaft. Man lebt autark, die Familien schrumpfen bis hin zu Single-Existenzen, die Untermietverhältnisse auch. Obgleich das Leben vermutlich mit einem zufälligen oder erzwungenen Zusammenleben angefangen hat – (endo)symbiotisch. Mittlerweile schlägt die Desinfizierung auch auf die Gärten und das Land jenseits des umbauten und geschützten Raums durch. Der realisierte Paradiesgarten wird entvölkert, die Häuser sind aseptisch, nähern sich den lebensabweisenden Rein- und »Reinsträumen« an, in denen man Halbleiter produziert und Serverfarmen unterbringt.

In den Smart Homes und Smart Cities ziehen sich die Menschen nicht mehr aus der Natur und von den Mitmenschen in Gebäude zurück, die ersten künstlichen Umwelten, die geschaffen worden sind. Hier sind sie im Prinzip direkt an die Welt angeschlossen, die Wohnung gerät zu einem globalisierten Element, das von überall aus gesteuert, eingesehen und gehackt werden kann. Gleichzeitig ist der Bewohner in die gesamte Welt, in die globale Datensphäre integriert und öffentlicher als im immer lokalen öffentlichen Raum, auch wenn er weiterhin von Mauern oder materiellen Abgrenzungen wie Fenstern umgeben ist. Die Menschen gehen nicht in den Cyberspace, sie werden mitsamt ihrer materiellen Lebenswelt von ihm eingesponnen. Ein paradoxes Dasein zwischen Transparenz und Privatheit, bislang vom umbauten Raum bestimmt und gesetzlich durch die Unverletzlichkeit der Wohnung gesichert.

Wohnungen und Häuser waren einst Bastionen des Privaten. Das ist längst vorbei, da sich das Wohnen gerade mit den Smart

Homes grundlegend verändert. Mit dem Einzug in die intelligenten Behausungen ist endgültig Schluss mit der Illusion von Privatheit, nicht aber mit der Abwehr gegenüber der Nahumgebung. In Zeiten der Pandemie gewinnt die Kontrolle über den Eingang nochmals an Wichtigkeit. Das Leben findet zwar nicht notwendig in der Öffentlichkeit statt, aber das Heim wird mehr oder weniger zu einem Subjekt, das auf die Bewohner reagiert und deren Verhalten beeinflusst. Zuhause ist man seit dem Telefon, welches das erste Loch in die Gemäuer geschlagen hat, nicht mehr alleine. Der Bewohner wird selbst zum Gast, der neben den vielfältigen Interaktionen mit seinem häuslichen Internet der Dinge und dem Dialog mit dem »Homeserver«, dem neuen sprechenden und verstehenden Diener, direkt an der Weltöffentlichkeit teilnimmt und in der virtuellen Weltmetropole lebt. Heute sind nicht mehr alte Schlösser, Burgen oder zerfallende Gebäude unheimlich, sondern die kalten, sauberen, perfekten Gehäuse, die von Computern gesteuert werden – und die neue Gäste in Form von Viren oder Trojanern in die Wohnungen schleusen.

Anthropologie des Wohnens: Von der biologischen Zelle zum Wohngebäude

In der Regel versteht man unter einer Wohnung einen gebauten Raum, einen künstlichen Körper, eine zweite Haut. Wohnen eigentlich Tiere? Beispiele von Tieren, die sich Höhlen bauen oder einen festen Wohnsitz haben, legen dies nahe. Bauen sich Vögel ihre Wohnungen in Nestern, Bären in Höhlen, Mäuse oder Füchse in Erdhöhlen? Ist das Haus einer Schnecke nicht auch eine Wohnung? Und könnte man womöglich bereits den Chitinpanzer von Insekten als eine mobile Wohnung verstehen, die das weiche Innere schützt? Der Körper ist mit seiner Haut, seinem Panzer, seinem Gefieder selbst eine mobile Wohnung, mit der das Lebewesen verbunden ist. Diese Wohnung bleibt, aber sie ist wieder durch eine nach außen verlagerte Wohnung, die den Körper schützt, aufgespalten und verdoppelt.

Leben beginnt mit einer Hülle, mit dem Vorhandensein einer im Prinzip kugelförmigen, aber auch zylindrischen oder fadenförmigen selbstständigen Zelle, die sich von der Umwelt durch eine elastische Wand abgrenzt. Diese Membran regelt den Verkehr beziehungsweise den Stoffwechsel oder die Handelsbeziehung zwischen innen und außen und schützt den abgegrenzten inneren Raum des Zytoplasmas sowie der in diesem enthaltenen Teile, die Module oder Mitbewohner sein können. Auch Einzeller stellen kein atomares Leben dar, sind keine einsame Monade, sondern bereits ein »Wir«, eine Gemeinschaft aus einem Nucleotid, dem Zytoplasma, Organellen mit Membranen wie den Ribosomen, die Proteinfabriken, und den Chlorplasten bei Grünalgen und Pflanzen. Oft gibt es Plasmide, die sich unabhängig vom Genstrang der Bakterien reproduzieren und so eigenständig sind, dass sie auch in andere Zellen übertragen werden und dort eindringen können, was dem Einzeller durch die neuen Gene nützt, beispielsweise zum Immunschutz. Flagellen dienen schließlich der Fortbewegung.

In Eukaryoten kommen noch weitere Bewohner hinzu, beispielsweise die Mitochondrien, die neben eigener DNA wiederum Ribosome enthalten und die mit großer Wahrscheinlichkeit ursprünglich selbstständige Existenzen als Einzeller bildeten, die vielleicht als Parasiten in andere Zellen eingedrungen waren oder gefressen wurden. Sie gelten als Paradebeispiel für die vor allem von Lynn Margulis entwickelte Endosymbiontenhypothese.[1] Weniger aggressiv gedacht, könnten Symbiosen natürlich auch durch Gäste oder Besucher entstanden sein, die nach einem ursprünglich kurzzeitigen Besuch länger dort verblieben waren. Möglicherweise handelt es sich auch bei prokaryotischen Zellen bereits um Wohngemeinschaften von Symbionten, die ihre Eigenständigkeiten noch weiter aufgegeben haben, weil manche Wirte und Zellen vom Zusammengehen profitieren. Nach der Endosymbiontenhypothese für Eukaryoten, die mittlerweile weitgehend akzeptiert wird, haben sich durch die Vergemeinschaftungen evolutionäre Sprünge ergeben. Wichtig festzuhalten wäre jedoch, dass die Voraussetzung für solche Endosymbiosen Fressvorgänge oder parasitäres Eindringen sind. Zudem scheint es einen ausgeprägten Drang auch schon bei den Prokaryoten zur Vergesellschaftung zu geben, also gewissermaßen mehr oder weniger stabile, feste, kollektive Ansiedlungen in unterschiedlichsten Formen zu bilden, die mitunter auch bereits gemeinsam handeln und dafür kommunizieren müssen. Leben, könnte man auch sagen, entsteht durch eine Selbstabgrenzung oder Einstülpung, die ein Zerfließen oder Auflösen einer Wohngemeinschaft verhindert und deren Identität und Singularität schafft.

Zum Leben gehört neben der Abgrenzung und dem Einschluss in eine Festung auch das Prinzip der Selbstreproduktion oder der

Vermehrung durch Zellteilung, also durch eine Vervielfältigung des behausten Einzellers. Notwendig ist für Wachstum, Selbsterhaltung und Selbstvermehrung ein »Gedächtnis« in Form des Genoms, das die dreidimensionale Zelle in ihrer Identität erhält und mitunter auch repariert sowie eben durch Teilung reproduziert. Gleichzeitig sorgt das Gedächtnis, das bei Prokaryoten ein in sich geschlossenes Molekül (»Nucleotid«) und bei Eukaryoten selbst wieder als »Zellkern« durch eine Doppelmembran abgetrennt und geschützt ist, durch Fehler nicht nur für Katastrophen, sondern auch für Innovationen, durch die sich die Zellen an eine stets in Veränderung begriffene Umwelt »anpassen« können. Die Teilung wird vom genetischen Apparat der aus Tausenden von Nucleotiden bestehenden RNA oder DNA angetrieben, einem komplizierten Gedächtnis-Apparat, der über die Fähigkeit zur Selbstreplikation verfügt. Wahrscheinlich gibt es einen engen Zusammenhang zwischen der Aufrechterhaltung eines Lebewesens als Gated Community oder als Blase und der Möglichkeit der Selbstvermehrung, die sowohl durch Zellteilung als auch später durch sexuelle Reproduktion in der »Wohnung« der umhüllten Vielzeller geschieht. Bakterien tauschen überdies Gene aus, sodass sich die Bakteriengemeinschaft als eine riesige Tauschbörse verstehen lässt, um permanent die Wohnungen umzubauen, zu ergänzen, zu modernisieren und schlichtweg zu erkunden, was nach einem Tausch passiert. Zudem schleusen Viren ihre Gene in die Zellen ein, übernehmen die Genproduktion zur Reproduktion. Meist stirbt die Wirtszelle, es können aber auch Gene zurückbleiben und sich mit dem Genom fortpflanzen.

Zudem ist eine Zelle nicht nur von der Außenwelt abgegrenzt und reproduktionsfähig, sie ist als Einzeller auch mobil und bewegt sich nomadisch in einem flüssigen Medium. Ob schon prokaryotische Zellen der Bakterien und Archaeen durch Symbiosen entstanden sind, ist unbekannt. Sie enthalten zumindest keine Organellen, die ihre eigene genetische Information enthalten, eine Symbiose oder Aufnahme hätte hier zur gänzlichen Verschmelzung geführt.

Metaphorisch könnte man selbst bei Prokaryoten bereits nicht nur vom Leben in einer »Wohnung«, sondern auch in einem Leib sprechen. Bakterien sind nicht nur ein Leib, das Nukleoid als »Kernbewohner« hat auch einen Körper. Mit dem Beginn der Eukaryoten beginnt spätestens die Phase des Zusammenwohnens, der Kommune.

Neben dem Leben, das mit der sich von der Umgebung abspaltenden und sich teilenden Zelle entsteht, kommt es nicht nur zum Fressen anderer, kleinerer Zellen, sondern vermutlich auch zur Entstehung von Parasiten, also nomadischen Eindringlingen, die ihr Genom in die Einzeller als Wirte einschleusen, um sich listig mit deren Hilfe und auf deren Kosten zu replizieren. Ohne Zellen können sich Viren nicht vermehren. Auch sie haben in der Regel eine Umwandung ihres Inneren, eine Proteinhülle, die ihre DNA oder RNA umschließt, aber keinen eigenen Stoffwechsel. Unbekannt ist, ob Viren aus Teilen von Zellen entstanden sind oder ob sie sich als Minimalleben schlicht aufgrund des Vorhandenseins von Zellen als möglichen Wirten entwickelt haben.

Die Abgrenzung nach außen durch eine elastische Membran erzeugt die kompakte Gestalt der Zelle, die aber innen in wiederum durch Membrane aufgeteilte Kompartimente differenziert ist. Man könnte bildlich von Zimmern sprechen, die unterschiedliche Funktionen eines Lebewesens beherbergen. So sind auch Wohnungen geschnitten oder in Zimmer aufgeteilt – in Bereiche des Schlafes und des Beischlafes, in Bereiche, in denen gekocht und gegessen wird, in denen sich Kinder aufhalten, man Gäste begrüßt, sich wäscht und seine Notdurft verrichtet, aber auch arbeitet oder sich erholt und unterhält, in denen schließlich die Dinge gesammelt und verwahrt werden, die man sein Eigen nennt.

Eine These wäre, dass Leben, beginnend mit den Einzellern, aus der Abgrenzung und räumlichen Verdichtung hervorgeht, dass der Einschluss des individualisierten Lebewesens aus der Entkopplung und damit der Aufteilung von innen und außen durch das Gehäuse hervorgeht. Diese Trennung, die den Raum aufspannt und Entfernungen erzeugt, scheint mit dem Leben verbunden zu sein. Leben entsteht, wo ein Wohnraum und damit eine Grenze geschaffen wird, die eine Außenwelt konstituiert. Eine Umgebung gibt es nur mit diesem Einschnitt, dieser Einfaltung, dieser Furchung im Raum. Beides entsteht gleichzeitig als »Unter-Scheidung«. Daraus leiten sich wahrscheinlich viele, wenn nicht alle Dichotomien ab, die noch die Existenz des Menschen als geistiges Wesen bestimmen.

Die Philosophen des Deutschen Idealismus haben die logischen Konsequenzen dieser Furche, aus der Leben als räumliche Unterscheidung und damit als Stoffwechsel und Replikation quillt, in Form der Unterscheidung zwischen »Ich« und »Nicht-Ich« nachvollzogen. Ein Einzeller hat zwar kein Selbstbewusstsein, aber ist selbstbezogen, auf Überleben und Reproduktion ausgerichtet, hat eine von anderen Einzellern differenzierte Identität und bewegt sich in einer Welt, von der er sich unterscheidet und auf welche er reagiert. Ganz entscheidend ist, dass die räumliche Grenzziehung, mit der das Innere eines Lebewesens sich vom Außen abtrennt, eben eine Membran ist, die ein Medium der Kommunikation und der wechselseitigen Einverleibung ist. Schon von Beginn des Lebens an haben sich nicht nur Jäger entwickelt, die sich anderes Leben einverleiben und auf dessen Kosten leben, sondern auch Parasiten oder Einbrecher, die in die Wohnungen eindringen und versuchen, sich dort breitzumachen, um mit geringeren Kosten als Untermieter oder Ausbeuter leben zu können.

Schon vor der Entstehung von vielzelligen Lebewesen waren die Einzeller nicht nur Wohngemeinschaften mit (teils unerwünschten) Gästen. Sie gruppierten sich auch gerne im Raum, bildeten Konglomerationen und kooperierten. Bakterienfilme lassen sich als erste mobile Städte verstehen, zudem als erste Tauschgemeinschaften, die sich auch mit artfremden Bakterien zusammenfanden und Gene austauschten. Auf der Oberfläche ihrer Zellwände befinden sich Filamente oder Pili, mit denen sich die Zellen an einem Untergrund, aber auch anderen Bakterien festhalten können.

Der Molekularbiologe Thierry de Duve leitet daraus den sexuellen Kontakt ab. Pili dienen dem sogenannten horizontalen Gentransfer. Sie verbinden Zellen und bauen eine Plasmidbrücke auf, über die DNA in Form von ringförmigen Plasmiden ausgetauscht werden kann. So koppeln sich Lebewesen in ihren Gehäusen, Zellwand an Zellwand, aneinander, wobei die Zelle mit den Sexualpili, die einen molekularen Penis bilden, an eine »weibliche« Zelle andocken. Mit dieser Sexualität oder diesem Tausch beginnt letztlich das, was einmal Kultur werden wird: das »Lernen« oder Übernehmen gespeicherter Information jenseits des evolutionären Zufalls der Mutationen.

Leben ist Wohnen – zunächst in einem Körper mit einem Wall, einer Mauer, einem Bauwerk, in dem sich ein Innen geschützt und konzentriert aufspannen kann. Das heißt, ein Körper eines vielzelligen Lebewesens ist immer auch eine Wohnung für viele Mitbewohner, die eine ausdifferenzierte Gemeinschaft von Zellen bilden, die wiederum aus Räumen und Mitbewohnern besteht. Und ein Körper ist auch eine Wohnung für viele weitere Gäste und Eindringlinge. Die Wohnung bildet eine Abgrenzung, die weitere Abgrenzungen hervorbringt oder impliziert. Niemand wohnt alleine, es gibt keinen Single, selbst eine Festung muss mit der Außenwelt verbunden und damit gegenüber Mitbewohnern und Immunsystemen offen sein. Der vollkommene Einschluss, die absolute Sicherheit, bedeutet gleichzeitig den Tod und die Unfruchtbarkeit.

Der nackte Affe

Wohnen, das Bauen von Wohnungen und das (Sich-)Einrichten in diese, ist eine anthropologische Konstante. Diese Tätigkeit gehört zum Menschen, der möglicherweise erst durch das Wohnen überhaupt Mensch wird und sich in der Obdachlosigkeit oder Unbehaustheit verlieren kann. Spannt man den Bogen weit, so verläuft das Leben des Menschen anthropologisch betrachtet zwischen dem

Aufwachsen in der ersten Höhle, dem Uterus, über die erste Vertreibung aus dem paradiesischen Garten und den Sturz in die Welt, das Bauen und Einrichten von Wohnungen in der Welt, wozu auch die Kleidung gehört, bis zur Rückkehr in die letzte Wohnung, in den Sarg, der wieder in die Unterwelt eingelassen wird und in welcher der tote Leib ein- und abgeschlossen liegt. Allerdings muss die letzte Wohnung, in welche die Menschen nicht wie nach der Empfängnis und der Geburt »geworfen« werden, kein Sarg sein. Die Menschen können sich auch entschließen, wenn sie keine Angst vor der Wiederkehr der Toten und keinen Glauben an die Auferstehung im Himmel haben, den Körper der Erde zurückzugeben, mit der er verschmilzt und eins mit dem Staub wird.

Der Mensch, der »nackte Affe«, wie der britische Zoologe Desmond Morris den Unterschied des Menschen gegenüber allen anderen Primaten in seinem gleichnamigen Buch *The Naked Ape* (1967) beschrieb, ist der Umwelt ausgesetzt, muss sich nicht nur mit einer zweiten, einer für ihn künstlichen Haut bekleiden, wenn er nicht in günstigen klimatischen Bedingungen wie in tropischen Regenwäldern lebt, sondern schafft sich auch zusätzlich mit seinen Werkzeugen einen Innen- und Rückzugsraum, um als Gruppe vor wilden Tieren, Insekten und dem Wetter geschützt zu sein. Das geschah vermutlich, nachdem er aufgrund von Klimaveränderungen vor drei Millionen Jahren den schrumpfenden Wald verlassen musste und ins Offene der Savannen trat, um dann weiter als Migrant von Afrika aus in mehreren Wellen neue Räume und Kontinente zu erobern oder zu domestizieren, wo wie in Asien und Europa der Bau von Wohnungen und der Aufenthalt in diesen umso wichtiger wurden. Aber schon das Leben in Grassavannen machte es notwendig, größere Entfernungen zurückzulegen, weil die Nahrung knapper und die Wasserstellen verstreuter und unsicherer als in den Wäldern waren. Dabei greift vieles ineinander: So geht die Wissenschaft davon aus, dass der Gang ins Offene zu einer Umstellung der Ernährung, zum Nacktwerden und einer veränderten Hautpigmentierung zum Schutz vor der Sonne, zum aufrechten

Gang mit längeren Beinen und freigesetzten Händen sowie wachsenden Gehirnen führte, was wiederum den Werkzeuggebrauch begünstigte und damit das Herstellen von Kleidung und Unterkünften ermöglichte.

Als Antwort auf die Frage, warum der Mensch als einziger Primat sein Fell im Übergang von den schon aufrecht gehenden Australopithecinen zum *Homo ergaster*, *Homo erectus* oder *Homo habilis* weitgehend verlor, hat die Wissenschaft nur Vermutungen, unbekannt ist auch, wann dies genau erfolgt ist. Während man einerseits aus Skelettfunden erschließen kann, wann sich der Mensch aufrichtete und schließlich zum dauerhaften Zweibeiner wurde, wodurch er längere Strecken schneller und ausdauernder laufen und seine Arme und vor allem seine Hände mit den Fingern zur Manipulation seiner Umgebung wie auch zur Herstellung und Benutzung von Werkzeugen nutzen konnte, gibt es andererseits keine Haut- und Haarfunde aus der Zeit der frühen Menschen. Man kann aber davon ausgehen, dass der nackte Körper oder der Verlust des vor Regen, Kälte, der Sonne und Verwundungen schützenden Fells eine entscheidende Rolle bei der weiteren Menschwerdung gespielt haben muss.

Vermutlich ist der bis auf wenige Stellen nackte Körper nach dem aufrechten Gang und dem Leben außerhalb von dichten Wäldern entstanden und hatte den primären Vorteil, unter heißen Bedingungen ausdauernd laufen zu können, was den Körper aufheizt und Kühlung verlangt, aber auch den räumlichen Radius für das Sammeln und Jagen erweiterte. Mit der nackten Haut vermehrten sich vermutlich die sogenannten ekkrinen Schweißdrüsen, die einen wässrigen Schweiß absondern, der auf der weitgehend nackten Haut schnell trocknet und damit kühlt und zudem einen Säureschutzmantel bildet – wichtig nicht nur für die Organe, sondern vor allem auch für das bei den Menschen wachsende Gehirn, dem sonst ein Hitzschlag droht. Die Temperaturregulation ist lebenswichtig und muss bei etwa 37 Grad Celsius konstant gehalten werden. Menschen haben am ganzen Körper Millionen dieser Schweißdrüsen, Primaten deutlich weniger. Behaarte Säugetiere besitzen eher apokrine Drüsen, die an der Haarwurzel einen öligen, zähflüssigen Schweiß absondern, der auch für den individuellen Geruch verantwortlich ist. Tritt Schweiß aus, wird das Fell nass und verhindert dadurch möglicherweise sogar die Kühlung. Kein Fell haben auch sehr große Säugetiere wie Elefanten, Nashörner oder Flusspferde, die in warmen Gebieten leben. Mit ihrer großen Masse verfügen sie über weniger Oberfläche zum Kühlen als kleinere Tiere. Warum an manchen Körperstellen bei den Menschen eine Behaarung verblieben ist, lässt sich nur vermuten. Das Kopfhaar könnte dem Schutz vor der Sonne gedient, die Haare unter der Achsel und auf der Scham könnten vor Reibung durch Bewegung geschützt haben. Ebenfalls im Raum steht ihre mögliche Rolle für das Halten und Verbreiten von Pheromonen zur Übermittlung von Informationen und zur Beeinflussung anderer Menschen.

Auffällig sind auch genetische Veränderungen, die mit dem Fellverlust einhergingen und zumindest neben den Talgdrüsen einen etwas besseren Schutz der nackten Haut etwa vor Wasser und Schürfungen, aber auch vor Bakterien oder Viren boten. Entscheidend war hier die Ausbildung einer Art Schutzwand im äußersten Teil der Oberhaut (Epidermis), dem aus mehreren verhornten Schichten abgestorbener Zellen bestehenden *Stratum corneum*, dessen Stärke bei den Säugetieren mitunter stark variiert. Allgemein schwankt die Dicke der Epidermis mit der Behaarung: Je dichter das Fell, desto dünner die Haut. Beim Menschen liegen 10–20 Schichten übereinander: Mit etwa 0,3 Millimeter ist sie auf dem Kopf am dünnsten, mit bis zu einem Millimeter an der Fußsohle am dicksten. Es handelt sich mithin um eine Mauer aus toten Zellen, die aus mehreren Schichten von »Ziegeln« besteht, und Lipiden. Man spricht beim *Stratum corneum* auch von einer »Backsteinmauer«, wobei die aus Keratin bestehenden abgestorbenen Hornzellen vom »Mörtel« der Lipide verfugt werden. Diese halten die »Ziegel« zusammen und dichten die »Mauer« ab. Die Keratinschuppen lösen sich oder werden abgeschürft und müssen permanent nachgebildet werden. Alle zwei Wochen ist die gesamte Hornschicht völlig neu, pro Minute fallen etwa 40 000 Hautzellen ab, die in Wohnungen dann als Nahrung für etwaige »Gäste« dienen.

Die Haut lässt sich ganz allgemein als das größte Organ des Menschen mit bis zu zwei Quadratmetern Oberfläche und einem Gewicht von bis zu 20 Kilogramm bezeichnen, sie ist gewissermaßen auch die erste Wohnung des vielzelligen Körpers und stellt eine semipermeable Barriere dar, die ihn vor Austrocknung und dem Verlust von Nährstoffen und Flüssigkeiten sowie vor äußeren Einwirkungen schützt. Sie übt also die Grundfunktion aus, die auch Behausungen für den verkörperten Menschen zu eigen ist. Dazu speichert sie Energie in Form von Fett, scheidet neben Schweiß und Talg auch andere Stoffwechselprodukte ab und kann von außen Fett oder Wirkstoffe aufnehmen. Nicht zuletzt ist die Haut ein großes Sinnesorgan mit Millionen von Schmerz-, Tast-, Wärme- und Kälterezeptoren, um den Körper zu schützen und auf Betriebsgröße zu halten. Ähnlich sollen die Sensoren, mit denen die Smart Homes ausgestattet werden, den Betriebszustand der Häuser und ihrer Bewohner regulieren. Über die Haut werden aber etwa auch psychische oder emotionale Befindlichkeiten ausgedrückt, etwa durch Schwitzen, Erröten, Erblassen oder Gänsehaut. Wohnungen könnte man allein aufgrund der Thermo- und Feuchtigkeitsregulierung nach der Kleidung als zweite beziehungsweise dritte Haut oder die Haut eben als eine Vorform der Wohnung beschreiben.

Die Haut schützt nicht nur den »nackten Affen«, der sie bewohnt, und reguliert seinen Körper, sie dient auch selbst wiederum als Unterkunft und Lebensraum für Mitbewohner, ebenso wie Häuser und Wohnungen, in denen Menschen trotz größter Sauberkeit auch niemals alleine sind, sondern immer inmitten zahlreicher Gäste, Parasiten und Eindringlinge leben. Kolonien unterschiedlicher Bakterien nutzen die Oberfläche der Haut als permanente Wohnung, auch wenn sie nicht sehr tief in das *Stratum corneum* eindringen können, das sich ja immer wieder erneuert, wodurch auch die Besiedler abgestoßen werden. Viele der Mitbewohner leben in den Haarfollikeln, die eine Art Höhle bilden, in den feuchten, tropischen Gegenden (Achseln, Leistenbeugen, Analfalte, Finger- oder Zehenzwischenräume) oder in den Bereichen, in denen es viele Talgdrüsen gibt, während große Gebiete der trockenen Haut gleich Wüsten nur dünn besiedelt sind. Die Hautflora, bestehend aus den permanenten Mitbewohnern des Körpers, die ihrerseits wiederum Teil seines Mikrobioms oder Standortflora sind, ist letztlich auch eine zweite Schutzschicht vor unerwünschten Mikroorganismen. Diese müssen erst die Mitbewohner verdrängen, um an die Haut zu gelangen und sich dort anzusiedeln beziehungsweise diese als Kolonisatoren zu verdrängen. Deren Zahl ist jedenfalls auf den ersten Blick stattlich: Man geht von zehn Milliarden Bakterien aus. Vergleicht man die Zahl der gesamten Mitbewohner des Körpers, die auf 40 Billionen, mitunter auch auf mehr als 100 Billionen mit einer Vielfalt von mehreren Tausenden Bakterienarten geschätzt wird, dann tritt klar hervor, dass die Haut relativ wenig bewohnt ist, während es sich beim Darm um eine bakterielle Megacity handelt, in welcher der Großteil der Bakterien lebt. Im feuchten Stuhl sollen pro Gramm etwa so viele Bakterien leben wie auf der gesamten Haut.

Die ersten Wohnungen

Ob die frühen Menschen zuerst Kleidung oder Unterkünfte erfanden, lässt sich heute kaum feststellen. Es steht aber zu vermuten, dass Behausung der Kleidung voranging, da auch die nächsten Verwandten des Menschen Behausungen in Form von Nestern auf Bäumen oder – im Fall von Gorillas – auf dem Boden erbaut hatten. Das war noch ohne den Einsatz von Werkzeugen möglich, während die Herstellung von Kleidung, die vermutlich zuerst aus Tierfellen bestand, Werkzeuge zum Töten von Tieren, zur Auslösung des Fells und zum Zusammennähen voraussetzt. Es gibt außerdem einen konkreten Hinweis darauf, dass Kleidung erst relativ spät entstanden ist. Das kann man wiederum von einem Mitbewohner des menschlichen Körpers ableiten, nämlich von Läusen. Diese Parasiten mussten sich mit dem Nacktwerden des Körpers vornehmlich in die Kopfhaare zurückziehen. Aber dann kam eine Zeit, in der die »Kopfläuse« wieder auswandern konnten, nämlich als ihnen neues, künstliches Fell in Form von Kleidung Schutz bot. Genetisch trennte sich die menschliche Kopf- von der Kleider- oder Körperlaus (*Pediculus humanus humanus* respektive *Pediculus humanus corporis*), wie Wissenschaftler schätzen, frühestens vor 100 000 Jahren. Schon die Vorfahren der Schimpansen und der Menschen waren von Läusen besiedelt. Das Auftreten der Kleiderläuse könnte darauf hinweisen, dass die Menschen lange »nackt« lebten, bis sie in kältere Gefilde auswanderten, wo sie mit ihren Steinwerkzeugen, über die sie schon lange verfügten, Kleidung aus Fellen herstellten.

Vermutlich ging dem aber eine andere Revolution voran, die sich vor der Auswanderung der Hominiden aus Afrika ereignet haben dürfte und ein wesentliches, vielleicht sogar das entscheidende Movens für die Evolution des Menschen und seines Wohnens darstellt. Auffällig ist nämlich noch heute, dass sich die Primaten mit Ausnahme der wirklich mächtigen Gorillamännchen nicht trauen, ihr Nachtlager auf dem Boden einzurichten. Vermutlich war es auch für die Vorfahren des Menschen dort einfach zu gefährlich. Was könnte die frühen Menschen vor zwei Millionen Jahren verleitet haben, die Bäume zu verlassen und ihre Nächte auf dem Boden zu verbringen?

Der aufrechte Gang könnte zum Verlassen der Wälder geführt haben, um stattdessen auf den Savannen nährstoffreiches Aas auszuweiden oder auch Tiere zu jagen. Das könnte wiederum für den Verlust des Fells, zwecks schnellerer und weiter reichender Fortbewegung verantwortlich gewesen sein. Aber noch immer wäre *Homo erectus*, der gegenüber seinen Vorfahren deutlich allgemein an Muskelmasse und speziell Ausprägung der Kaumuskeln und Zähne zugunsten seines Gehirns eingebüßt hat, stark gefährdet. *Homo erectus* war offensichtlicher schwächer, wenn auch größer als seine Vorfahren, konnte aber aus Afrika auswandern und andere Gebiete besiedeln. Auffällig ist schon, dass *Homo erectus* spätestens mit seinem aufrechten Gang und den dafür geeigneten flachen Füßen die Fähigkeit verloren hat, so zu klettern, wie dies die Primaten vermochten. Nester auf Bäumen zu bauen, war damit kaum mehr möglich. Was könnte also den Erfolg des Migranten verursacht haben, der sich nicht nur im Leben außerhalb des Waldes, sondern auch in vielen Gebieten mit unterschiedlichen klimatischen Bedingungen bewähren sollte?

Plausibel ist die These, dass die Beherrschung des Feuers zusammen mit der Möglichkeit, Essen zu kochen oder zu garen, ein entscheidender Schritt war, der es womöglich schon vor zwei Millionen Jahren den frühen Menschen ermöglichte, sich vollends aufzurichten, aus den Wäldern zu gehen und sich durch die neue Kultur des Kochens als Jäger und Aasfresser mehr Energie zuzuführen. Kochen lässt Gifte zerfallen, tötet gefährliche Bakterien und andere Lebewesen, macht Fleisch und pflanzliche Nahrung leichter kau- und verdaubar, aber auch haltbarer, wodurch länger bewohnte Lager möglich wurden, die sich in der Regel zunächst an Wasserstellen befanden, wo sich ungestört Wild jagen, zerlegen und kochen ließ. Nach der Kochhypothese veränderte sich mit dem stationären Feuer und der vermehrten Energiezufuhr durch gekochte Nahrung auch der Körper des Menschen. Der Mund, die Zähne und der Kiefer schrumpften, was die Sprechfähigkeit befördert haben könnte. Auch der Magen wurde gegenüber dem von Primaten deutlich kleiner, ebenso der Dickdarm, die Körpergröße nahm hingegen ebenso wie das Gehirnvolumen zu.[2] Die Jäger erbeuteten mehr Fell, das für Bekleidung und zur Abdeckung von Hütten aus einem Gerüst von Ästen oder großen Knochen diente. Das könnte schon während der Acheuléen, also vor mehr als 1,5 Millionen Jahre, der Fall gewesen sein, als die vormodernen Menschen wie *Homo habilis* oder *Homo erectus* Faustkeile herstellten und in der Lage waren, Tierfelle auszuschneiden, zu trocknen und zu verbinden. Die Erfindung der Wohnung, die vermutlich mit der der Bekleidung des »nackten Affen« parallel lief, liegt jedenfalls im Dunklen der Geschichte. Die Beherrschung des Feuers ließ die Menschen nicht nur sesshafter werden und ermöglichte die Migration in kältere Gebiete, sondern machte das Leben auf dem Boden in den Lagern auch sicherer, wehrte Insekten und Raubtiere ab und förderte die Geselligkeit beim Kochen, Essen und Aufenthalt um das Feuer am Abend. Außerdem stellte es einen Antrieb dar, zusammen zu wohnen, Kleingruppen und Familien zu bilden, in Nachbarschaft zu anderen.[3]

Das Kind als »nackter Affe« benötigt Schutz vor Sonne, Hitze, Kälte, Feuchtigkeit, Ungeziefer und Raubtieren und damit Wohnungen als Nachfolge-Uterus und Kleidung als eine zweite Haut. Aber auch die frühen Menschen bauten sich bereits wie ihre Verwandten, die Menschenaffen, noch bevor sie die Wälder verließen und die Haare verloren hatten, zum Schlafen erste Wohnungen. Wie die anderen Hominiden, die Schimpansen, Gorillas und Orang-Utans, waren die frühen Menschen auch vorwiegend Waldbewohner, obschon Schimpansen sich auch in Savannengebieten aufhalten. Nebenbei ist zu bemerken, dass das Nesterbauen der Primaten als Werkzeuggebrauch betrachtet wird: Sie benutzen Hände und Beine, um die Äste zurechtzubiegen und die Plattform zu stabilisieren.

Normalerweise bauen sich alle Menschenaffen Nester aus Zweigen und Blättern auf bestimmten Bäumen, deren Äste ihrem Gewicht standhalten. Gorillas, auch Schimpansen richten sich ihre Schlafgelegenheit auch am Boden ein, wenn keine ausreichend stabilen Bäume vorhanden sind. Es wird dann das Gras auf der Liegefläche niedergetreten, Zweige von Büschen niedergedrückt und ineinander verhakt, um weicher zu liegen, und schließlich mit anderen Zweigen eine Umrandung gebildet. Während sie die komplizierteren Nester eher in den Bäumen zur Nachtruhe bauen, ziehen sich Menschenaffen auch am Tag gelegentlich dorthin zurück.

Offenbar werden Nester aber nicht wiederholt benutzt, was neben der nomadischen Nahrungssuche auch mit deren mangelnder Sicherheit zusammenhängen kann.

Menschenaffen sind – wie lange Zeit die Menschen selbst – Nomaden, die ihren Wohnort täglich wechseln und in einem Gebiet als Jäger und Sammler umherziehen. Gebaut werden eher Betten oder Nester, die es erlauben, sich, ohne Angst herabzufallen, bequem und entspannt einrollen oder ausgestreckt liegen zu können. Die Nester gewähren Schutz vor Raubtieren, aber auch vor Regen und Blutsaugern – und sie ermöglichen es vor allem, länger und tiefer zu schlafen, sich also von der Beobachtung der Umwelt abzukoppeln und in einen postuterinen, träumenden Zustand zu gelangen, was manche Wissenschaftler für eine der Voraussetzungen zur Ausbildung von hohen kognitiven Leistungen bei den Menschenaffen und dann vor allem dem Menschen halten. Die Hominiden, zumindest ab *Homo erectus*, sind vollständig, einschließlich der Frauen und Kinder, zu Bodenschläfern geworden. Ob dabei die Beherrschung des Feuers bereits eine Rolle spielte, ist umstritten. Es geht aber hier nicht darum, Hypothesen aufzustellen, welche Faktoren primär und zu welcher Zeit in der Menschheitsevolution für welche Entwicklungen verantwortlich sein könnten, sondern es soll nur gezeigt werden, wie entscheidend auch die Bedingungen des Wohnens für die menschliche Kultur waren und auch weiterhin sind.

Die Abspaltung der Gattung *Homo* dürfte etwa vor sieben Millionen Jahren geschehen sein, also zu einer Zeit, in der sich auch ein Klimawandel in Afrika, der Wiege der Menschheit, vollzog. Es wurde trockener, die Wälder wichen zurück, Savannenflächen breiteten sich aus. Vermutlich spielten viele Ursachen, Bedingungen und Zufälle zusammen, um den modernen Menschen entstehen zu lassen. Schon das Leben in Grassavannen oder der Gang ins Offene aus dem Wald heraus ließ es notwendig werden, größere Entfernungen zurückzulegen, weil die Nahrung knapper und die Wasserstellen verstreuter und unsicherer als in den Wäldern waren. Neben der Vergrößerung des Gehirns, der Veränderung des Gebisses und des Kehlkopfs bis hin zum späteren Eintritt der Sexualität sind für eine Philosophie des Wohnens vor allem der aufrechte Gang, die dadurch bedingte Freisetzung der Hände und der großen, kräftigen Daumen als Werkzeuge sowie der weitgehende Verlust der Körperbehaarung mit einer veränderten Pigmentierung der Haut ausschlaggebend. Frühestens vor 2,5 Millionen Jahren, also lange nach der evolutionären Abspaltung, produzierten die Hominiden die ersten Steinwerkzeuge, auch Oldowan-Werkzeuge genannt, die vor etwa 1,5 Millionen Jahren in einem nächsten Schritt von Faustkeilen und anderen Acheuléen-Produkten des *Homo ergaster* abgelöst wurden. Es dauerte aber noch lange, bis die ersten, heute belegbaren Bauwerke entstanden, weil diese, um die Zeit zu überdauern, aus Knochen oder vor allem Steinen gefertigt sein mussten. Das war erst vor etwa 60 000 Jahren im Paläolithikum, der Altsteinzeit, der Fall, als die Menschen die kälteren Gebiete in Europa besiedelten und auf dem Weg zur Landwirtschaft und Sesshaftigkeit auch rudimentäre Gebäude für längere Aufenthalte errichteten.

Aber wie sahen die ersten Wohnungen der frühen Menschen aus, die in den Savannen lebten und sich aus Afrika über die ganze Welt verbreiteten? Vermutlich waren sie den Nestern ähnlich, welche die Menschenaffen aus den in der Natur vorhandenen Materialien wie Ästen, Zweigen, Blättern und Gras bauten, später ergänzt durch Felle, die mit Steinwerkzeugen zugeschnitten und irgendwann zu Zeiten der Neandertaler mit Knochennadeln verbunden werden konnten. Es handelte sich dabei bis zum Bau der ersten wirklichen Wohnungen und Zelte um primitive Behausungen, die nicht zum längerfristigen Verbleib geeignet waren, aber Schutz und eine vertraute Umgebung sowie eine gewisse Thermoregulierung boten.

Ähnlich wie das Leben im Uterus ist das Wohnen in der frühen Geschichte der Menschheit jenseits der Erinnerung. Spuren blieben davon nicht zurück. Es geschah auch lange nicht viel in der

Entwicklung der Hominiden, auch wenn sie die Wälder wie der vermutlich noch behaarte *Australopithecus* verließen und sich aufrichteten. Noch blieben sie in Afrika, und erst mit einer erneuten Trockenheit entstanden in Ostafrika vor zwei bis drei Millionen Jahren die ersten größeren und nackten Repräsentanten der Gattung *Homo*. Relativ bald nach der langen Phase der Menschwerdung begannen Vertreter von *Homo erectus*, vor etwa zwei Millionen Jahren aus Afrika auszuwandern, was zeigt, dass der Mensch wesentlich ein »Homo migrans« ist, ein Nomade, der es schafft, sich vielen unterschiedlichen Bedingungen anzupassen, und trotz aller Gewohnheiten flexibel bleibt. Ganz entscheidend ist dabei die Fähigkeit, sich nicht nur einer Umwelt anzupassen und etwa Höhlen zu beziehen, sondern sich eigene, künstliche Umwelten in Form von Wohnungen zu bauen, die Schutz und Rückzug gewähren, und Kleidung zu erfinden, mit denen sich heiße, feuchte, trockene oder kalte Bedingungen aushalten und Bedrohungen abwehren lassen, sowie eine Umgebung zu errichten, in der es sich zu unterschiedlichen Tag- und Nachtzeiten einigermaßen sicher schlafen lässt. Den Schlaf benötigt nicht nur das große Gehirn, um zur Ruhe zu kommen und im REM-Schlaf Erfahrungen abzuspeichern, sondern auch der Körper, um nicht von seinem ressourcenfressenden Gehirn ausgelaugt zu werden.

Mit Beginn der Beherrschung des Feuers vor ein bis zwei Millionen Jahren war der Schlaf nicht mehr notwendig mit dem Eintritt der Dunkelheit verbunden. Die Möglichkeit, aus dem Nest ein Zelt zu machen oder sich in eine Höhle zurückzuziehen, schuf eine vom Tag-Nacht-Zyklus entkoppelte Dunkelheit. Zugleich stieg mit dem Feuer die Sicherheit vor Räubern, was dazu beigetragen haben dürfte, die Schlafzeit zu verkürzen, den Schlaf zu vertiefen, Störungen zu minimieren und die REM-Phasen zu verlängern. Laut der Schlafintensitätshypothese war diese Effizienzsteigerung neben vielen anderen Faktoren ein wichtiger Beitrag zur kognitiven Entwicklung des Menschen.[4] Unter den Primaten schläft *Homo sapiens* mit etwa acht Stunden zwar am kürzesten, hat aber die längsten REM-Phasen. Die Schlafbedingungen haben sich mit der weiteren kulturellen Entwicklung des Wohnens stetig verändert, wenn auch nicht in allen Hinsichten verbessert. Durch Gebäude in Dörfern wurde das Sicherheitsgefühl gestärkt und für akustische Ruhe, Abdunklung, Temperaturausgleich, weiche Unterlage und eine Bedeckung gesorgt, was intrauterine Gegebenheiten rekonstruiert. Es kamen aber auch neue Störungen hinzu, wie beispielsweise durch Lärm.

Mit dem Bau der Wohnung geht ein Schnitt durch die Welt

Der Gang, menschheitsgeschichtlich vielmehr der Wurf ins Offene war für die Vorfahren des Menschen wahrscheinlich nur durch den Bau erster »Festungen« möglich, die das Offene zumindest teilweise ausschlossen und unterbrachen. Einer der ersten »Bauten« wurde von Forschern in der Bruniquel-Höhle in Frankreich gefunden – und zwar mit mehr als 300 Metern vom Eingang relativ tief in dieser Halle und damit in absoluter Dunkelheit.[5] Mit abgebrochenen, etwa gleich langen Stalagmiten errichteten hier vor mehr als 170 000 Jahren vermutlich Neandertaler zwei kreisförmige Gebilde in der Höhle. Bei allen fand man auch Spuren von Feuer auf den aufgeschichteten Stalagmiten und verbrannten Knochen. Die Stalagmiten-Mauern sind innen und außen durch Steine gestützt.

Die Wissenschaftler gehen davon aus, dass die ringförmigen Aufschichtungen eine Zusammenarbeit und Planung erforderlich machten und damit Zeichen einer sozialen Organisation sind. Seltsam ist, dass sich die Feuerstellen nicht auf dem Boden des umbauten Raumes befanden, sondern auf den Stalagmiten-Wällen. Das könnte darauf hindeuten, dass mit der Erfindung des Feuers nicht nur der Verzehr von Fleisch erleichtert und Fleisch durch Räuchern haltbar gemacht wurde, sondern auch, dass Feuer zumal in der Nacht oder in dunklen Räumen einen Schutzraum schuf. Es hielt

Raubtiere und Insekten ab, erhellte kreisförmig die Umgebung und sorgte für Wärme.

Höhlen waren aber – das muss gegenüber dem verbreiteten Glauben festgehalten werden – keine Wohnungen für den frühen Menschen. Sie dienten vermutlich rituellen Handlungen. In geschützten Höhlen wie denen von Lascaux oder Altamira sind auch die frühen Bilder bewahrt, die Menschen womöglich auch auf anderen, aber vergänglicheren Oberflächen geritzt und gemalt hatten. Aus späteren Zeiten kennt man heute keine Bauten innerhalb von Höhlen mehr, egal wie häufig besucht letztere waren. Der Zweck der kreisförmigen Aufschichtungen in der Bruniquel-Höhle ist nicht offensichtlich, aber sie machen klar, dass auch die frühen Menschen innerhalb einer Höhle einen umbauten, geometrisch gestalteten, wenn auch nicht überdachten Raum schufen, der vermutlich Sicherheit versprach und als magischer Kreis gewirkt haben könnte, eine Vorform des umbauten Raums einer Wohnung.

Eine der ersten Behausungen fand man in einem 300 000 Jahre alten Jagdlager bei Schöningen an einem Seeufer von wahrscheinlich nomadisch lebenden Menschen (*Homo heidelbergensis* beziehungsweise *Homo erectus*, aus dem sich der Neandertaler entwickelte), die mit Speeren Jagd vornehmlich auf Wildpferde machten. Die Grundrisse der vermutlich temporären Hütten waren kreisförmig, markiert durch Steine und große Knochen. Über den Aufbau der Hütten ist nichts bekannt. Man geht davon aus, dass es sich um Holzgerüste handelte, die mit Zweigen, Schilf oder Fellen abgedeckt waren. Im Gegensatz zu den Höhlen, die auch wilde Tiere beherbergten, immer im Dunklen lagen und in die Unterwelt reichten, handelte es sich bei den von Menschen selbst errichteten Behausungen um wahrhaftige Wohnstätten – ein Mikrokosmos, ein erster mit gefundenen und bearbeiteten Materialien hergestellter künstlicher Raum von gewaltiger Wirkung. Mit der ersten Behausung, der ersten Wohnung, entstand Ordnung in der räumlichen Welt, eine Aufteilung zwischen innen und außen, die zwar die Struktur des Lebens als von der Umwelt durch eine Membran abgeschiedene Zelle oder Wohnung wiederholt und fortsetzt, aber doch etwas grundsätzlich Neues schafft: einen Raum im Raum, der vom Menschen als Bewohner kontrolliert wird – oder zumindest die Suggestion der Kontrolle über den Binnenraum suggeriert, aber auch teilweise einlöst.

Mit der Wohnung, so durchlöchert und transparent sie nun auch immer durch die digitalen Medien, das Internet der Dinge und die vielfältigen technischen Möglichkeiten der Überwachung geworden ist, findet ganz offensichtlich eine räumliche Zäsur statt, die das individuelle und gesellschaftliche Leben betrifft. Mit dem Einräumen eines bewohnbaren, wie auch immer umbauten Raums findet eine damit einhergehende Aufteilung statt, die eine auch räumlich markierte Differenz durch einen getrennten Innen- und Außenraum eröffnet. Es geht dabei nicht nur um Einräumung oder Ausgrenzung eines individuellen Orts, sondern um die Gestaltung der (Lebens-)Welt. Mit dem Bau der Wohnung wird diese unheilbar zerschnitten. Während die Menschen oder deren Vorfahren bislang in der Welt lebten, ereignet sich mit dem Wohnen ein Riss, der einerseits mehr Schutz für die Bewohner mit sich bringt, aber auch das Gefühl der Eingeschlossenheit eines Gefängnisses und des Drangs nach dem Entkommen und einer neuen Einheit eröffnet. Wahrscheinlich ist damit eine Erinnerung an das Leben im Uterus und an das traumatische Geworfensein in die Welt verbunden, die fremd bleibt, so tiefreichend sie auch den eigenen Bedürfnissen nach umgebaut wird. Der Riss kann nicht geschlossen werden, er setzt sich auch im Selbstbewusstsein und im Wissen um das verkörperte Dasein fort.

Um als Wohnung oder auch nur als Gehäuse zu dienen, darf der von der Umwelt abgegrenzte Raum freilich nicht völlig geschlossen sein. Der Wohnraum hat Öffnungen, die so groß sein müssen, dass verkörperte Bewohner sie betreten und verlassen können, wie auch für biologische Wesen allgemein Öffnungen oder Membranen für die Aufrechterhaltung des Stoffwechsels vom Atmen über die Ernährung bis hin zum Ausscheiden vorhanden sein müssen. Dazu kommen die materiellen, architektonischen, sozialen, moralischen und psychischen Übergänge, Filter, Schlösser und Regeln für die Kontrolle und zur Verhinderung unerwünschten Betretens oder Verlassens. Extreme sind etwa befestigte Schutzräume und Gefängniszellen. Mit dieser grundlegenden Aufteilung der Welt in ein privates und öffentliches, ein eigenes und fremdes, ein geschütztes und unbehaustes, ein gewohntes und dem Fremden und Überraschendem ausgesetztes, ein eingeschlossenes und geöffnetes Dasein gehen viele Differenzierungen und Vernetzungen einher, deren Zusammenspiel das individuelle und gesellschaftliche Leben ausmacht und es ebenso formt wie die Umwelt.

Zumindest in der jüdisch-christlichen Tradition ist das Leben in einer von der natürlichen und sozialen Umwelt abgegrenzten Wohnung oder in einem Haus nicht das Bild vom guten Leben, sondern lediglich die Folge der ersten Vertreibung, die den Menschen den Unbillen der Natur und seiner Mitmenschen aussetzte. Das paradiesische Leben fand in einem umschlossenen Garten statt, der als Garten in sich schon einen Gegensatz zur Wildnis darstellte – das Begrenzte und Behütete zum Offenen und Unkontrollierbaren. Später wurde das Paradies denn auch immer einmal wieder als Insel imaginiert, just ein dem Rest der Welt entrückter Raum, in dem die Neuzeit die Utopien ansiedelte. In vielen Darstellungen gibt es zwar im Garten kein Haus, aber am Rande ein Tor, durch das man das Paradies betritt und das auf die Tatsache verweist, dass der Zugang unter Kontrolle steht.

Das Paradies ist offenbar wie der vorkopernikanische Kosmos eine geschlossene Welt, eine Art Gebäude mit dem Gewölbe des Himmels, eine Weltenhöhle, kein unendliches, grenzenloses Universum, in dem es unheimlich zugeht und ein kalter Wind aus dem Unbekannten weht. Das Unbekannte war in der geschlossenen Welt ausgegrenzt, man lebte mitsamt den Göttern nur im geschützten Inneren, das Außen bestand lediglich in einer Ahnung, seine Existenz ein abstraktes Wissen. Mitunter wurde das Außen vorsichtig mit eingebaut, als beispielsweise der Vorsokratiker Anaximander postulierte, dass Sonne und Sterne eigentlich Löcher im Himmelsgewölbe seien, durch die eine äußere Feuerwelt durchscheine.

Allerdings dachte man das irdische Haus so groß, dass das Gewölbe trotzdem in unerreichbarer Ferne blieb und einer auratischen Fassade glich, auf der man die Bewegungen der Gestirne nur beobachten konnte. Daher wurde das kosmische Schauspiel auf dem Gewölbe als ein vom Menschen unbeeinflussbares Spektakel betrachtet, das aus diesem Grunde Gegenstand der reinen Theorie war. Man kann aus dieser Perspektive auch erahnen, mit welchen Widerständen man einer kopernikanischen Weltsicht begegnete, in der das Gebäude der Menschenwelt plötzlich zusammenbrach und die Menschen mit ihrer Erde nicht nur aus der Mitte rückten, sondern nur noch durch die luftige Atmosphäre geschützt dem riesigen Kosmos ausgesetzt waren und schließlich nur noch auf einem winzigen Raumschiff hausten. Auch leitet sich daraus ab, warum die große philosophische Theorie Platons mit den Überlegungen entstanden ist, die von Menschen gewohnte und erkannte Welt als sozial konstruierte Höhle oder Gefängnis zu denken, um Auswege zu finden oder um zu imaginieren, welche Folgen ein Ausbruch aus dem Gefängnis haben könnte.

Das Paradies, der Garten hinter der Mauer

Der Fall aus dem geschlossenen geo- und anthropozentrischen Kosmos als einem Heim wiederholt den Fall aus dem Paradies. Man müsste allerdings umgekehrt sagen, dass geistesgeschichtlich zunächst der Fall aus dem Paradies in die geschlossene Welt geführt hat, in der das Paradies zu einem fernen Traum wird, von dem der Mensch ausgeschlossen ist und das er durch Behelfsparadiese in der wirklichen Welt unvollkommen nachzuahmen versucht. Wahrscheinlich ist es auch deswegen in jedem Haus und in jeder Wohnung wichtig, einen »Garten« zu integrieren, sei es auch nur in Form einer einzigen, widerstandsfähigen Pflanze wie einem Kaktus. Eine Villa umgeben von einem Park, ein Park in der Stadt, ein begrünter Balkon, eine direkte Verbindung ins Grüne durch große Fenster oder auch nur Pflanzen im Zimmer: gezähmte Natur, die Wohnung als Lebensraum, als Ahnung des Paradieses, einer Welt, der nichts fehlt, die aber immer innen ist, die Welt noch einmal, nur vom Bewohner kontrolliert und diesen nicht bedrohend.

Im Garten lebt der Mensch im Einklang mit der Natur. Wahrscheinlich ist der Garten zum Phantasma der Menschen geworden, die sich vom nomadischen Dasein als Jäger und Sammler abgelöst und für die sesshafte Existenz und die Landwirtschaft, die Zähmung der Tiere und das Bebauen des Ackers entschieden haben und seitdem schwanken zwischen dem idyllischen Garten, der harmonischen und sicheren Verschmelzung von Natur und Kultur, und der nach den sündigen künstlichen Welten wie Sodom und Gomorra versprochenen Stadt, dem neuen oder himmlischen Jerusalem, als ganz und gar künstlicher und quadratischer Welt. Aber auch sie wird weiterhin umgeben von hohen Mauern gedacht, obgleich die Stadttore offen stehen können. Schon im Hebräerbrief, also ganz früh in der Erzählung von Abraham, ist die Rede vom himmlischen Jerusalem als der »Stadt des lebendigen Gottes« und von der Stadt, die Gott für die Gläubigen schuf – als Ersatz für das Paradies und als neues, humanisiertes Paradies, das die Natur als Lebenswelt hinter sich gelassen hat.

Seit den ersten niedergeschriebenen Erzählungen, die mit diesem Übergang entstanden sind und selbst als Gärten der Worte verstanden werden können, verfolgt die Menschen das Bild vom Garten, etwa im Gilgamesch-Epos. In den griechischen Gärten des Elysium »wandeln die Menschen leicht durch das Leben«, schreibt Homer in der *Odyssee*. Der Garten ist ein Ort, in dem nicht unter Mühen und mit Schweiß gearbeitet, die Natur unterworfen wird, sondern in dem der Mensch als Gärtner auftritt, der hütet, pflegt und kultiviert. Er kämpft nicht um das Überleben, ist kein Arbeiter, sondern ein Künstler, der im Einvernehmen mit der Natur eine Welt baut, in der er sich als Wesen der Kultur und der Natur niederlassen und heimisch fühlen kann. Der Garten ist die Genesis des Menschen als zweitem Gott. Aber bevor die Natur als Garten gestaltet und der Mensch ganz zum Gärtner werden kann, müssen geschützte Inseln geschaffen, einerseits die Gärten abgegrenzt werden von der wilden, aber auch von der bearbeiteten und unterworfenen Natur. Und andererseits sind die Häuser und Siedlungen, die Kultur, die künstlichen Gehäuse für das Innenleben der Menschen, in denen auch wieder Gärten einziehen können, zu entwerfen und zu errichten.

Im biblischen Paradies, einer Imagination der Landwirtschaft betreibenden Sesshaften, die vom vergangenen nomadischen Leben der veganen Sammler – offenbar nicht der Jäger und Aasfresser! – träumten, mussten sich die Menschen nicht vor der Natur fürchten, mit der sie in Einheit lebten. Sie waren weder Hunger oder Durst noch gefährlichen Tieren oder Naturkatastrophen ausgesetzt. In der paradiesischen Welt ohne Risiko bestand keine Notwendigkeit für eine Trennung von außen und innen, und die Menschen mussten sich nicht zurückziehen, sondern konnten in aller Öffentlichkeit auch ohne Kleidung das Leben genießen. Die Mühen der Arbeit, des Planens und Organisierens, von Anstrengung und Erholung, Plage und Feier unterteilten den kontinuierlichen – man möchte sagen bewusstlosen – Lebensfluss noch nicht. Es drohte auch keine Heimtücke von anderen Menschen, der Kampf zwischen den Geschlechtern fand noch nicht statt, womöglich war auch Sexualität als Lust und Reproduktion außen vor oder auch nur selbstverständlich. Im öffentlichen Dasein unter freiem Himmel musste nichts verborgen werden, es gab keine Heimlichkeiten und damit war auch alles »Un-Heim-liche« den Menschen und ihrem unbeschwerten Leben in Muße fern, das wohl glücklich genannt werden sollte.

Es hing bekanntlich aber ein Fluch mindestens seit dem Einzug der Menschen über dem idyllischen Garten, den man sich nach der Geschichte und auch etymologisch als abgeschlossenen Ort vom Rest der Welt vorstellen muss. Das griechische Wort »Paradies«

kommt vom altiranischen *pairidaeza* und bezeichnete das Umzäunte beziehungsweise einen von einer Steinmauer, einem Zaun, dichten Hecken oder Gestrüpp umgebenen Garten oder Wald. In der Genesis ist die Rede nicht vom Paradies, sondern vom Garten Eden. Das hebräische Wort für »Garten« *gan* oder *gannah* stammt von »beschützen« oder »hegen« ab. Das Paradies als Garten ist also bereits als ein Ort gedacht, den eine Umfriedung vom Außen trennt, als eine räumliche Insel, die geschaffen, der wilden Natur abgetrotzt und gestaltet wird. Die Umgrenzung schützt das Innere vor dem feindlichen Außen und ermöglicht erst eine Kultivierung. Ein Garten ist die vom Menschen umgestaltete Natur, eine zweite Natur, eine Gegenwelt, eine Wohnung.

Nach der Bibel scheint es so, als habe Gott den Menschen den ersten Garten eingerichtet und ihn, so heißt, es im Osten »gepflanzt«. Dieser bestand offenbar neben dem im Zentrum befindlichen Weltenbaum, später auch Baum der Erkenntnis genannt, vor allem aus vielen Obstbäumen, die Nahrung in Hülle und Fülle boten. Nach dem Bild waren der dort hineingesetzte Mensch, der Mann, hier noch kein Gärtner, sondern nur Bewohner des bereits kultivierten Gartens. Er wurde durch einen Fluss bewässert, der sich außerhalb in vier Flüsse aufteilte. Allerdings ist die Geschichte, weil zusammengesetzt aus verschiedenen Überlieferungen, nicht konsistent, denn es wird auch erzählt, dass der Mensch den Garten nicht nur bewohnen, sondern auch »bebauen und bewahren« sollte.

Der Garten Eden hat Ähnlichkeiten mit der griechischen, von Hesiod geschilderten Erzählung vom ersten, goldenen Geschlecht der Menschen, das frei von jedem Übel und im Überfluss in einer für eine Agrargesellschaft geformten Gartenwelt mit selbst wachsenden Früchten und großen Herden lebte. Sie mussten nicht arbeiten, sie sammelten nur vom Überfluss ein und tranken die Milch der Schafe und Ziegen, waren also womöglich Vegetarier. Sie wurden nicht alt, mussten nicht gegen den Tod kämpfen, sondern schliefen ein und überlebten als gute Geister. Aber dann kamen weitere, weniger gesegnete Geschlechter. Bevor das sogenannte eiserne Geschlecht nach den üblichen Szenarien des Kulturverfalls sein Ende fand, ist noch vom Geschlecht der Heroen die Rede, welche immerhin Aussicht hatten, nach dem Tod auf Elysion, die Inseln der Seligen, zu gelangen, einem Abbild des Paradieses, das zwar noch von dieser Welt war, aber weit entfernt im Westen, nicht im Osten lag. Die Quelle der Lethe ließ sie ihre Leiden vergessen.

Nicht konsistent ist die biblische Erzählung überdies durch die zweimalige, aber unterschiedliche Erzählung von der Erschaffung des Menschen. Sie ist schon einmal in Genesis 1 geschehen, als Gott Mann und Frau noch gleichwertig und als Ebenbilder formte. Die Menschen sind damit keine Nachkommen Gottes, sondern dessen Produkte. Die Erzählung vom Garten Eden in Genesis 2 gibt sich zwar als Erweiterung, da es dort heißt, dass Gott den Menschen zur gleichen Zeit wie Himmel und Erde aus der befeuchteten Erde des Ackers schuf. Aber bekanntlich kam hier zuerst der Mann, den Gott nicht einsam lassen wollte und ihm daher aus einer seiner Rippen eine »Gehilfin« baute. Diese soll den Mann aus dem Heim von Mutter und Vater zu locken vermögen, weil sie »ein Fleisch« seien. Hier also ist neben der Einsetzung auch schon vom Verlassen der heimischen Wohnung die Rede, was schließlich zur dramatischen Wende der Genesis-Erzählung führt: der Verführung von Eva durch die Schlange, welche die Lüge Gottes aufdeckt.

Das Essen der Frucht vom Baum der Erkenntnis bringt so nicht den Tod, wie Gott drohte, sondern führt in das Leben eine neue Unterscheidung ein, zwischen Gut und Böse. Gott verstößt nach der Bibel auch nur deswegen die Menschen aus dem Paradies, um sie nicht in Versuchung zu bringen, vom Baum des Lebens, dem Weltenbaum, zu essen oder diesen zu berühren und unsterblich wie er selbst zu werden. Aber die Angst Gottes, sein Bestreben, die Trennung zwischen den Menschen und dem Göttlichen aufrechtzuerhalten, ist hier nur insofern von Interesse, als die Sterblichen besorgt sind, sich vor tödlichen Gefahren schützen zu müssen.

Klar ist jedoch, dass die Ausweisung der Menschen aus dem Paradies, der ersten Heimat, die Not ins Leben bringt: das Begehren nach Sexualität oder die Abhängigkeit vom Anderen, die Schmerzen des Gebärens, wenn das neue Leben aus der Wohnung im Uterus gedrängt und in das unwirtliche Leben geworfen wird, die Mühen der Arbeit und eben die Sterblichkeit, der Eingang des Menschen in die letzte Wohnung, in die Auflösung und Vermischung mit der Erde: Staub zu Staub. Gott aber trieb den Menschen nicht nur hinaus in die neue Obdachlosigkeit, sondern gab ihm noch aufgrund seines ungeschützten Körpers als nacktem Affen »Röcke von Fellen«. Diese sollten nicht nur die Scham bedecken, sondern wurden eben zu den ersten schützenden »Wohnungen« des Menschen, der nackt aus dem Paradies vertrieben und einer wilden Umgebung ausgesetzt worden war, die erst wieder zum ummauerten und menschlich gestalteten Garten umgestaltet werden musste. Das Paradies ist eine Erinnerung an eine Vergangenheit, aus der die Menschen unwiederbringlich geworfen wurden, die Kultur ist das Bemühen der Rückkehr mit anderen, selbst geschaffenen Mitteln des Menschen als zweitem Gott, wie man in der Renaissance glaubte. Er verwandelt die Wildnis und den Acker in einen Garten mit gezähmten Tieren und zieht in die Städte mit den umbauten Räumen, den Häusern und Wohnungen, um den Traum von der Gartenstadt, das Wohnen im Garten, zu realisieren.

Die Scham oder die Öffnung des Privaten

Nach der jüdisch-christlichen, auch islamischen Tradition entstand die Scham aus der Geburt des Selbstbewusstseins als Folge der Übertretung von Gottes Befehl, die Frucht vom verbotenen Baum nicht zu essen. Plötzlich wurden sich Adam und Eva ihrer Nacktheit bewusst. Nach der Bibel bedeckten die beiden ihre »Scham« mit Feigenblättern, verbargen also ihre Geschlechtsorgane und damit ihr sexuelles Begehren. Einem Hinweis von Marshall McLuhan folgend, der das Haus als kollektive Kleidung verstand,[6] sind Kleidung und Wohngehäuse keineswegs nur ein Schutz vor widrigen Klima- und Wetterbedingungen oder vor Feinden, sondern auch schambedingte Verhüllungen, im Fall des Wohngehäuses als Rückzugsort, in dem der Scham unterworfene Verhaltensweisen im Geheimen vollzogen werden können.

Es ist ein großer, letztlich ungelöster Streit, ob im Zuge der Neuzeit und Moderne die Scham und damit der Wunsch nach privatem Raum, wie von Norbert Elias in seinem Klassiker *Über den Prozeß der Zivilisation* ausgeführt, weiter zugenommen (»Vorrücken der Schamgrenze«) oder ob sich diese nur verändert hat, sie also eine anthropologische Konstante ist, was etwa Hans Peter Duerr in *Der Mythos vom Zivilisationsprozess* zu belegen suchte und gleichzeitig argumentierte, dass die Schamgrenze absinke. Ziemlich eindeutig ist, dass bis zur Neuzeit die »Notdurft« nicht im Geheimen, in der abgeschlossenen Toilette, sondern etwa in der römischen Antike in der öffentlichen Kloake gemeinsam oder später im öffentlichen Raum beziehungsweise in den gemeinsamen Privaträumen verrichtet wurde. Vermutlich waren auch Nacktheit und Sexualität ebenso wie körperliche Gerüche oder Flatulenz kein Anlass zur Scham.

Unabhängig von dieser Grundsatzfrage ist davon auszugehen, dass sowohl die Erfindung der Kleidung als auch die des Gehäuses neue Verhaltensweisen und Unterschiede zwischen öffentlich und privat entstehen ließen – und das dadurch erst mögliche und raffinierte Spiel zwischen Zeigen und Verbergen. Es könnte zur Ausbildung von Scham und gleichzeitig zur Erregung des Begehrens beim permanent sexualisierten Leben des Menschen geführt haben, das im Unterschied zu Tieren keinen Sexualzyklus kennt. Auch das ist möglicherweise eine Folge des geschützten Wohnens und anderer Kulturtechniken, die den Menschen unabhängiger von den Bedingungen der Außenwelt machten. Je bedeckter die Menschen in den Schamkulturen sind, je zurückgezogener Sexualität nachgegangen wird, desto stärker sind diese mit Nacktheit oder dem Sich-Entblößen als eine Art der Einladung verbunden und desto stärker wird das öffentliche Verhalten sozial normiert.

Die »kollektive Bekleidung« durch erste Konstruktionen von Gehäusen aus Steinen, Ästen, Fellen und Tierhäuten, der Rückzug aus der Öffentlichkeit in einen primitiven, aber privaten, abgeschiedenen Raum, schafft schlicht eine gewisse Sicherheit, nicht von Konkurrenten, Neugierigen oder Bedrohungen gestört zu werden und seinen Tätigkeiten in Ruhe nachgehen oder sie überhaupt erst entwickeln zu können. Es entsteht erstmals historisch eine Intimität, die im ge- und verborgenen Innen- oder Wohnraum geschützt neue Verhaltensweisen entstehen lässt. Es ist davon auszugehen, dass es in den frühen Wohnungen wie noch in den Häusern der Jungsteinzeit, von denen zumindest Gebäudegrundrisse erhalten sind, nur einen Raum gegeben hat, in dem sich das gesamte Leben der Bewohner, wozu auch die ersten Haustiere gehörten, gemeinsam abspielte – mit dem Mittelpunkt der multifunktionalen Feuerstelle, die wärmte, auf der man kochte, die vor Insekten schützte und um die herum man sich aufhielt, aß und schlief.[7] Intimität wird es also nur nach außen hin gegeben haben, bis dann die Häuser wuchsen und das Innenleben räumlich in verschiedene Funktionen wie Gemeinsamkeit, Essen, Schlafen und Arbeiten sowie in individuelle Räume aufgeteilt wurde.

Man schläft durch, kultiviert die Sexualität, legt die Posen ab, die zur Selbstbehauptung in der Gruppe notwendig sind, zeigt sich nackt, wird »authentisch«, kann sich im Geheimen vorübergehend den Normen der Gruppe entziehen, individualisiert sich und kommt schambehaftet in Konflikt mit der Gruppe. »Was künstlich ist, verlangt geschloßnen Raum«, schrieb Goethe. Die Wohnung ist seit der Erfindung der Behausungen im Neolithikum eine Brutstätte des Dissidenten, der Abweichung, der kulturellen Innovation geworden. Und die Einsicht, die aufdeckt und entblößt, wird damit zur Obsession und zur Pornographie, die zeigt, was verborgen, hinter der Schamgrenze bleiben sollte und dafür umso mehr zum Gegenstand der Begierde gerät. Auch der Beobachter des Intimen wird zum Eindringling und moralisch sanktioniert.

Fenster sind eine relativ neue Erfindung, sie entstanden erst im Laufe der Urbanisierung vor wenigen tausend Jahren. Der umschlossene Raum benötigte immer eine Türöffnung, die Luft einließ, aber auch verhängt werden konnte, und einen Rauchabzug. Mit festen Bauwerken kamen Öffnungen auf, die kaum einen Blick nach außen oder innen ermöglichten, bloße Schlitze zur Luftzirkulation, schließlich erst sparte man größere Öffnungen aus, die Luft und Licht eintreten und sich mit hölzernen Windläden, Stroh, Fellen oder Tüchern verschließen ließen. In einer der frühen Siedlungen, in der im achten Jahrtausend vor Christus gegründeten Stadt Çatalhöyük in Zentralanatolien, reihten sich die Häuser dicht aneinander, Zugang gab es meist vom Dach her. Oft wurden Häuser wie seit dem alten Ägypten so gebaut, dass sie sich zum Innenhof öffneten und zur Straße hin geschlossen waren. In wärmeren Gebieten sorgte man sich wenig um den Schutz vor Kälte, wohl aber in kühleren, wo die Möglichkeit zum Verschließen der Öffnungen hohen Nutzen versprach. Mit lichtdurchlässigen Materialien wie Alabaster, Tierhäuten, Pergament und schließlich Glas trat Licht in die dunklen Höhlen ein, aber sie gewährten anfangs nur bedingt Einblick. Glas war zunächst nicht farblos.

Ab dem 13. Jahrhundert wurden mit der Verbesserung der Herstellung von Flachglas die Gebäudefenster von Schlössern und Burgen bis hin zu Privathäusern zunehmend verglast. Seit der Renaissance sind Fenster auch bei Wohnhäusern ein wichtiges Element der Fassadengestaltung. Die allmähliche Vergrößerung der Fensterflächen und die Erfindung des farblosen Kristallglases führten – parallel zur philosophischen Aufklärung – zu einer Erhellung oder Aufklärung der Innenräume und des Innenlebens. Ende des 19. Jahrhunderts verschwanden die bislang notwendigen Unterteilungen und die Glasflächen vergrößerten sich just in der Zeit, als Gaslichter immer weitere Verbreitung fanden, die mit ihrem konstanten, gleichförmigen Licht die Nacht zum Tag machten, aber den Räumen auch Sauerstoff entzogen.

Durch das elektrische Licht wurde das Tageslicht endgültig durch künstliches Licht ersetzt, was paradoxerweise wieder geschlossene Räume und neue architektonische Höhlen wie Theater,

Kinos oder Fabrikationsräume ermöglichte,[8] während der gleichzeitige Durchbruch der Mauern schließlich mit den von außen ganz und gar einsichtigen, von allen Ornamenten befreiten und ohne tragende Steinkonstruktionen auskommenden Bauten aus den neuen Materialien Glas und Eisen sowie vorgefertigten Teilen wie das Palmenhaus in Kew (1844 –1848) und dem Kristallpalast der ersten Weltausstellung 1851 erfolgte.

Das Einbrechen des Tageslichts und das elektrische Licht, das keine Vorbereitungen mehr verlangte, sondern nur noch die Betätigung des Lichtschalters, verändern die Farben und die Wahrnehmung der Innenräume, vertreiben die Düsternis, decken gnadenlos Staub und Schmutz auf und damit auch die vollgestopften Interieurs der »gemütlichen« Zimmer. Dunkelheit verwandelt sich in Verdunkelung, zu einer Option, ebenso wurden Vorhänge, Jalousien oder Gardinen zum Sichtschutz, der die Intimität aufrechterhält und Scham abwehren soll. Mit der »schamlosen« Öffnung der Innenräume durch neue, große Fensterfronten erfolgten schnell auch weitere Durchbrüche mit der Telefonie, dem Radio und schließlich dem Fernsehen. Im Zuge der digitalen Vernetzung und den Smart Homes definieren sich Öffentlichkeit und Privaträume neu: An die Stelle der traditionellen Mauern treten mehr und mehr digitale Konstrukte des Schutzes vor Trojanern und Hackern. Überwacht werden damit natürlich auch die Datenströme der Bewohner.

Jean-Paul Sartre hat in *Das Sein und das Nichts* die auch räumliche Bedingtheit der Scham an einer buchstäblichen Schlüsselszene herausgearbeitet, die heute nach »Big Brother« und Konsorten möglicherweise ihre Nachvollziehbarkeit verliert. Was passiert, wenn eine Person dabei ertappt wird, wie sie heimlich durch das Schlüsselloch einer Tür andere beobachtet, die glauben, sich in einem geschützten, verborgenen Raum zu befinden? Solche komplizierten Beziehungen und Wahrnehmungsverhältnisse können erst gesetzt der Prämisse eines intimen Lebens in abgeschirmten Räumen zustande kommen. Das andere Extrem ist das obszöne, ungeschützte

Wohnen in der Öffentlichkeit, wie dies der zu den Kynikern zählende Diogenes von Sinope auf der Suche nach einem einfachen Leben und im Aufstand gegen die Schamgesellschaft der in Häusern zurückgezogen Wohnenden praktiziert haben soll. Dagegen wird als Strafe ein Wohnen unter Beobachtung verhängt, etwa in Gefängnissen mit dem Ideal eines Panopticons, in welchem die Gefangenen keine Privatsphäre haben und auch nicht immer wissen sollen, ob sie gerade beobachtet werden. In einem Versuch, diese Ungeschütztheit noch einmal verstärkt als Mittel der Repression und Demütigung einzusetzen, haben US-Militärs und Geheimdienstmitarbeiter in Abu Ghraib Gefangene nackt traktiert oder Männer gezwungen, vor den Augen der Beobachter zu kopulieren. Mittlerweile dehnt sich das Panopticon auf den öffentlichen Raum aus und dringt auch tief in die privaten Räume vor, wenn Assistenten wie Alexa, Roboter, Computer, Fernsehgeräte, Smartphones oder andere Teile des Internets der Dinge von Hackern, Unternehmen oder Sicherheitsbehörden zu Spionagezwecken verwendet werden.

Scham entsteht, wenn jemand etwas Verpöntes macht und dabei von anderen oder auch nur seinem Gewissen, dem Freud'schen Über-Ich, beobachtet oder aufgedeckt wird. In der Wohnung, verborgen, von Wänden vor neugierigen Blicken geschützt, kann man dem nachgehen, was in der Öffentlichkeit Scham auslösen würde. Im geschützten Raum »entblößt« zu werden, ist eine besondere Verletzung der persönlichen Privatsphäre. Scham ist eine Folge des Selbstbewusstseins, was bedeutet, sich selbst als Anderen – also aus der Perspektive eines anderen –, als verkörpertes Subjekt wie im Spiegelbild sehen zu können und zu müssen. Das bringt einen Riss mit sich, weil man als Selbstbeobachter aus sich heraustritt und sich von sich selbst distanziert. Man wird sich ver-rückterweise selbst zu einem Fremden und erfährt damit, wie andere einen als verkörpertes Ich erblicken.

Sartre, der aus seinem existentiellen Ansatz heraus die Erfahrung der Existenz des Anderen entwickeln will, um nicht in einem widersinnigen Solipsismus zu landen, deutet diese Entfremdung so, dass man für sich und für andere letztlich zum Objekt werden kann. Wenn aber der Andere als Person erfahren wird, spielt sich eine ähnlich dramatische Begegnung ab wie die zwischen Herr und Knecht bei Hegel. Normalerweise erleben wir die Welt sinnlich von uns als Zentrum aus, sie gruppiert sich auf das wahrnehmende Subjekt hin oder organisiert sich räumlich perspektivisch von ihm aus. Man schaut aus seinen Augen heraus und auf Dinge und Körper und teilt die Welt dementsprechend mit sich als Zentrum in vorne und hinten, oben und unten, rechts und links ein. Dreht man seinen Körper und damit die Augen, dreht sich die Welt mit der Orientierung mit. Um diese egozentrische Orientierung nachzuvollziehen, also zu verstehen, was für einen anderen links oder rechts ist, muss sich dieser imaginativ an die räumliche Stelle des für ihn Anderen setzen. Das scheint normal zu sein, aber es gibt interessanterweise Ausnahmen, wie der Ethnologe Jürg Wassmann schreibt:

> Die meisten Sprachen dieser Welt kennen beispielsweise keine Begriffe für links und rechts; Sprecher nicht-indogermanischer Sprachen sehen den Menschen oft nicht im Zentrum stehend, sondern als Teil der Umwelt an. Die westliche Vorstellung vom Menschen als Zentrum halten sie für anmaßend. Folglich orientieren sich diese Menschen nicht egozentrisch, sondern geozentrisch. Das heißt: Sie orientieren sich anhand von Fixpunkten »dort draußen«. […] Stellen Sie sich folgende Szene vor: Sie stehen vor einem Tisch, auf dem ein Pfeil liegt, der nach links zeigt. Sie werden nun dazu aufgefordert, sich um 180 Grad zu drehen. Jetzt stehen Sie vor einem zweiten Tisch, auf dem zwei Pfeile liegen: Einer zeigt nach links, der andere nach rechts. Ihre Aufgabe ist es nun, auf jenen Pfeil zu zeigen, der »ebenso« liegt, wie derjenige auf dem ersten Tisch. Ohne Zweifel würden Sie auf den linken Pfeil zeigen, denn Sie orientieren sich egozentrisch, haben also Ihr »links« mit dem eigenen Körper um 180 Grad mitgedreht. Ein Balinese aber, eine Tzeltal aus Mexiko, ein Inder aus Kerala, eine Yupno aus Papua-Neuguinea, ein Inselbewohner der Südsee oder ein Guugu Yimidhirr aus Australien würde auf den rechten Pfeil zeigen. Diese Menschen orientieren sich geozentrisch: unabhängig vom eigenen Körper.[9]

Möglicherweise ist die geozentrische Weltsicht, in der sich die Menschen von außen in der Welt verorten, weniger anfällig für den Kampf ums Überleben, den Sartre aus egozentrischer Sicht markiert. Der Auftritt eines blickenden Anderen bedroht die egozentrische Verortung. Sartre schreibt, dass sich durch ihn »eine Räumlichkeit entfaltet, die nicht meine Räumlichkeit ist, denn statt eine Gruppierung der Dinge auf mich zu sein, liegt eine vor mir fliehende Gerichtetheit vor«.[10] Dadurch könne sich das Ich nicht mehr zum Mittelpunkt machen, es findet eine Dezentrierung, eine »innere Blutung« statt (Sartre thematisiert hier keine Gemeinsamkeit der sich Begegnenden, die durch Gesten der Höflichkeit oder Verführung entsteht). Im Kampf der Sich-Erblickenden, die sich wechselseitig zum Objekt machen können, was das Ausfließen des Seins, die Dezentrierung, verhindere, werde deutlich, dass Wahrnehmen erblicken sei und damit auch das Bewusstsein, erblickt zu werden und verletzlich zu sein.

Sartre will mit der Schüssellochszene eruieren, was es heißt, als heimlicher Beobachter erblickt zu werden, der davon ausgeht, beispielsweise als Eifersüchtiger, eine Szene von sich unbeobachtet Wähnenden zu sehen, aber selbst dem Blick der anderen verborgen ist. Das Bewusstsein des Beobachters ist unreflektiert, denn er sieht zwar die anderen, aber nicht sich selbst als Beobachter. Sobald er aber realisiert, dass er selbst gesehen wird, kommt Scham in ihm auf, weil er sich nun in das entfremdete Objekt innerhalb der Welt verwandelt, zu der er seinerseits als heimlicher Beobachter die im Raum Befindlichen machte. Der beobachtete Beobachter sieht sich selbst plötzlich als erblicktes Objekt und als Subjekt, das schamvoll seinem eigenen Sein entfliehen will, erkennt sich dabei aber als jenes, wobei durch diese Identifizierung von außen seine eigene Freiheit vernichtet wird, weil er sich nicht mehr als Herr der Situation erfährt: »Für den Anderen beuge ich mich über das Schlüsselloch, so wie jener Bau vom Wind gebeugt ist. So habe ich für den Anderen meine Transzendenz abgeworfen.«

Wir wollen nicht weiter Sartres Gedanken folgen, da es uns darum geht, welche Veränderungen des Selbstbewusstseins die Möglichkeit mit sich bringt, sich in einem vor Blicken geschützten Raum relativ sicher zu wähnen und dennoch schon aufgrund des Selbstbewusstseins zu wissen, beobachtet werden zu können, also beispielsweise dort heimlich fotografiert oder gefilmt zu werden. Man darf vermuten, dass die Menschen, welche die Bilderströme von Überwachungskameras beobachten, die mitunter auch bereits Gesichtserkennung ermöglichen, keine Scham empfinden. Das Sehen durch das Schlüsselloch ist professionell geworden, insbesondere wenn Kameras als logische Erweiterung im öffentlichen Raum die Beobachtung übernehmen, was Sartre noch nicht ahnen konnte. Wenn Bilder oder Videos, die dem öffentlichen Raum entstammen, an die Öffentlichkeit gelangen, stellt sich höchstens Wut ein. Wenn sie hingegen Szenen in Privaträumen darstellen, kommt Scham auf, deren notwendige Grundlage vermeintlich intime Räume sind, die den Blick von außen abwehren. Aber alle Räume haben die Eigenschaft, dass sie nicht völlig versiegelt werden können, sie müssen betretbar sein sowie Licht und Luft hereinlassen – sie sind verbunden mit dem Außen durch reale und virtuelle Öffnungen.

Bis vor Kurzem galt, dass der letzte geschützte Innenraum einer Person das Gehirn im Schädel sei. »Die Gedanken sind frei« war der Slogan seit der Aufklärung. Mit bildgebenden Techniken dringt man nun auch in diese intimen Innenräume ein, die sich durch elektrische Stromflüsse oder erhöhten Stoffwechsel verraten und womöglich die gehegten Gedanken offenbaren. Und dass man mit Mikrowellen durch Mauern sehen kann, ist auch keine Innovation mehr. Stirbt die Scham also aus oder verstärkt sie sich durch die zunehmende Öffentlichkeit des Privaten?

Erste Wohnung

Unser Leben beginnt in einer dunklen Höhle, der Gebärmutter, in der nach der Befruchtung und schließlich der Einnistung der Eizelle der Embryo von der Außenwelt weitgehend abgekapselt heranwächst. »Uterus« ist der Bauch, griechisch *hystera*, englisch *womb*. Das deutsche Wort »Gebärmutter« macht hingegen klarer, dass es sich um einen Raum handelt, einen Teil der Mutter, in dem sich mit oder ohne Zustimmung die befruchtete Eizelle einnistet, um einen neuen Organismus, der zuerst selbst nicht lebensfähig ist, geschützt heranwachsen zu lassen. Es handelt sich bei der Befruchtung und dem Einnisten im Prinzip um eine Infektion, um den Beginn einer temporären Lebensgemeinschaft, was auch, wenn unerwünscht, als Eindringen eines Parasiten betrachtet werden kann, zumal wenn die Befruchtung gewaltsam oder gegen den Willen der Frau geschehen ist.

Auch wenn über diese frühe Lebenszeit bis noch in die frühe Kindheit nach der Geburt eine Amnesie herrscht, die Menschen sich also bis etwa zum dritten Lebensjahr nicht konkret an ihre Vergangenheit erinnern können, ist das Dasein im Uterus zumindest ein jedem in der Vorstellung nachvollziehbares Bild eines behüteten und geschützten Lebens, für Frauen sowieso, in deren Körper ihre Kinder nach dem gewollten oder zufälligen Einnisten als Mitbewohner heranwachsen. Das Leben beginnt als ein Zusammenleben, als eine vorübergehende Wohngemeinschaft, die in der Regel mit der Entbindung oder dem Zur-Welt-Kommen auf andere Weise fortgesetzt wird. Auch wenn wir keine persönlichen Erinnerungen an das Leben in der Gebärmutter haben, so gibt es doch eine Grundstimmung des Aufgehobenseins, die unser Leben und unsere Suche nach einer Wohnung prägt, selbst wenn es sich dabei nur um ein Bild handelt, das uns eine Erfahrung suggeriert, die wir auch anderweitig von Wohnungen als geschützten Lebensräumen haben.

Wir wachsen in der Gebärmutter, einem von außen abgetrennten und weitgehend geschützten Bereich, auf. Hier ist es weich und warm, die Umwelt, also der Uterus als Wohnung, passt sich den Bewegungen und der Größe des heranwachsenden und reifenden Kindes an und hält die Umweltbedingungen weitgehend konstant, sofern auch das Leben der Mutter in einigermaßen normalen

Bahnen abläuft. Über die Nabelschnur mit der Plazenta verbunden, ist das Kind an den Blutkreislauf angeschlossen und erhält kontinuierlich Sauerstoff und Nährstoffe. Atmen muss der Fötus daher noch nicht, das entstehende Kohlendioxid wird daher nicht über die Lunge, sondern über die Nabelschnur abgegeben. Kot entsteht durch diese Ernährung über das Blut nicht, die Ausscheidung erfolgt ebenfalls über die Nabelschnur, und der nach Ausbildung der Nieren wenig konzentrierte Urin wird nach Verarbeitung und Resorption im Darm ins Fruchtwasser ausgeschieden und wieder getrunken.

Schwerelos schwebt der Fötus im Fruchtwasser der Höhle. Erst wenn das Gehirn heranwächst, die Ohren und die Augen ausgebildet sind und der Fötus Bewegungsfähigkeit erlangt, erfährt er sich selbst und die Welt. Dann prägen sich erste Erfahrungen ein, auch traumatischer Art. Wir wissen aber nur, dass ein Fötus etwa ab dem sechsten Monat zu hören beginnt (und auch die Stimme der Mutter wiedererkennt), ab dem siebten Monaten riechen und kurz darauf auch sehen kann. Dann ist er auch in der Lage, das Fruchtwasser zu schlucken oder sich durch Nuckeln mit dem Daumen im Mund zu beruhigen und damit auf das Stillen vorzubereiten. Das Innere der Fruchtblase und das Fruchtwasser sind weitgehend steril, noch befinden sich auf und im Leib des Kindes nur wenige Mitbewohner der uterinen Mikrobiota wie *Gardnerella vaginalis*, *Enterobacter*, *Streptococcus agalactiae* oder andere Bakterien. Gänzlich gesichert ist der Uterus nicht, denn bakterielle Infektionen können zu Früh- oder Fehlgeburten führen. Mit der Geburt siedeln sich aber massenhaft Bakterien, Viren und Pilze als Parasiten, Symbionten und Gäste an, die den Körper als Wohnung oder Lebensraum besetzen.

In der ersten Wohnung ist es eng, warm, dunkel und gedämpft, die Geräusche des mütterlichen Körpers dürften nur in Ausnahmefällen, wenn sie aus dem Gewohnten herausfallen, zu hören sein, von außen dringen manche Geräusche, immer wieder die Stimme der Mutter, aber auch die anderer Bekannter und Fremder, Musik oder Gemurmel ein – wie in einer Wohnung durch geschlossene

Fenster und Türen. Manchmal wird es auch laut, durchzuckt ein erster Schreck vor dem, was unerkannt und unbekannt da draußen ist, das Kind, was aber schnell wieder im schläfrigen Sein vergeht. Wenn die Mutter geht und sich bewegt, schwingt und schwimmt der Fötus im Fruchtwasser mit, was auch verhindert, dass es in der Wohnung zu eng wird. Stürze und Stöße werden von der straff gespannten Gebärmutterwand und dem Fruchtwasser gemildert. Angst empfindet es dabei nur, wenn diese wirklich hart und auch für die Mutter schmerzhaft sind. Vermutlich kennt das Kind in der Gebärmutter wohl noch nicht den Unterschied von innen und außen, ist eins mit dem mütterlichen Körper – so stellen wir uns das immerhin vor.

Mit Sigmund Freud lässt sich das intrauterine Leben als eine der Urfantasien bezeichnen, die sich bei allen Menschen finden, unabhängig von wirklich erlebten Erfahrungen. Es wäre der Ursprung des Lebens im »primären Narzissmus«, in dem es noch keine Beziehung zu einem oder etwas Anderem gibt, eine Trennung noch nicht stattgefunden hat, der Fötus eins mit seinem Körper und der Umwelt ist, ein Zustand, der im Schlaf reproduziert wird, in den die Menschen immer wieder heimkehren, bis sie schließlich diese dem intrauterinen Leben ähnliche Urwohnung der »Heim-lichkeit« verlassen und in die Welt fallen.

Ohne Schlaf, der täglichen Wiederholung des verlorenen intrauterinen Daseins im Schutz der Gebärmutter, und mit möglichst weitgehendem Rückzug von der Außenwelt werden die Menschen krank und wirr. Die wie immer auch rudimentäre Rückkehr zur ersten Wohnung durch den Schlaf ist offenbar für Menschen, aber auch für viele Tiere lebensnotwendig und damit existentiell. Der intrauterine Zustand kann auch künstlich simuliert werden, etwa durch von der Umwelt abgeschottete »Floating-Tanks«, in denen der Mensch allen Sinnesreizen entzogen und schwerelos auf der Oberfläche von körperwarmem, also thermoneutralem Wasser, dessen Dichte durch Zugabe von Salzen erhöht wird, treibt und sich der empfundene Unterschied von Körper und Umwelt auflöst. Folge ist eine vermehrte Ausschüttung von Endorphinen und ein gelöstes, entspanntes Empfinden, das wahrscheinlich auch dem Gefühl des Fötus gleicht, der im Floating-Tank des Uterus heranwächst.

Das Kind schwebt in der Flüssigkeit und an der Nabelschur hängend wie ein Astronaut in einem Raumanzug, sozusagen als eine mobile Ein-Mann-Station im Weltall. Die erste Wohnung ist eine Höhle, man könnte auch sagen, ein Verließ, das erste Wohnen eine Gefangenschaft in einer weitgehend vor dem Außen abgeschirmten Wohnung. Dieses Urbild des Wohnens, an das wir uns nicht wirklich erinnern, sondern das wir nur imaginieren können, ist mit der Situation des Eingeschlossenseins in einem Kerker ein paradoxes Phantasma.

Schließlich kann auch eine Wohnung, die vor dem Außen schützt und in die man sich zurückzieht, in ein Gefängnis umkippen, aus dem man nicht mehr herauskommt. Die Angst, eingeschlossen zu sein und unbedingt nach draußen zu wollen, könnten auch Föten entwickeln, die am Ende der Schwangerschaft immer weniger Platz im Uterus finden und entsprechend in ihrer Bewegungsfreiheit eingeschränkt sind. Sie schweben dann nicht mehr, auch wenn sie sich noch ein wenig drehen können, und stoßen mit ihren Bewegungen nun gegen die Rippen, was ihnen und der Mutter Schmerzen bereiten kann. Zum Schluss wird es immer enger, die Bewegungen können nur noch langsam erfolgen, das Kind ist im Regelfall bereits kopfüber in die Startposition im Geburtskanal eingequetscht. Für Mutter und Kind ist das Zusammenwohnen im Körper der Mutter beendet, die Wehen setzen ein, vermutlich entscheidend von Signalen des Kindes ausgelöst, dem es nicht nur zu eng wird, sondern das zu diesem Zeitpunkt auch nicht mehr genug Sauerstoff und Nahrung erhält. Dann setzt eine hormonelle und mit den Wehen verbundene, mechanische Kaskade ein: Der Schleimpfropf, mit dem der Muttermund verschlossen war, löst sich auf, die Fruchtblase springt und dann wird das Kind durch die Wehen mit dem Kopf voran durch den Geburtskanal aus dem Becken teils unter großen Schmerzen der Mutter herausgeschoben oder schiebt sich, womöglich in Panik und Angst, mit Hilfe der Wehen heraus. Die symbolische körperliche Trennung von der Mutter erfolgt durch das Kappen der Nabelschnur, die Abnabelung oder eigentliche Entbindung, womit das zur Welt gekommene Kind, oft verzweifelt oder auch erleichtert schreiend, unwiederbringlich auszieht und zu einem Individuum wird, das aber weiterhin noch vollständig von äußerer Hilfe abhängig ist.

Philosophen: Vom Wohnen und Gewohnten

Die Philosophen haben sich weniger mit dem Leben in der Urwohnung beschäftigt, sondern vor allem mit dem Zur-Welt-Kommen, also mit dem Gegenstand der Tätigkeit von Hebammen, das Leben aus dem Dasein im Engen, aus der Gefangenschaft oder aus der absoluten Abhängigkeit zu befreien. Die Philosophie als Mäeutik, eine Metapher seit Sokrates, ließe sich auch als Fluchthilfe verstehen, die bei den Versuchen, auf eigenen Füßen zu stehen und die Welt zu verstehen, die Notwendigkeit des Wohnens vergessen hat. Sokrates, dessen radikal subjektive Lehre vor allem aus dem Hinterfragen und Öffnen des Selbstverständlichen besteht und damit auch das Alltagsleben zur Philosophie macht, soll, wie Platon schreibt, Sohn einer Hebamme gewesen sein. Als Philosoph half er aber nicht Frauen bei der Geburt, sondern Männern oder Jünglingen, mit denen er sich am liebsten beschäftigte. Frauen galten in der griechischen Antike bekanntlich nicht als vollwertige Bürger.

Die jungen Männer waren zu Sokrates' Zeiten von existentiellen »Zweifelsschmerzen«, bedingt durch die Akzeptanz des Daseins als Erwachsene, und entsprechenden »Wehen« gepeinigt, von denen er sie mit seiner Mäeutik erlösen, aber gleichzeitig vermeiden wollte, dass sich aus dem Geist des Jünglings »eine Schein- oder Lügengeburt« entwickelt. Sie sollten also nicht auf eine schiefe Bahn geraten und falsche oder illusionäre Ziele verfolgen. Er selbst sei »unfruchtbar an Weisheit«, könne nicht selbst gebären, wie es in Platons *Theaitetos* heißt. Die sokratische Hebammenkunst unterscheidet sich von den meisten anderen Philosophien dadurch, dass sie bei denjenigen, denen sie beim Übergang zum Erwachsensein in der Welt helfen will, erst einmal das scheinbar Bekannte durch den Rückgang ins intrauterine Dunkle auszutreiben sucht. Wahrscheinlich sollte man eher sagen: Die bestehende, aber noch nicht gefestigte Gedankenwelt wird dekonstruiert oder wie ein Haus abgerissen, um den jungen Mann mit der geistigen Geburt in das helle Offene zurückzuführen. Heidegger hätte das »Lichtung« genannt. Das Ankommen in der Welt entspricht damit dem Entbinden vom Bekannten und Gewohnten, also von dem, in dem man bislang gewohnt oder das man bewohnt hat.

Platon arbeitete schließlich die sokratische Methode in das einflussreiche Bild des Höhlengleichnisses ein, nach dem die Menschen verblendet in einer von der Außenwelt abgeschlossenen Höhle ein ihnen dargebrachtes Schauspiel kollektiv als Wirklichkeit erleben. Der Höhlenbewohner, der sich auf den Weg aus dem Gefängnis in die Außenwelt macht beziehungsweise von dem mäeutischen Philosophen entfesselt und nach oben geschleppt wird, erlebt die Befreiung nach Platon zunächst als schmerzhafte Blendung durch das ungewohnte Licht der Sonne. Durch Gewöhnung kann er schließlich die »wirklichere« Wirklichkeit unter dem aufklärenden Licht der Sonne erkennen. Sollte er in die Wohnung der Höhlenbewohner zurückkehren und diese durch den Bericht von der äußeren Welt aufklären wollen, würden diese, so Platon, ihre »Ge-Wohn-heit« als träge und ängstliche Sesshafte aufrechterhalten, ihre Gefangenschaft gegenüber dem Boten verteidigen und diesen als un-heim-lichen Außenseiter mit dem Tod bedrohen. Die Ausgänge aus der Höhle oder dem erkenntnistheoretischen Uterus müssen aber, worauf wir später noch zu sprechen kommen, mit immer geschickter konstruierten Gefängnissen und raffinierten Simulationen errichtet werden, in welche die Menschen eingeschlossen sind. Und weil Gefängnisse, die man nicht als solche erkennt, ausgefeilte (fiktive) Techniken benötigen, um die Verbindung zur Außenwelt auszublenden, rückt auch das Alltagsleben aus der Betrachtung heraus, da die Wahrheit jenseits davon liegen muss, eben als Geburt aus dem desto dunkler gezeichneten Uterus.

Platon beendet die philosophische Hebammenkunst des Sokrates, die den Menschen ins Offene wirft, auch wenn er sie weiter in den Dialogen als Methode nutzt. Seine Dialog-Inszenierungen dienen dann dem pädagogischen Zweck (*paideia*), den Weg zur Wahrheit aus dem Schein heraus zu bahnen und damit die sokratische Offenheit, verewigt in dem Spruch »Ich weiß, dass ich nicht weiß«, durch den Bau einer sicheren, auf einem festen Fundament errichteten Weltsicht, die gegen den Irrtum und den Schein schützt, wieder zu verschließen. Auffällig an dem Bild der platonischen Höhle ist, dass aus erkenntnistheoretischen und damit verbundenen ethischen und ästhetischen Gründen das Bewohnen einer Höhlenarchitektur beschrieben wird, die ein Leben in der Illusion, das dem Leben von Fernseh- oder Kinozuschauern gleicht, auch durch kollektiven Druck ermöglicht oder erzwingt. Die in der Höhle seit ihrer Kindheit gefesselten Menschen sehen nur die Schatten von Gegenständen, die ein künstliches Licht hinter ihnen an die Wand wirft. Der Ausgang aus der Höhle mit der Zuwendung zum Seienden führt allerdings nur auf die von der Sonne erleuchtete Welt, nicht aber in ein aufgeklärtes wohnendes Dasein.

Die philosophische Schwierigkeit gegenüber Sokrates ist, dass Platon das Bild einer »Lösung von den Banden und die Umwendung von den Schatten zu den Bildern und zum Licht und das Hinaufsteigen aus dem unterirdischen Aufenthalt an den Tag« benützt, aber gleichzeitig sagen muss, dass auch das im wirklichen Sonnenlicht Erblickte und die wahrgenommene Sonne selbst wieder nur Bilder sind. Sie sind gewissermaßen wahrer als der Schatten eines Bildes in der Höhle, aber auch sie verweisen nur auf das Seiende selbst, ohne die Wahrheit zu offenbaren. Die Zuwendung zur Welt durch den Austritt aus der Höhle in die Lichtung muss daher mit einer neuen Abkehr von den »göttlichen Abbildern im Wasser und Schatten des Seienden« einhergehen, um durch die »Kunst der Umlenkung« den geistigen Blick auf die Wahrheit zu richten, was für

Platon zugleich die Richtung auf das Gute ist. Die Aufgabe des Philosophen ist allerdings überdies, wieder in die Höhle und das Dunkle hinabzusteigen, um den Menschen zu lehren, dass es eine andere, die wahre Welt gibt:

> Ihr müsst also nun wieder herabsteigen, jeder in seiner Ordnung, zu der Wohnung der übrigen und euch mit ihnen gewöhnen, das Dunkle zu schauen. Denn gewöhnt ihr euch hinein, so werdet ihr tausendmal besser als die dortigen sehen und jedes Schattenbild erkennen, was es ist und wovon, weil ihr das Schöne, Gute und Gerechte selbst in der Wahrheit gesehen habt.

Auffällig ist, dass die Lebenswirklichkeit der Menschen, das Alltagsleben, bei den vorsokratischen Philosophen und ihren Nachfolgern ausgeblendet blieb. Man war auf das Gute, das Schöne und das Wahre ausgerichtet, auf ein Leben im Ausnahmezustand, für eine Avantgarde, die das Dasein für gegeben hielt. Selbst die »anthropologische Wende«, die mit der seit Platon formulierten Frage, was der Mensch sei, konstatiert wurde, richtete den Blick nicht auf den Alltag und das Wohnen, sondern nur auf das gute Leben im Abstrakten.

Das Aussparen des Alltagslebens war bereits Anlass für eine bekannte Anekdote, eine frühe Kritik an der Philosophie. So wurde berichtet, dass Thales von Milet, der immer nach oben in die Sterne blickte, einst in einen Brunnen gefallen sei, weil er ihn übersehen habe. Platon lässt Sokrates, den philosophischen Geburtshelfer für den Ausgang aus dem Gewohnten, im *Theaitetos*, wo es um das Wissen und die subjektive Erkenntnis des Wahrnehmbaren geht, die Geschichte erzählen. Der Philosoph oder Theoretiker, der sich von den im Gewohnten lebenden Massen trennt und dem Wissen nachgeht, läuft ins Risiko, wie es auch im Höhlengleichnis der Fall ist, wenn er sich von dem abwendet, »was vor der Nase und vor den Füßen liegt«, was gewissermaßen zuhanden und »gegen-ständlich« ist. Da Erkenntnis – oder auch nur reflexives Denken – mit einer Distanzierung von der Welt einhergeht, kann ein Philosoph wie Thales »keine Ahnung von seinem Nebenmann und Nachbarn« haben: »Nicht nur, was er betreibt, sondern beinahe, ob er überhaupt ein Mensch ist oder was sonst für eine Kreatur.«

Der Philosoph Hans Blumenberg hat über diese Anekdote ein ganzes Buch, *Das Lachen der Thrakerin*, geschrieben.[1] Es soll eine Magd gewesen sein, die den Sturz des Philosophen in den Alltag beziehungsweise in die harte Wirklichkeit mit Schadenfreude begleitete, in manchen Versionen eine alte Frau, in anderen ein Mädchen. Einer alternativen Erzählung der Geschichte zufolge stolperte Thales nicht in den Brunnen oder die Grube, sondern war in den dunklen Schacht des Tunnels hinuntergestiegen, um aus diesem »Fernrohr« besser die Sterne beobachten zu können. Das ließe sich als Parallele interpretieren, das Leben aus dem Dasein im Uterus zu betrachten und nicht nur im Ausgang aus der Gefangenschaft. Man könnte die Erzählung letztlich auch so verstehen, dass sich eben erst aus dem Abstieg in die Höhle die Wirklichkeit erschließt, die dem Alltag im Hellen, aber nicht im blendenden Licht wie die Sterne am Tag, verborgen bleibt – wobei allerdings die Nahumgebung ausgeblendet werden muss.

Der platonische Sokrates meint hingegen, dass der über die materielle Wirklichkeit stürzende Philosoph nur so erscheine, als habe er keine Ahnung von seinem Nebenmann und Nachbarn, denn er suche schließlich – man müsste sagen über den Umweg der Himmelsbetrachtung – paradoxerweise unermüdlich »das eigentliche Wesen des Menschen«. Dem fügt er hinzu, dass dabei nicht interessiert, was er mit anderem Leben gemeinsam hat, sondern in einer anthropozentrischen Ausrichtung lediglich, »was ihm demgemäß im Unterschied von den anderen zu tun oder zu leiden zukommt«. Kurt Bayertz sieht in der scheinbaren »anthropologischen Wende«, die der platonische Sokrates vollzieht, eine »Wendung nach innen«, die sich im Christentum bis in die Neuzeit hinein fortsetzt und die Anthropologie demgemäß einschränkt.[2] Die Frage nach dem, was der Mensch ist, bezieht sich seitdem auf den Geist oder die Vernunft, auf die notwendige Ablösung des Denkens vom Körper, auf die Sprache, das rationale Denken oder die Ethik des Zusammenlebens. Das wird mit dem »aufrechten« Gang oder Stehen zusammengebracht, schon für Aristoteles ein Merkmal, das den Menschen von allen anderen Lebewesen unterscheidet. Der Kopf ist erhoben, die Arme haben sich vom Boden abgelöst, aufrecht steht der Mensch, »weil seine Beschaffenheit und sein Wesen göttlich sind«.

Die Abwendung vom Menschen als verkörpertem Lebewesen, der vieles mit anderem Leben gemein hat, blendet auch dessen Dasein auf der Erde aus. Als verkörperte Kreatur ist er nicht nur ein vernünftiges Erkenntniswesen unter moralischen Geboten und ästhetischen Normen, sondern auch angewiesen auf eine schützende Wohnung. Die erste Wohnung nach dem Uterus ist mit dem Nest in den Bäumen vermutlich die Kleidung gewesen, ebenso eine zweite Haut wie das Nest, nur mit dem Unterschied, auf den McLuhan aufmerksam macht, dass die Kleidung den einzelnen Körper – und vielleicht den des Babys – umhüllt, während das Nest oder die Wohnung einen sozialen Raum eröffnet, in dem sich auch Mitmenschen aufhalten können.

Ohne auf die vielen Deutungen und die Rezeptionsgeschichte eingehen zu können, ist die Anekdote mit dem Sturz des aufrechten Menschen, der seinen Kopf nach oben in die Betrachtung des Himmels richtet, auch eine Art Ursprungsgeschichte der Philosophie. Der Philosoph, der sich dem Geistigen und Entfernten zuwendet, verliert die Bodenhaftung mit der Erde. Der Sturz führt zum Aufeinanderprallen von Körper und Erde, der Philosoph wird schmerzhaft an die materielle Wirklichkeit erinnert, der er als verkörpertes Weser selber angehört. Das Studium der Himmelsmechanik, in der Antike auch als Inbegriff der *theoreia*, des Sehens, verstanden, hat mit dem zu tun, was der Mensch nicht begreifen kann, das er nur mit dem Entfernungssinn sehen, aber nicht berühren, gar manipulieren konnte.

Die neuen Nomaden und die Krise der Sesshaftigkeit

In den Anfängen der Philosophie in der griechischen Antike traten Denker auf, die in den Städten lebten, und der Landbevölkerung, die sich an Mythen und religiöse Vorstellungen hielten, eine urbane Kultur der öffentlichen Debatte und der Selbstreflexion entgegensetzten. Philosophisches Denken beginnt bei der Distanzierung von Autoritäten, Zwängen und dem Gewohnten. Im Deutschen ist das Gewohnte, das, was einfach ist und von dem aus die Welt erschlossen und erfahren wird, mit dem Wohnen und der Wohnung verbunden. Dieses ist überdies mit dem Geheimen verknüpft, also mit einem Heim und dem Heimlichen, das die Außenwelt aussperrt und einen privaten, der Öffentlichkeit entzogenen Raum eröffnet.

Man darf Sokrates wohl als einen der ersten uns bekannten Städter bezeichnen, der laut und provokativ als Flaneur im öffentlichen Raum auftrat, in diesem wohnte und mit Lust und Insistenz einen Diskurs pflegte. Er hinterfragte alles, suchte aber zugleich aus dem Gespräch heraus Erkenntnisse und Einsichten zu entwickeln. Freilich war er dabei zumindest in Teilen ein Kunstgeschöpf Platons, der ihn als Diskursspieler zum rationalen Philosophen der ersten Stunde beförderte. Schließlich besiegelte Sokrates seinen Ruhm, indem er sich schon über 400 Jahre vor Entstehung des Christentums und des Märtyrers Jesus Christus für die Suche nach der Wahrheit opferte und lieber freiwillig den Schierlingsbecher trank, als sich unhinterfragbaren Prinzipien und Gewohnheiten des sozialen Zusammenlebens und -wohnens zu unterwerfen. Die Haltung, den Tod einem Kompromiss vorzuziehen, ist radikal und verstärkt paradoxerweise den Extremismus auf Kosten des Dialogs. Die Beanspruchung, die einzige Wahrheit zu vertreten, wie monotheistische Religionen den einzigen Gott reklamieren, führt zu mörderischen Konsequenzen, wenn man es nicht ertragen kann, mit Menschen anderer Gesinnung zusammen zu wohnen oder zu leben.

Ob Sokrates tatsächlich Bildhauer war und eine Zeit lang das Handwerk praktizierte, ist wie so vieles an seiner Person nicht zweifelsfrei belegbar. Sicher scheint jedoch zu sein, dass er an mehreren Kriegszügen als Hoplit teilnahm. Die schwer gerüsteten Kämpfer mussten selbst für ihre Waffen sorgen, weswegen anzunehmen ist, dass Sokrates über gewisse finanzielle Mittel verfügte. Als Hoplit war Sokrates Teil der militärischen Avantgarde, die das Konzept des Kämpfens in der Phalanx kultivierte. Just in Athen, Wiege der Demokratie und des Individualismus, waren die Männer bereit, nicht einzeln zu kämpfen, sondern sich einer Formation unterzuordnen, in der sie auf Gedeih und Verderb den anderen vertrauen und sich streng koordinieren mussten.

Sokrates, der nur aus Gefälligkeit oder Zwang aus der Polis heraus in die Umgebung eintauchte, fand die Natur angeblich völlig uninteressant. Sie inspirierte ihn nicht. Er wollte nicht draußen sein, sondern in der Stadt bleiben, in dieser ersten künstlichen Welt, die der Mensch erschaffen hatte und in welcher Natur nur domestiziert vorkam, auch wenn er weiter von ihr und ihren Ressourcen abhängig blieb, also auch von den sesshaft gewordenen Menschen in Form von Bauern, die Pflanzen und Tiere unterwarfen und das Land so weit wie möglich humanisierten. Aber das war für Sokrates, wie ihn Platon darstellte, nicht von Belang. Damit wurde letztlich auch Religion, die Einwirkung nichtmenschlicher Kräfte, auf die Seite gedrängt und ein Raum des rationalen Argumentierens geschaffen. Ein radikaler Bruch mit dem, was Wohnen bislang bedeutete.

Er wollte wissen und hinterfragen, wie die Menschen die urbane Welt organisieren, wie sie Wahrheit und Falschheit, Wahrhaftigkeit und Lüge, Wirklichkeit und Schein unterscheiden und mit welchen moralischen Prinzipien sie ihr Leben organisieren. Das war auch deswegen wichtig, weil in den Städten die sogenannten Sophisten für Unterhaltung durch sprachliche Virtuosität sorgten. Das Spielen auf der Klaviatur der Sprache und der sprachlichen Logik kann zwar auch im privaten, abgeschlossenen Raum stattfinden, aber Applaus und Zuspruch erfahren die Spieler, die jedes Argument aushebeln wollen, nur in einer Öffentlichkeit, die sich an verbaler Geschicklichkeit begeistert und nicht direkt davon betroffen ist. Es bedarf Freiräume des offenen Diskurses, was auch heißt, dass die Öffentlichkeit deutlich größer als die Gemeinschaft der Familie und der Freunde, aber auch eines Dorfes sein muss. Gleichzeitig bestand die Öffentlichkeit aus einem überschaubaren Kreis von Menschen, die mitreden konnten und durften, die als Mitspieler akzeptiert waren. Frauen blieb die Demokratie auf der Agora, dem Marktplatz, verwehrt, ebenso wie Fremden, Zugezogenen und Sklaven.

Die griechische Stadt war eine von der Umwelt abgegrenzte Insel aus Stein, eine Gated Community zumeist, bestehend aus Gehäusen und umbauten Flächen – einem Geflecht aus wohl getrennten Innen- und Außenräumen, die ineinander übergingen, aber unterschiedliche Wirklichkeiten schufen. Die Menschen in Städten, diesen epochalen Erfindungen der Menschheit, mit denen sie sich in eine noch heute anhaltende Dynamik aus den daraus entstehenden Freiheiten und Zwängen hineinversetzten, sind elementar zweigeteilt: einerseits als Bewohner ihrer Häuser, die in Athen meist ziemlich klein und einfach gewesen sein sollen, und damit Privatleute, und andererseits als Bürger in einer Gemeinschaft, die sie in Athen weltgeschichtlich erstmals gemeinschaftlich regierten. Diese Gemeinschaft fand im Öffentlichen statt, nicht in den Tempeln oder Theatern, wo man die künstliche Welt der Stadt noch einmal mit der rituellen und architektonischen Erzeugung von kollektiv erlebten künstlichen Wirklichkeiten in einer Art Rausch transzendierte oder wie im Theater auch emotional, aber gleichzeitig nüchtern dekonstruierte.

Dass Sokrates stets das Heim und seine Frau zurückließ, um auf den Plätzen Athens, innerhalb der Stadtmauern nach Gesprächspartnern zu suchen, macht deutlich, dass das kritische Denken draußen in der Öffentlichkeit und für ebendiese stattfand. Es ist eine Flucht aus der Wohnung und dem Gewohnten in das Abenteuer des Denkens, welches in das Neue mitreißt, auf Wanderschaft ins Unbekannte geht und das Gewohnte zurücklässt. Sokrates verfasste Zeit seines Lebens keine Schriften, das gemeinschaftliche Denken in Echtzeit, das immer in Bewegung und für Ungewohntes offen ist, war seine Aufklärung.

Dass etwa der Vorsokratiker Diogenes von Apollonia die Luft zum Ursprung der Welt und des Lebens erklärte, bringt das Bedürfnis nach offenem Raum, der freie Bewegung ermöglicht, ebenso zum Ausdruck wie etwa Heraklit, der die Dauer selbst zur Illusion erklärte, als er sagte, dass alles fließe und man nicht zweimal in denselben Fluss steigen könne. Sophisten zogen durch die Städte und demonstrierten ihre Argumentationsfähigkeiten, während Relativisten die subjektive Sicht betonten und die Skeptiker und Nihilisten alles in Frage stellten.

Und dann gab es den kynischen Philosophen Diogenes von Sinope, der zur Zeit Platons, Aristoteles' und Euklids gelebt und Alexander den Großen getroffen haben soll. Provokativ demonstrierte er, dass Philosophieren eine Lebensweise ist, indem er den Austritt aus der Wohnung zur philosophischen Geste erhob und das einfache Leben in der Obdachlosigkeit oder im Offenen der Polis propagierte, also inmitten der Stadt, zumindest will es so die Überlieferung. Selbst wenn die Geschichten allesamt erfunden sein sollten, vermitteln sie eine Stimmung, welche die revoltierende Avantgarde in den Städten kennzeichnet, die sich auch gegen das urbane Leben selbst wandte. Diogenes soll sich gegenüber Alexander als »Diogenes, der Hund«, bezeichnet haben, um sich demonstrativ durch die Identifizierung mit dem domestizierten, aber schamlosen Tier vom kritisierten Lebensstil der Städter in ihrer künstlichen und protzigen Welt mitsamt ihrem Rückzug in die private, von Mauern umschlossene Wohnung abzuwenden. Platon nannte Diogenes den »rasenden Sokrates«, verband ihn also durchaus mit seinem Helden und Lehrer.

Zur Wohnung, zum abgeschlossenen privaten Raum, gehört die Scham. Sie treibt die Menschen nicht in die Wohnung wie in der biblischen Erzählung vom Sündenfall zur Bekleidung, sondern ganz im Gegenteil ist die Möglichkeit, sich in einen umschlossenen, privaten Raum (*privatus* bedeutet »befreit«, »der Öffentlichkeit entzogen«) zurückziehen zu können, ihr Ursprung. Sie regelt, wie man sich öffentlich verhalten soll und was nur im privaten Raum gemacht werden darf, der auch wieder untergliedert ist in verschiedene Scham- oder Rückzugszonen. Schamlos war nicht nur der Aufenthalt und das Schlafen von Diogenes, möglicherweise in der »Tonne« (*pithos*), in der Öffentlichkeit mit dem radikalen Verzicht auf jede Form der Privatsphäre. Auch das Essen und vor allem die Befriedigung des sexuellen Begehrens soll unter den Augen der Passanten geschehen sein. Es ist nicht bekannt, ob Diogenes auch mit Frauen oder Männern in der Öffentlichkeit sexuell verkehrte, es heißt, er habe schlicht durch Masturbation dem Trieb Abfuhr geleistet. Weitgehende Bedürfnislosigkeit oder Selbstgenügsamkeit war seine Devise, was ihn radikaler machte, als viele der späteren christlichen Einsiedler, die überdies aus der Stadt auf das Land in die Einöde zogen, um den Verführungen der urbanen Lebensweise erst gar nicht zugänglich zu sein, und nur mit sich selbst rangen, während Diogenes als schreibender und auch als kommunikativer Philosoph inmitten der urbanen Bevölkerung seine Wurzeln hatte.

Erst in einem zweiten Schritt wird aus dem Ausbruch wieder ein Gehäuse der Gewissheiten konstruiert, das so fest, vertraut und sicher ist, wie es eine Wohnung sein soll. Die Wohnung, der sich das Denken anpasst, ist allerdings nicht die private des Philosophen selbst, sondern der Kosmos, also die geordnete Welt, die aus dem Chaos entstanden ist. In diese Denkwohnung, die stetig verbessert wird, ziehen dann die Schüler ein, die sich in ihr nur noch im Gewohnten einrichten, aber sie nicht niederreißen und neu aufbauen sollen. Das ist ein Paradox, das die Geschichte der Philosophie beherrscht, die immer neue Wohnungen baut, um sich dort einzuschließen, sie zu uneinnehmbaren Burgen zu machen, in denen sich gewissermaßen das Leben und das Sein nach den gefundenen Spielregeln richten und das Unbekannte durch das Gewohnte ersetzt wird. Dass Platon, der Berichterstatter des in der Stadt umherschweifenden Sokrates, der alles problematisiert, aber sein Wohnen im Dunklen und Geheimen hält, im Höhlengleichnis das Leben in einem imaginierten Gefängnis des Gewohnten konstruiert, ist eine frühe Fantasie des Ausbruchs aus der Wohnung und des Gewohnten.

Wohnen – aus dem All gesehen

Die Sowjetunion schoss 1957 den ersten Satelliten mit dem Namen Sputnik in die Erdumlaufbahn. Der Russe Juri Alexejewitsch Gagarin wurde wenige Jahre später mit dem Raumschiff Wostok 1 der erste Mensch im Weltraum, der gemeinhin, aber nur konventionell ab einer Entfernung von 100 Kilometern von der Erdoberfläche beginnt – eine im Blick auf das Universum winzige Entfernung. Das ist die sogenannte Kármán-Linie, ab der die dünner werdende Atmosphäre nicht mehr dazu genutzt werden kann, einen weiteren Auftrieb zu erzeugen, weswegen hier, so die Festlegung, die Luftfahrt in die Raumfahrt übergeht.

Am 12. April 1961 umflog der russische Astronaut, festgeschnallt in der kleinen Kapsel, einmal die Erde und war damit der erste Mensch, der wie ein Alien die Erde von außen als einen im freien Raum schwebenden »blauen Planeten« erblickte und der die Nabelschnur mit der Erde kurzzeitig durchtrennte, auch wenn er dabei mit den Menschen am Boden in Kontakt stand: »Durch das Fenster sehe ich die Erde. Der Boden ist gut zu sehen«, waren seine ersten Worte: »Ich fühle mich großartig.«

Der Schritt in den Weltraum ist gerade einmal 60 Jahre her, aber er bedeutete einen symbolträchtigen Einschnitt für das Verständnis des Lebens oder vielmehr Wohnens auf der Erde. Lebten die Menschen bislang auf der Erde und bauten sich dort Wohnungen, so ließ der erste Schritt, der über die Erde hinausging, diese selbst zu einer Heimstatt werden, die man baut und bezieht, aber die man auch verlassen oder verlieren konnte. Eine politisch und rechtlich gebrauchte Definition von Wohnungen im Unterschied zu Unterkünften für »vorübergehendes Wohnen« lautet beispielsweise:

> Wohneinheiten (Wohnungen) sind nach außen abgeschlossene, zu Wohnzwecken bestimmte, in der Regel zusammen liegende Räume in Wohngebäuden und sonstigen Gebäuden mit Wohnraum, die die Führung eines eigenen Haushalts ermöglichen. Wohnungen weisen einen eigenen Zugang unmittelbar vom Freien, von einem Treppenhaus oder Vorraum auf.[3]

Der hier eröffnete Unterschied zwischen einer Wohnung und einer vorübergehenden Unterkunft (»behelfsmäßige Bauten wie Baracken, Wohnwagen, Lauben, festverankerte Wohnschiffe, Wohncontainer oder Bauzüge«) ist historisch bedingt und verdankt sich der weitgehend durchgesetzten, sesshaften Lebensweise in festen und unbeweglichen (»immobilen«) Gebäuden als Norm. Mit der faktischen Möglichkeit, die Erde verlassen zu können, wird aber auch diese zu einer zumindest theoretisch »vorübergehenden« Wohnung der Menschheit, die verlassen oder aufgegeben werden kann.

Zwar war gedanklich der geschlossene und endliche Kosmos, in dessen Mitte und Zentrum geschützt die Erde wie ein Embryo im Mutterleib lag, seit Langem durchbrochen und der gestirnte Himmel nicht mehr wie in der Antike durch seine Unerreichbarkeit Gegenstand der reinen Anschauung oder Theorie, aber erst der Austritt der Menschheit aus der Bindungskraft der Erde und der schwerelose Blick in das unendliche Schwarz des Weltraums ließen das Wissen zur Wirklichkeit werden – zumindest in der Erfahrung durch Bilder. Bislang sahen die Menschen durch die Atmosphäre wie durch ein Fenster auf das gigantische Universum mit seinen vielen Sternen und unvorstellbaren Weiten, doch seitdem gibt es eine Türe, um in den Weltraum einzutreten und die Erde zu verlassen, die nun erst als Wohnung erscheint, aus der man auch ausziehen kann. Gagarin, der zum Held der Sowjetunion ernannte wurde, wusste nicht, ob er den Flug überleben würde, es war eine Selbstmordmission, Rückkehr ungewiss. Zuvor hatte man 1957 Laika, eine Hündin, als erstes Lebewesen in den Weltraum befördert, die aber bald nach dem Eintritt in die Schwerelosigkeit vermutlich durch Überhitzung und Stress sterben musste. Weitere Tiere in russischen und amerikanischen Flügen kamen allerdings wieder lebendig auf die Erde zurück.

Aber die Umrundung der Erde auf einer Umlaufbahn im Weltall sollte nur der erste Schritt der Loslösung gewesen sein. Markanter und symbolgeladener war der Ausbruch aus der irdischen Anziehung durch Erreichen der Fluchtgeschwindigkeit, mit der man die Erde erst vollständig hinter sich lassen konnte. 1959 erreichten amerikanische und russische Sonden die Fluchtgeschwindigkeit und damit das erste Ziel des beginnenden Weltraumzeitalters: den Mond. Gagarin versetzte mit seinem Flug die USA in höchste Nervosität, die nun alles dafür taten, als Erste auf dem Mond zu landen und die Sowjetunion, das Reich des Bösen, beim Verlassen der Erde zu übertrumpfen. Damit begann der Wettlauf zum Mond.

Der erste bemannte Flug der USA geschah 1962, doch kurz darauf schickte die Sowjetunion mit Walentina Tereschkowa die erste Frau und zügig die erste Gruppe aus Kosmonauten in den Weltraum. Auch der erste Mensch, der das schützende Gehäuse des Raumschiffs für einige Minuten verließ und nur mit einer Leine verbunden im Weltraum schwebte, kam aus Russland, Alexei Leonow, ebenso wie die erste Sonde, die auf dem Mond landete. Doch die Amerikaner schafften es schließlich, die Fluchtgeschwindigkeit von der Erde zu erreichen und dadurch den ersten Menschen auf einen anderen Himmelskörper reisen zu lassen. Neil Armstrong, Edwin »Buzz« Aldrin und Michael Collins flogen 1968 mit Apollo 11 zum Mond. Armstrong und Aldrin waren die ersten Erdenwesen, die einen anderen Boden als den ihrer Heimat betraten, sich dort zweieinhalb Stunden aufhielten und wieder nach Hause zurückkehrten.

Collins, der mit dem Command-Modul den Mond umkreiste und die Mondlandung seiner Kollegen nicht am Bildschirm miterleben konnte, machte aber eine umwerfende Erfahrung: Er sah nicht nur die den Menschen unbekannte Rückseite des Mondes, sondern auch, wie die Erde aus der Perspektive des Monds – wie die Sonne von der aus Erde gesehen – unter- oder aufging. Er machte davon Aufnahmen, die für die Menschen auf der Erde nicht nur einen historischen Einschnitt bedeuteten, sondern eine, wie man heute sagen würde, »disruptive« philosophische Erkenntnis mit sich brachten – den endgültigen Bruch mit dem bislang nur theoretisch widerlegten, von der Wahrnehmung dennoch nahegelegten geozentrischen Weltbild, demzufolge die Erde im Zentrum des Weltalls steht. Die Ambivalenz zwischen dem, was man sieht oder wahrnimmt, und dem, was man als Erkenntnis akzeptieren muss, wurde mit den Bildern von der Erde als planetarem Raumschiff aufgelöst. Schlagartig war den Menschen klar, dass ihre Wohnung im Leeren schwebte, ohne jede Exklusivität, ein Weltraumkörper unter unzähligen anderen.

Das wohl berühmteste dieser Bilder zeigt die absolut lebensfeindliche, mit Kratern übersäte Mondwüste über deren Horizont auf dem Hintergrund des völlig schwarzen Universums die blauweiße Erde freundlich aufgeht. Deutlich wurde dabei nicht nur die Einzigartigkeit der Erde als Wohnstätte des Menschen, sondern vor allem deren Fragilität. James Irwin, der mit der Apollo-15-Mission auf den Mond flog, sagte über den surrealen Anblick, der wohl jeden, der diese Bilder damals sah, berührte: »Dieser wunderschöne, warme, lebende Körper sah so zerbrechlich aus, dass er zerbröckeln und zerfallen würde, wenn man ihn berührte.«

Der Blick von außen auf die Erde hat eine Erfahrung geschaffen, die auch nur durch Bilder wahrgenommene Distanz leitete eine Selbstreflexion über das gemeinsame Bewohnen der Erde ein. Die Menschheit ist konfrontiert damit, dass nicht nur eine Bedrohung wie eine neue Eiszeit oder ein großer Asteroid, sondern auch sie selbst etwa durch einen Atomkrieg die Erde, ihre bislang einzige und noch immer einzigartige Wohnstätte, unbewohnbar machen könnte. Im Bewusstsein dieser schleichenden Erkenntnis wurde der Begriff des Anthropozäns geprägt: Es ist der Mensch, der die Erdgeschichte prägt, nicht mehr die Geologie oder andere natürliche Prozesse, wobei dieser freilich selbst weiterhin ein Produkt der Natur ist und daher die Metapher eher einem moralischen Fingerzeig gleicht, schließlich hat das Leben schon seit Milliarden Jahren die Erde verändert betrieben.

Die Menschen hatten bislang weitgehend selbstverständlich die Erde bewohnt und gingen davon aus, dass sie diese ebenso unendlich und rücksichtslos auszubeuten in der Lage sind, wie sie in der Verbesserung der Lebens- und Wohnverhältnisse fortschreiten und sich mehr und mehr in die künstlich errichteten Umgebungen der Städte zurückziehen können. In diesen wäre die wilde, also nicht von Menschen geformte oder beeinflusste Natur nur noch eine ferne Erinnerung, würden nicht Naturkatastrophen, Versorgungsmängel, Epidemien, tödliche Luftbelastung, vergiftetes Wasser, belastete Nahrungsmittel oder die aus dem anthropogenen Klimawandel resultierenden Veränderungen daran erinnern, dass Menschen und ihre künstlichen Lebenswelten, die zu riesigen Gebieten wie Dutzende und Hunderte von Kilometern langen urbanen Korridoren anschwellen, noch mit ihrer natürlichen Umwelt verbunden sind.

Die naheliegende Metapher vom »Raumschiff Erde« wurde freilich schon früher geprägt, aber dennoch hängt dieses Bild untrennbar mit den Anfängen der Raumfahrt zusammen, insbesondere mit der Vorstellung, dass die Erde, gleich einem Schiff zur See, alles ist, was die Passagiere vom Tod trennt. 1965 benutzte der US-Politiker Adlai Stevenson diese Wendung und machte neben der Notwendigkeit, die Erde gemeinsam als Lebensraum zu erhalten, auf ihre Enge aufmerksam: »Wir reisen zusammen, Reisende auf einem kleinen Raumschiff, abhängig von seinen gefährdeten Reserven an Luft und Erde.«

Unabhängig davon, dass die Menschheit mit dem kapitalistischen System des permanenten Wirtschaftswachstums durch Konkurrenz und Warenproduktion allmählich ihre Lebensgrundlagen untergraben oder mit dem Eintritt in einen nuklearen Krieg die Erde in kürzester Zeit unbewohnbar machen könnte, sehen wir die Grenzen immer deutlicher, auch wenn wir sie noch nicht wirklich spüren. Seit dem Beginn der industriellen Revolution, die maßgeblich die technischen Möglichkeiten der Fortbewegung erweiterte, träumen die Menschen von Reisen in ferne Welten jenseits der vermessenen und vertraut gewordenen Erde, die sich als Kleinod in einer unermesslichen Weite erwiesen hat. In ihr könnte es zahllose weitere bewohnbare Planeten, vielleicht auch anderes intelligentes Leben geben, aber was bislang nur aus der gewohnten Sesshaftigkeit ausbrechende Phantasie gewesen war, wird allmählich, gestützt durch die sich entwickelnde Technik des Raumflugs und des Lebens in geschlossenen Gehäusen und unwirtlichen Räumen, zu einer konkreten Option, die gleichzeitig das neuzeitliche Moment der Utopie beinhaltet.

»Mensch sein heißt wohnen«

Schon die Loslösung des Menschen von der Erde, illustriert durch den Weltraumflug Gagarins, löste eine wenig beachtete Überlegung zur bislang wenig beachteten Philosophie des Wohnens. Interessant ist sie deswegen, weil hier die Philosophie der Sesshaftigkeit auf ein Denken traf, das aus der Vertreibung, der Flucht und der Heimatlosigkeit einen anderen Blick auf das menschliche Dasein und auch das Wohnen eröffnete. Was für den einen die endgültige Vertreibung aus dem Paradies ist, bedeutet für den mobilen Menschen einen faszinierenden Aufbruch in eine neue Welt, die sich von den dunklen Bindungen der Tradition abnabelt und größere Selbstbestimmung ermöglicht.

Interessant ist dies außerdem, weil der Konflikt zwischen den Sesshaften und den Nomaden entscheidend für die jüngste Menschheitsgeschichte war und derzeit wieder auftaucht, wenn die in den reichen Ländern Sesshaften, selbst Nachkommen von Migranten, Sorge vor Zuwanderern aus der Fremde bekommen, die nach einem neuen Ort zum Leben und Wohnen suchen. Der Konflikt zwischen den Wandernden, die ihre Heimat verloren oder freiwillig aufgegeben haben, und den oft auch ethnisch sich als identitär verstehenden Sesshaften, die ihren Raum behaupten, verteidigen, manchmal auch erweitern wollen, kennzeichnet nicht zuletzt auch den Faschismus, die Massenvernichtung andersartiger Menschen und den Eroberungs- und Vernichtungskrieg während der Zeit der Nationalsozialisten.

Mit Martin Heidegger trat ein dem Nationalsozialismus verbundener, von diesem zumindest anfangs faszinierter Philosoph auf die Bühne, der das Wohnen nach dem Faschismus, den Eroberungen des angeblichen »Volks ohne Raum« und der systematischen Vernichtung von Menschen, deren Leben als unwert galt, sowie den Verheerungen des Zweiten Weltkriegs explizit zum Gegenstand seiner philosophischen Überlegungen erhob. Anknüpfungspunkt war die nach den Zerstörungen der Städte und der Zuwanderung der Flüchtlinge herrschende Wohnungslosigkeit. Aber für den Philosophen fehlte es »eigentlich« nicht an Wohnungen, die »nur« eine Unterkunft bieten, wo die Menschen sich gerade aufhalten und »behaust« sind. Diese könnte es an beliebigen Orten und in beliebigen Formen geben. Man wohnt für Heidegger aber eigentlicher oder wirklicher dort, wo man sich nicht nur vorübergehend und pragmatisch aufhält. Das eigentliche, das existentielle Wohnen ist für ihn »Da-Sein«, verbunden mit der Umgebung, letztlich mit der noch wahrnehmbaren Natur.

Heidegger, der sich am liebsten in seiner abgelegenen Hütte im Schwarzwald aufhielt, war auch insofern ein untypischer Intellektueller, weil er das Dorf oder die Einöde der Stadt vorzog. Die erste, noch gebaute künstliche Umwelt führt für ihn bereits in die Heimatlosigkeit, in den Verlust der Bindung. Kaum denkbar war das Wohnen in einem oberen Stockwerk oder gar in einem Hochhaus. Heidegger verbindet in seinem Vortrag »Bauen, Wohnen, Denken«

aus dem Jahr 1951, als der Mensch sich noch nicht von der Erde abgelöst hatte, bereits die »eigentliche Not des Wohnens« (mit Not ist hier Bedürftigkeit gemeint) mit der von ihm behaupteten Heimatlosigkeit auf der Erde. Und er wird gegen die »planetarische Technik«, die dem Menschen entgleitet und globalisiert ist, ein verwurzeltes und lokales »dichterisches Wohnen« im Aufgreifen einer Formulierung von Hölderlin propagieren.

Heidegger ist derjenige Denker, der eine Philosophie des Wohnens als philosophisches Wohnen vorgeschlagen hat. Das geschah zwar nebenbei im Kontext von zwei Vorträgen, aber er versuchte sich hier an einer existentiellen Anthropologie, in der das Dasein des sterblichen Menschen dessen Wohnen ist. Dieses bezeichnete Heidegger bombastisch als Bauen in einem »Geviert«, in dem die Wohnungen – »die echten Bauten« – im Zentrum (»Einfalt«) stehen, aus dem heraus überhaupt erst ein Ort entstehen kann, der seinerseits wiederum Räume einrichtet. Der Gedanke dabei ist, dass Räume für den Menschen erst durch eine Orientierung entstehen, die bezogen sind auf seine Verkörperung in der Welt der anderen Dinge, aber auch durch Orte, die Perspektiven legen und insofern ein Zentrum benötigen.

Aber Heidegger will über diesen Existentialismus hinaus den Ort zwar jeweils singulär, aber gleichzeitig als »wesentlich«, also sowohl allgemein als auch wahr und eigentlich für alle Menschen denken: »Der Bezug des Menschen zu Orten und durch Orte zu Räumen beruht im Wohnen. Das Verhältnis von Mensch und Raum ist nichts anderes als das wesentlich gedachte Wohnen.« Die Ortlosigkeit beziehungsweise die globalisierte Architektur oder der »Nicht-Ort« (Marc Augé) ist zum Topos einer eingängigen Kritik geworden und wird derzeit verstärkt durch nationalistische Bewegungen, welche die kulturelle Identität als »Leitkultur« in Abwehr fremder Einflüsse und Menschen bewahren wollen. Heidegger beschwört hierbei die »Einfalt«, die ein eigentliches Bauen hervorbringen soll und dem »Geviert eine Stätte einräumen« kann. Gemeint ist ein Verhältnis von Erde und Himmel sowie von Göttlichem und Sterblichem. Heidegger stellt das Geviert als Rettung angesichts der Apokalypse dar. Es wird auch weniger hergestellt, sondern vielmehr durch Schonung oder Anpassung eingerichtet: »Das Geviert zu schonen, die Erde zu retten, den Himmel zu empfangen, die Göttlichen zu erwarten, die Sterblichen zu geleiten.« Das sei das »Wesen des Wohnens«.

Das philosophische Wohnen Heideggers ist provinziell und antiglobal. Der Denker mied die Städte und blieb lieber im beschaulichen Freiburg, als nach Berlin oder München zu ziehen. Er pries die Bodenständigkeit, die Sprache als das »Haus des Seins«, den Menschen als »Hirten des Seins« und das Denken als »Weg« und nicht als Straße oder gar Autobahn. Er hielt sich am liebsten in seiner einfachen Hütte nahe des kleinen Dorfs Todtnauberg im Schwarzwald auf, mit einer weiten Aussicht, entfernt von den Menschen und von der Technik, die er fürchtete. Wohnen an einem »stillen Ort zum Arbeiten und Denken«, oben auf den Bergen, weit weg von dem Leben unten in der nichtbäuerlichen Gesellschaft der betonierten Städte und der Massen. Er strebte nostalgisch die Heimkehr aus der vermeintlichen Heimatlosigkeit des modernen Menschen im technischen Zeitalter an, die »Kehre«, und suchte letztlich nach Verwurzelung und Heimat gegenüber dem Globalem der Technik und dem Internationalem des Kommunismus beziehungsweise des – in seinen Worten – »Amerikanismus«.

In dem im September 1966 mit Rudolf Augstein geführten Gespräch, das erst nach seinem Tod im *Spiegel* erscheinen durfte und noch vor der Mondlandung der NASA geführt wurde, tritt Heideggers Position in für ihn ungewohnt einfachen Worten hervor.[4] Das Gespräch gilt als Heideggers Vermächtnis, letztlich auch als Demonstration, dass er nicht in der Lage zur Selbstkritik gegenüber seinem Engagement für den Nationalsozialismus war – eine blutige, rassistische Gemeinschaftsideologie, die aber alle technischen Mittel nutzte, um Menschen zu vernichten, ihre Macht zu vergrößern und schließlich bis zum Untergang zu verteidigen. Er sei sich sicher, sagte er, »dass alles Wesentliche und Große nur daraus entstanden ist, dass der Mensch eine Heimat hatte und in einer Überlieferung verwurzelt ist«. Die Technik reiße den Menschen von der Erde und entwurzle ihn:

> Ich weiß nicht, ob Sie erschrocken sind, ich bin jedenfalls erschrocken, als ich jetzt die Aufnahmen vom Mond zur Erde sah. Wir brauchen gar keine Atombombe, die Entwurzlung des Menschen ist schon da. Wir haben nur noch technische Verhältnisse. Das ist keine Erde mehr, auf der der Mensch lebt.

Für Heidegger reichten mithin schon Bilder, die Sonden vom Mond aus zur Erde machten, um die Entwurzelung des Menschen zu konstatieren, der sich erst zwei Jahre später für einige Tage völlig von der Erde lösen und den Mond betreten würde. Erstaunlich ist, dass Heidegger nicht Gagarin oder andere Astronauten nannte, die sich mit ihren Weltraumkapseln erstmals von der Erde »entwurzelt« hatten, sondern dass ihn die Bilder der Kameras auf den Sonden so beeindruckten. Just jene Bilder, die andere dazu führten, die Erde als Wohnstatt neu schätzen zu lernen und letztlich gänzlich neu zu begreifen, dass die Menschheit auf der Erde verwurzelt ist. Gleichwohl stellt der Blick auf ein Bild, das eine 360 000 Kilometer entfernte Kamera als technischer Stellvertreter des menschlichen Auges machte, nicht nur eine Öffnung des irdischen Lebens auf den Weltraum, sondern auch ein erstes Selfie der von der Menschheit bewohnten Erde und damit einen Akt der Selbstreflexion dar. Dass Heidegger, der Philosoph, dies nicht thematisierte, sondern alleine besorgt auf die Entfremdung und Entwurzlung hinwies, gibt vermutlich einen Einblick in sein Denken über die Philosophie des Wohnens in der Heimat und damit auch in das Wohnen der Sesshaften. Diese suchen die Nähe und vermuten darin das anziehende Geheimnis, das den irritierenden Spalt schließt, um nur noch bei sich und bei den ursprünglichen Dingen zu sein. Heidegger bezeichnet dies als »Wohnen bei den Dingen«.

Wohnen, so diktierte er, bedeute, als sterblicher Mensch »auf der Erde« zu sein. Demgemäß kann der Mensch nur hier eigentlich leben oder Mensch bleiben. Heideggers Fixierung auf die Erde für die Menschheit und die Heimat oder den Ort für den Einzelnen provozierte 1963 den jüdischen Philosophen Emanuel Lévinas anlässlich von Gagarins Aufenthalt im Weltraum zu einer Replik.[5] Heidegger, der Lévinas stark beeinflusst hatte, huldige einem »Aberglauben an den Ort«, der die Menschen in Einheimische und Fremde spalte. Gagarins Leistung sei es gewesen, »den Ort verlassen zu haben. Eine Stunde lang hat ein Mensch außerhalb jedes Horizonts existiert – alles um ihn herum war Himmel, oder genauer gesagt, alles war geometrischer Raum. Ein Mensch existierte im Absoluten des homogenen Raumes.« Der in Heideggers Verständnis vom Wohnen implizierten, faschistischen »Blut-und-Boden«-Ideologie setzt Lévinas den kosmopolitischen und entwurzelten Juden in der Diaspora und die moderne Technik entgegen. Diese habe wie die jüdische Religion »das Universum entmystifiziert. Es hat die Natur entzaubert. Es verletzt durch seine abstrakte Universalität die Einbildungen und Leidenschaften. Aber es hat den Menschen in der Nacktheit seines Gesichtes entdeckt.« Statt der Verwurzelung im Raum steht also das ungebundene Leben, das sich irgendwo niederlassen und wohnen kann, ohne sich von sich selbst dadurch zu entfremden. Der Mensch bleibt bei sich, auch wenn er sich im Weltraum aufhält. Letztlich wird er erst entwurzelt, weil er in der Philosophie von Lévinas nur durch die Gemeinschaft mit anderen, im Angesicht des anderen, Mensch ist. Nicht der Ort, an dem man wohnt, zählt, sondern die Verbundenheit mit den Mitmenschen – eine Dimension, die Heidegger völlig fehlt.

Tatsächlich gleicht der Blick vom Mond auf die Erde dem eines Menschen, der sich in seinem Spiegelbild wiedererkennt, aber sich gleichzeitig als Anderer wahrnimmt. Dieser gebrochene Blick, der zum Selbstbewusstsein gehört, ist eine Entwurzelung aus der Mitte des Daseins, die Kinder erst ab einem gewissen Alter erfahren können oder realisieren müssen. Aber diese Entwurzelung durch das

Aufbrechen eines Verhältnisses zu sich als zu einem Anderen ist für das Menschsein grundlegend. Es mag mit der Technik insoweit zu tun haben, als der Körper das erste Werkzeug ist und mit Gegenständen, Techniken und Maschinen erweitert werden kann, aber gleichzeitig die Sehnsucht nach einer Verschmelzung entsteht, nach einer Einheit, nach einer Aufhebung der Zerrissenheit oder dem Verlust der Mitte. Mit dem Eintritt in das »Spiegelstadium« (Jacques Lacan) findet diese Dezentrierung statt, durch die wir uns auch mit den Augen des Anderen sehen oder sehen müssen und eine Spaltung zwischen dem Leib, in welchem wir sind und den wir bewohnen, und dem Körper, den wir haben und als Objekt betrachten, aufbricht. Der Spalt schließt sich nur in seltenen Momenten vorübergehend. Für Heidegger sind dies wohl Erfahrungen, die er Frömmigkeit, Andacht oder Gelassenheit nennt. Gleichzeitig erschließt diese Dezentrierung oder Verrückung, dass der Andere sich in seinem Gegenüber wiedererkennen, aber den Mitmenschen letztlich auch zu einem Objekt, zum bloßen Körper, verdinglichen kann.

Zurück zu dem Bild der Erde aus dem Weltraum, das für Heidegger, der große Gesten mit Totalitätsanspruch kultiviert, die Entwurzlung und die »technischen Verhältnisse« belegt, da das Bild mittels der Technik, aber ohne »human in the loop« gemacht wurde. Führt man diese Automatisierung der Technik, Vorbote der autonomen, KI-gesteuerten Systeme oder Roboter der Gegenwart, die den Menschen nicht als Piloten, sondern als Passagier mitnehmen, mit der Assoziation der »Atombombe« zusammen, dann prophezeit Heidegger hiermit eine radioaktiv verseuchte, also für den Menschen unbewohnbare und -bebaubare Erde. Er sieht den Menschen, so könnte man interpretieren, durch die Technik, die er nicht mehr beherrscht und die sich von ihm losgelöst hat, ausgelöscht, weil sie ihn und die Erde dezentriert und entfremdet. Heidegger, der sich immer weiter von der großen Welt seiner Gegenwart zurückgezogen hatte und keine Rettung mehr sah, es sei denn durch einen Gott, konnte vermutlich nicht sehen, dass sich ein neues, bislang ungedachtes, prekäres, von Risiko, aber auch von Utopien gezeichnetes Wohnverhältnis der Menschheit auf der Erde entwickelt.

Vermutlich hatten Heidegger und der Medientheoretiker Marshall McLuhan keine Kenntnis voneinander gehabt, gehörten sie doch trotz ähnlichen Lebensdaten verschiedenen Generationen an. McLuhan, der die Veränderungen durch die Technik zu erfassen suchte und dabei nicht weniger spekulativ und idiosynkratisch war als Heidegger, ließe sich dennoch als zeitgenössisches Pendant verstehen. Der eine verkörperte den messianischen, aber radikal antimodernen Propheten aus der alten Welt, der andere einen Zukunftsbote aus der neuen – der Welt des Amerikanismus, mit dem der deutsche Philosoph nichts anfangen konnte, der ihn abschreckte, weil er die Welt für ihn mit einer rasanten Geschwindigkeit und ohne Tiefe umkrempelte. Was der eine als Entwurzlung beschrieb, ist für den anderen eine Befreiung aus überkommenen Fesseln. McLuhans globales Dorf ist die Antithese zum Wohnen Heideggers und seine emphatische Auslegung der modernen Technik das Gegenteil von Heideggers Kritik an ihrer Entwurzelung des Menschen. McLuhan schrieb in seinem Buch *Das Medium ist die Massage* aus dem Jahre 1967, also ebenfalls noch vor der ersten bemannten Raumfahrt zum Mond und damit etwa zur Zeit, als das *Spiegel*-Interview mit Heidegger stattfand, die Antwort auf dessen angebliches Lauschen auf die Sprache als dem einzigen entscheidenden Medium, um zu klären, was Wohnen bedeutet.

Heideggers sieht sich selbst als Hirte der Sprache, die »Herrin des Lebens bleibt«, wie er in »Bauen, Wohnen, Denken« schreibt. Das »Wesen einer Sache« kommt als »Zuspruch« aus der Sprache, wenn man sie achtet und nicht glaubt, der Mensch sei »Bildner und Meister der Sprache«. Eigentlich »spricht die Sprache« sagt er, was er von dem »zügellosen und zugleich gewandten Reden, Schreiben und Senden von Gesprochenem« abgrenzt, das um den Erdball »rast«. Dies ist ihm so wichtig, dass er die Formulierung wörtlich in seinem zweiten Vortrag über das Wohnen wiederholt, der ebenfalls aus dem Jahr 1951 stammt und schon im Titel »Dichterisch wohnet der Mensch«, eine Gedichtzeile von Friedrich Hölderlin übernehmend, die Bedeutung des richtigen, nämlich hörigen Verhältnisses zur Sprache herausstreicht.

Die »Zurufe« der Sprache ergeben sich für den Philosophen aus der Etymologie. Hier hat er einen Werkzeugkasten, um Begründungen abzuleiten, die scheinbar durch Geschichte der Sprache gesetzt sind, also Kurzschlüsse, die dem Denker auch ermöglichen, nach Gusto beliebige Winke auszuwählen, die seinen konservativen Intentionen entsprechen. Die Etymologie erklärt für ihn nicht nur die Herkunft eines Wortes und dessen Gebrauch unter früheren Lebensbedingungen, noch dazu wird die Wortherkunft beschränkt auf die deutsche, lateinische oder griechische Sprache, also auf einen nicht einmal umfassenden europäischen Ursprung, sie soll auch vorschreiben, was weiterhin darunter zu verstehen ist. Geschichte als Rückgang zum Ursprung findet mithin paradoxerweise einen Nutzen, um sie anthropologisch oder für das menschliche Dasein über alle Zeiten hinweg auszuschließen.

Den Kurzschluss von Wohnen und menschlichem Sein leitet Heidegger sprachlich so ab:

> Bauen, buan, bhu, beo ist nämlich unser Wort »bin« in den Wendungen: ich bin, du bist [...] Was heißt dann: »ich bin?« Das alte Wort bauen, zu dem das Wort »bin« gehört, antwortet: »ich bin«, »du bist« besagt: ich wohne, du wohnst.

Aus diesem sophistischen Trick, Bauen, Wohnen und Sein zu verschmelzen und unter der Hand in diese behauptete Konstellation noch mehr Bedeutung einzuschmuggeln, leitet der Philosoph schließlich seine Kernbehauptung ab: »Die Art, wie du bist und ich bin, die Weise, nach wir Menschen auf der Erde sind, ist das Buan, das Wohnen. Mensch sein heißt: als Sterblicher auf der Erde sein, heißt: wohnen.«

Unabhängig von der kaum nachvollziehbaren etymologischen Begründung für ein angeblich anthropologisches und ontologisches Faktum vertritt Heidegger damit die Position derjenigen Menschen, die Wohnen mit Heimat verbinden, also mit einer angeblichen Notwendigkeit, in einer vertrauten Umgebung, in der man aufgewachsen ist, dauerhaft zu leben beziehungsweise einen Mangel – Heimat- und Wohnungslosigkeit – zu konstatieren, sobald man unter den Zwang kommt, die Heimat zu verlassen. Nirgendwo thematisiert Heidegger, der schließlich nicht nur in seiner einsamen Schwarzwaldhütte, sondern auch in Freiburg in einem Haus am Rötebuckweg im Vorort Zähringen wohnte, das Leben in Wohnungen oder Städten.

Etymologisch bedachte er auch nicht, dass Wohnen auch die Bedeutung der Gewohnheit besitzt, auch eine Form der Dauer, die etwa durch Wiederholung entsteht oder gelernt wird. Als Verb ist das Neuhochdeutsche »wohnen«, das vom Mittelhochdeutschen *wonen* abstammt, als »gewohnt sein, gewohnt werden« (lateinisch: *solere*) im Unterschied zur heutigen Bedeutung (»leben«, »hausen«, »residieren«, lateinisch: *habitare*) nicht mehr im Gebrauch. Mit der althochdeutschen Bedeutung von *won n* als »verharren« oder »bleiben« schließen sich beide Bedeutungen auf. Interessant ist auch der etymologische Zusammenhang zwischen »wohnen« und »gewöhnen« oder »entwöhnen«.

McLuhan versuchte nicht nur die elektronischen und globalen Medien zu beschreiben, wie sie den Menschen massieren, also direkt und körperlich beeinflussen, sondern begriff auch die übrige anthropogene Umwelt als »magische Kanäle«. Techniken und Medien erweitern den Körper und die Kognition des Menschen, so die These. Er merkte kritisch an, dass dies auch zu einer Betäubung zu führen vermag, womit er erklären wollte, warum die Menschen ohne großes Überlegen neue Techniken aufgreifen, ohne die durch sie verursachten tiefgreifenden Veränderungen im Verhältnis zu sich und zur Welt wahrzunehmen – oder eher wahrnehmen zu können. Die »elektrische Schaltungstechnik«, so McLuhan in einer seiner apodiktischen Formulierungen, ermöglicht »den Dialog im globalen Maßstab wieder«. Das »wieder« ist dabei seltsam, denn dies suggeriert, es habe dereinst einen globalen Dialog gegeben. McLuhan meint aber damit wohl den freien Austausch auf der Agora, der sich in den griechischen Städten der Antike mit einer überschaubaren Bevölkerung von Bürgern vollzog, die überhaupt mitsprechen durften.

Ähnlich wie Marx in der bekannten Passage des *Kommunistischen Manifestes* fährt McLuhan fort, allerdings macht er nicht den Kapitalismus, sondern die Technik für die Entwurzlung und die fortwährende Umwälzung der Verhältnisse verantwortlich. Ist für Heidegger die Sprache der hinzunehmende Ausgangspunkt, der das Denken diktiert, so ist für McLuhan die nicht weiter hinterfragte technische Entwicklung oder der Stand der Medien das Schicksal, das Weisungen gibt: »Jegliches Verständnis sozialer und kultureller Wandlungen ist unmöglich ohne eine gewisse Kenntnis der Wirkung von Medien als Umwelten.« Die Botschaft der elektrischen Schaltungstechnik, die als Erweiterung des Gehirns zu einem »Global Brain« verstanden wird, ist »der totale Wandel, der aller Beschränktheit, sei sie psychischer, sozialer, ökonomischer oder politischer Art, ein Ende setzt«. Im direkten Gegensatz zu Heidegger darf es daher keinen Rückbezug mehr auf die Herkunft geben, da das Leben in der Vergangenheit keine Vorbilder für das durch die moderne Technik veränderte Dasein geben kann. Statt Bewahrung der Kontinuität predigt McLuhan den disruptiven Bruch, zu dem die Techniken und Medien zwingen:

> Die städtischen, staatlichen und nationalen Gruppierungen der Vergangenheit sind unbrauchbar geworden. Nichts ist dem Geist der neuen Technik fremder als »ein Platz für alles und alles an seinem Platz«. Es gibt keinen Weg zurück.

McLuhan scheint die Entwurzelung als hinzunehmende Ortlosigkeit zu propagieren, die Menschen und die Dinge haben sich für ihn von den Plätzen gelöst, nicht die Eltern – »linkische Experten« – formen die Kinder, sondern die Welt. Aber die Entwurzlung bringt für ihn auch eine neue Einheit hervor. Während die Schrift die Vereinzelung, die Spezialisierung und die Fragmentierung befördert hat, sollen die elektronischen Medien die »Vereinigung und Beteiligung« fördern, also die Verdörflichung der Gesellschaft in einem gleichzeitigen »globalen Happening«. Der anonymen Gesellschaft und den Städten wurde seit dem 19. Jahrhundert das Bild der dörflichen, also überschaubaren und transparenten Gemeinschaften oder der Gartenstädte entgegengesetzt – eine nostalgische Kritik, der auch McLuhan zu folgen scheint. Das Bild vom globalen Dorf, verstärkt durch »Stammesgefühle«, soll zwar vermitteln, dass im Zeitalter der Echtzeit-Information und -kommunikation der Raum, also auch der Raum der Städte, keine Rolle mehr spielt, aber es gerät schnell ins Wanken, wenn man an eine vernetzte Weltbevölkerung von Milliarden Menschen denkt, deren gemeinsamer Austausch die Teilnahme- und Verarbeitungsmöglichkeiten des Einzelnen weit übersteigen.

Ideengeschichtlich war McLuhan ein Denker, der noch im Zeitalter der Massenmedien lebte und davon ausging, dass über diese alle Menschen simultan denselben Ereignissen ausgesetzt sind und an den Fernsehbildern »beteiligt« werden: »Die Bilder umhüllen uns. Wir sind der Fluchtpunkt.« Gleichzeitig versuchte er die Menschheit, die im globalen Dorf über die »Schaltungstechnik« zusammenrückt, als eine Hörgemeinschaft zu denken, in der das Visuelle als das Räumliche weniger wichtig ist als die Gleichzeitigkeit. Der gedankliche Hintergrund ist einfach: Das Auge erkundet die Bilder wie die Schrift gewissermaßen Schritt für Schritt oder eher Sprung für Sprung durch Fixationen und Sakkaden, um einen Überblick sukzessive zu ermöglichen, scheint also in einem linearen Prozess die Umwelt wahrzunehmen, während das Ohr gleichzeitig alles ab einer gewissen Schwelle zu hören scheint und zur Auswahl im auditiven Raum in der Lage ist. Während man also gleichzeitig nur einen Text lesen kann, vermag man im Prinzip, parallel mehrere gesprochene Äußerungen von verschiedenen Menschen mitzuverfolgen oder mit mehreren Menschen zu sprechen. Was auf den ersten Eindruck als Unterschied in den Multitasking-

Kapazitäten einleuchten mag, ist aber doch zu einfach gedacht, weil die Aufmerksamkeit einen Flaschenhals bildet und stets in Sequenzen selektieren muss, auch wenn die Geschwindigkeit des Springens zwischen Informationspaketen variieren kann.

Der Nostalgie des Gebundenseins an das Örtliche setzt er entgegen, dass nun der private und öffentliche Raum völlig anders organisiert seien, weil die Medien in den privaten Raum hineinreichen: »Das Wohnzimmer ist zur Wahlkabine geworden.« Das ist jetzt im buchstäblichen Sinne noch immer nicht der Fall, aber McLuhan meinte damit auch eine neue politische Öffentlichkeit, die er noch aus der Perspektive des fernsehenden Zeitgenossen verstand, der weltweit als Zuschauer an Ereignissen partizipieren kann, wobei diese Weltöffentlichkeit auch das Ereignis vor Ort verändert. Diese Dynamik von politischen Geschehnissen und medialer Öffentlichkeit ist in Zeiten des Internets und der sozialen Medien noch einmal viel deutlicher geworden, da man in der Wohnung oder überall, wo man sich aufhält, sofern es einen Internetzugang gibt, mit der Welt vernetzt ist. Die Heimlichkeit der Wohnung schließt direkt an die Öffentlichkeit an, die durch das Wohnen im umbauten Raum bewirkte Trennung zwischen Privatem, dem Abgeschlossenen, und dem Öffentlichen dadurch aufgehoben. Nicht Heideggers Bauen an einem räumlichen Ort erschließt dann das Wohnen, sondern das Sein in einem globalen Medienraum.

McLuhan, der die Wiederherstellung des dörflichen Lebens aus den globalen Medien ableitet und anders als Heidegger nicht das Sein des Einzelnen, sondern das Miteinander- und Dabeisein, den Dialog zwischen Menschen, als grundlegend betrachtet, hat auch ein Kapitel seines Buchs *Die magischen Kanäle* dem Wohnen gewidmet.[6] Ausgehend von der These, dass alle Techniken Erweiterungen des menschlichen Körpers (und Gehirns) sind, leitet er die Wohnung von der Kleidung ab, welche die Haut erweitert und gleichzeitig ein Panzer, eine Waffe, ist. Hinsichtlich ihrer Schutzfunktion stellt McLuhan den Energiefluss und den Erhalt der Körperwärme in den Vordergrund, sodass die Wohnung zu einer kollektiven Bekleidung, zu einer »Kollektivhaut« wird. Städte mit ihren umbauten Räumen gelten ihm dann als noch größere Systeme zur Ausweitung der Körperorgane vieler Menschen gleichzeitig.

Allerdings ist McLuhan nicht bloß ein Antipode zu Heidegger, denn auch er ist ein Stadtgegner, was schon seine Hoffnung auf die Wiederkehr einer Form des dörflichen Lebens andeutet. Die zu seiner Zeit mit der Ausbreitung des Autoverkehrs und der durch die Industrialisierung ausfransenden Städte, die sich mit ihren Vororten in die Umgebung einfressen, konturlos werden und Anonymität gedeihen lassen, findet der Medientheoretiker unwirtlich, bezeichnet sie als »trostlos wucherndes Konglomerat«. Das Auto empfand er damals schon als Auslaufmodell und sah als privilegierter Kosmopolit die Zukunft eher im Überfliegen, da es überall Zentren und keine Peripherie mehr gebe. Jedenfalls bevorzugte er zumindest theoretisch das Nomadenleben, das mit dem »Sammeln und Verarbeiten von Informationen« wiederkehrt, gegenüber dem sesshaften Dasein in Suburbia, dem Archetyp des Vororts:

> Mit der sofort verfügbaren Technik der Elektrizität kann die Erde nie wieder etwas anderes als ein großes Dorf sein, und die Wesensart der Stadt als Form größeren Ausmaßes muss verschwinden wie eine Filmaufnahme beim Ausblenden.

Eine Prognose, die völlig ins Leere lief, da nicht nur die Städte allein schon aufgrund der Vermehrung der Bevölkerung in weiten Teilen der Welt weiter wachsen und mitunter explodieren, sondern mittlerweile auch im globalen Dorf die Mauern zwischen den Nachbarschaften hochgezogen werden.

Wie immer geht McLuhan in seiner Argumentation sprunghaft und assoziativ vor. So versucht er, den Übergang von der nomadischen zur sesshaften Lebensweise an der Form der Wohnungen oder Häuser festzumachen. Die Nomaden, die ganzheitlich und in Verbindung mit dem Kosmos leben, würden »runde Häuser« bewohnen, die Modelle des Universums sind und eine Lebenswelt darstellen, in der sich Mikro- und Makrowelt, Mensch und Kosmos spiegeln. Mit der Sesshaftigkeit, die McLuhan mit der alphabetischen Schrift, der visuellen Kultur, der Linearität, der analytischen Zerlegung und der Spezialisierung beziehungsweise Arbeitsteilung verbindet, wären hingegen die viereckigen Räume aufgekommen, die umschlossen sind. »Ein Viereck ist die Umgrenzung eines optischen Raums«, eine Abstraktion. Das sind für ihn Wohngebilde wie Zelte, Wigwams, Höhlen oder Iglos nicht, zumindest nicht visuell.

Zelte besitzen für ihn einen fühlbaren »Staudruck« und entsprechen einem Tastraum. McLuhans These, die er aber nicht weiterführt, verdankt sich Buckminster Fuller, der sich nach dem Zweiten Weltkrieg mit der Konstruktion von »Domes« in Form von geodätischen Kuppeln beschäftigte, also mit der Abkehr von viereckigen Räumen, bei denen die Mauern tragende Teile bilden, und selbsttragenden »Tensegre«-Strukturen, deren Zug- und Druckkräfte sich im Gleichgewicht erhalten. Der seit Mitte des 19. Jahrhunderts eingezogene Eisenskelettbau brach die wuchtige Schwere der bisherigen Gebäude auf und ermöglichte wie bei den Glaspalästen das Aufreißen der Wände durch Verglasung, wodurch ein neues Spiel zwischen innen und außen, zwischen dem Gebäude und der Umwelt entsteht. Visuell verloren die Gebäude an Haftung und begannen zu schweben.[7]

Am 17. September 1964 schrieb McLuhan in einem Brief an »Dear Bucky«, wie er Buckminster Fuller nannte:

> Überschallflüge werden eine neue Umwelt schaffen, die unsere gegenwärtigen Städte nutzlos machen. Tatsächlich müssen sie »überdacht« werden, wenn sie überhaupt innerhalb einer zweckdienlichen Entfernung angeflogen werden sollen. Überschallstarts und -landungen lassen das Glas in einer Stadt platzen, daher wird dein Dymaxion Dome eine Notwendigkeit, ebenso wie die Straße für das Lenkrad eine Notwendigkeit ist. Eine Umwelt schafft eine andere.

Fuller war Globalist und Propagandist der Mobilität. Die Seefahrer, die »großen Piraten«, galten ihm als Vorbilder für den »Weltmenschen«, der immer unterwegs ist in einem Gefährt, das er gleichzeitig bewohnt. Seine auf industrielle Fertigung angelegten Dymaxion-Häuser als Vorläufer der geodätischen Dome waren schon erste Schritte hin zur Idee einer Autarkie der Wohngehäuse, die »so ungebunden und frei vom Land wie ein Boot« sein sollten, mithin das genaue Gegenteil von Heideggers Idee vom Wohnen als Einfügung in die Umwelt und Erschließung eines Ortes als »Geviert«. Haus und Fahrzeug verschmelzen hingegen für Fuller zu »Wohnmaschinen« und müssen funktional, aber in der Form unabhängig von der Umwelt werden. Man könnte auch sagen, sie sollten ein verkleinertes Modell des »Raumschiffs Erde« sein, das durch den leeren Weltraum rast.

Die Erde als Raumschiff wird zwar von ihm als Einheit begriffen, die es zu bewahren und pflegen gilt, ist aber dennoch ein Fahrzeug oder eine Maschine. Fuller entwickelte sowohl eng gepackte und funktional singulare Einfamiliendome wie auch große, multifunktionale Versionen. Außerdem dachte er über gigantische Dome nach, um ganze Großstädte unter Glocken zu stecken, die sie vor Umwelt- und Luftverschmutzung von außen schützen sollen. Schließlich konzipierte er schwimmende Städte mit einer gewaltigen Leichtmetallstruktur, in der Hunderttausende Wohneinheiten untergebracht sind, die wie Zellen oder Plug-ins an den Außenflächen eingehängt werden und im Inneren einen Park oder Hafen besitzen. Noch einen Schritt weiter gingen seine Pläne für in der Atmosphäre schwebende geodätische Kugeln. Abgehoben von der Erde als autarke Satelliten wäre dann die Schreckensvision von Heidegger, die vollständige Loslösung von der Erde in Raumschiffen, konsequent zu Ende geführt.

Während Heidegger das überkommene Wohnen der Sesshaften an einem Ort der Heimat zu verteidigen sucht, weil sonst der Mensch der »Seinsvergessenheit« anheimfalle, sind McLuhan und Buckminster Fuller Vertreter der Moderne, die wieder zu einer Vorstellung des Nomadentums zurückkehren, das Wohnen von der Bindung an eine Heimat trennen und den Menschen zu einem Passagier machen, der unterwegs ist. Das eben kennzeichnet für Heidegger das durch Technik bestimmte Leben des modernen Menschen, der seine Wohnungslosigkeit erkennen müsse, weil er ohne Verwurzelung in eine »Überlieferung« ohne Heimat und deswegen fern vom Sein ist. Das Abheben in den Weltraum stellt für die Technikphilosophen eine Befreiung, für den konservativen Denker aber gerade den Anlass dar, die Heimat und das Wohnen auf der Erde neu zu denken.

So gegensätzlich die Denkwege erscheinen, so deutlich sollte aber geworden sein, dass mit der irdischen Entwurzelung die Philosophie des Wohnens, vielmehr die Frage nach dem, was Wohnen heißt, einen neuen Ausgang genommen hat. Die Unterschiede liegen, wie wir später sehen werden, darin, ob das Wohnen als existentielles Dasein des Einzelnen an einem Ort oder als Zusammensein mit anderen Menschen und Bewohnern – als »globales Dorf« – zu verstehen ist.

Die Erde als Wohnung

Seit dem Raumfahrtzeitalter ist klar geworden, dass die Erde die Wohnung des Menschen ist und dass wir in Fullers Worten gleich Astronauten an Bord eines »phantastisch realen Raumschiffs« sind. Obgleich Astronomen seit einigen Jahren nach theoretisch bewohnbaren Planeten in anderen Sternsystemen suchen und dabei auch eine ganze Reihe von Exoplaneten gefunden haben, bildet die Erde doch immer noch unsere einzige dauerhafte Behausung. Solange sie das Überleben unserer Art, die erdgeschichtlich betrachtet ein verschwindend kurzes Dasein auf ihr fristet, ermöglicht, ist die Menschheit nicht obdachlos. Wir haben die Erde umgebaut, erschlossen und auf unsere Bedürfnisse zugeschnitten, sie eingerichtet und so weit möglich zu dem geschützten Garten gemacht, von dem unsere Vorfahren einst als Paradies träumten.

Die Eroberung oder Kultivierung geschah erd- und lebensgeschichtlich in einer irrsinnigen Geschwindigkeit, die sich vor allem mit der Erfindung der Sesshaftigkeit und der Landwirtschaft noch einmal steigerte und seit dem 19. Jahrhundert eine Beschleunigung erfuhr, deren Folgen kaum mehr abzusehen sind, weil sich die Menschen zunehmend damit beschäftigt sehen, sich lebenslang mit den Innovationen zurechtzufinden, die ihre Lebenswelt umpflügen.[1] Der Umbau der Erde zum befriedeten und bewohnbaren Garten und die Errichtung der Häuser und der Städte hat die »Umwelt« den Menschen und seinen Bedürfnissen angepasst, transformiert und ökologische Systeme durch Zerstörung in der

Regel vereinfacht. Ähnlich wie Völker Gebiete erobern und kolonialisieren, ist der Bau des irdischen Gartens ein Akt der Zerstörung und des Ausmerzens von unerwünschten Mitbewohnern mit Nebenwirkungen. Mit Häusern und Wohnungen wurden nach und nach zunehmend »hygienische« und abgetrennte Räume erstellt, die funktional, sicher und von anderem biologischem Leben gesäubert sind und die in Form eines Gartens die gezähmte Natur integrieren – mit dem Zielpunkt, eine Fluchtgeschwindigkeit zu entwickeln, um sich als autarke, künstliche und steuerbare smarte Wohnsysteme wie in Buckminster Fullers Vision von der Erde zu lösen, im Weltraum zu treiben oder andere Planeten zu besiedeln.

Ein anderes Zuhause als die Erde ist allerdings trotz der angestrengten Suche nach habitablen Planeten derzeit nicht in Sicht. Die Wahrscheinlichkeit ist theoretisch groß, dass es irgendwo im Universum andere Planeten geben muss, auf denen sich Menschen ansiedeln könnten. Vielleicht ist dort sogar bereits intelligentes Leben entstanden oder auch schon wieder verschwunden. Aber noch sind wir einsam, einst hätte man gesagt: auserwählt. Schließlich haben überkommene Religionen nicht damit gerechnet, dass die Götter auch anderswo Menschen oder Geschöpfe nach ihrem Vorbild schaffen würden. Auf der Erde ist der Mensch stets ein Migrant auf der Suche nach Heimat und Wohnung gewesen, im Universum klebt er hingegen als Sesshafter weiter an der Erde.

Den Menschen wird allmählich und vielleicht zu spät bewusst, dass die Erde als eine das Leben bewahrende und schützende Wohnstätte möglicherweise im Kosmos singulär sein könnte, wie die Gattung *Homo sapiens* selbst. Uns wird jedenfalls in aller damit einhergehenden »Un-Heim-lichkeit« deutlicher, dass unser Leben auf der Erde zufällig, prekär und auf lange Sicht sowieso befristet ist und nach jahrhundertelangen Fortschritten zumindest für einen großen Teil der Weltbevölkerung nicht mehr in gewohnten Bahnen vonstattengehen kann.

Aus dem Bewusstsein ist vielen gerutscht, was während des Kalten Kriegs noch als konstante Drohung präsent war, nämlich dass die Atomstaaten, allen voran die USA und Russland, die menschengemachte Apokalypse in Händen halten. Beide Staaten haben weiterhin jeweils über 7000 Atomwaffen, weltweit gibt es insgesamt etwa 15000 Stück, womit sich die Grundlage für das menschliche Leben mehrfach vernichten ließe. Schon 100 Hiroshima-Bomben könnten das Klima durch die Kältewelle aufgrund des »nuklearen Winters« so verändern, dass die menschliche Zivilisation, wie wir sie jetzt kennen, von Hungerkatastrophen und Massensterben begleitet zusammenbrechen würde. Kämen 1000 zum Einsatz, wäre die Erde unweigerlich nicht mehr bewohnbar.

Endlich ist nicht nur das einzelne Leben, sondern auch das der Gattung. Der Philosoph Günther Anders hatte in seinen Überlegungen zur *Antiquiertheit des Menschen* unter den Bedingungen der Selbstüberholung durch die Technik und der Bedrohung der Bombe gesagt, dass die Parole »Alle Menschen sind sterblich« um den Satz »Die Menschheit als ganze ist tötbar« ergänzt werden müsste. Es ist damit zu rechnen, dass nicht nur die Menschheit ausstirbt, sondern mit ihr auch jede Erinnerung, sodass keine Atlantis-Erzählung die Überlebenden mehr an den Untergang gemahnen kann. Nachvollziehbar wird dies zunehmend mit dem vom Menschen verursachten Massenaussterben von Tier- und Pflanzenarten, was bislang nur eine Folge von Naturkatastrophen gewesen war. Bis zum Zeitalter der potenziellen atomaren Vernichtung gingen die Menschen davon aus, dass zwar eine Kultur oder auch eine Zivilisation aussterben kann, aber nicht die Menschen und die von ihnen bewohnte Erde selbst. Seitdem ist der »Tanz auf dem Vulkan« (Friedrich Nietzsche) keine Metapher für Kulturkritik mehr, sondern eine für die Existenz des auf der Erde wohnenden oder sie bewohnenden Menschen. Die Sicherheit des Wohnens für die Menschheit ist verloren gegangen, weswegen sich die Sicherheit des individuellen Wohnens immer weiter verstärkt. Der Atombunker, in dem der Einzelne überlebt, wird zur symptomatischen Wohnungsfestung.

Auf der Erde, die mit einer Bahngeschwindigkeit von mehr als 100000 Kilometern pro Stunde um die Sonne rast, leben wir buchstäblich auf einem Raumschiff, das uns wie ein Haus mit den »Wänden« der Schwerkraft, welche die Gase festhält, und den verschiedenen Erdsphären wie den geschlossenen Hüllen der Magnetosphäre und der Atmosphäre, die vom Leben selbst mit Sauerstoff angereichert wurde, vor dem kalten Universum und den Partikeln des Sonnenwinds schützt. Aber die Wände sind fragil, zudem kommt das Risiko bekanntlich nicht nur von außen, etwa von Meteoriteneinschlägen oder der in zwei Milliarden Jahren sterbenden Sonne, sondern auch von innen, von den Bewohnern des Raumschiffs selbst, die es herunterwohnen und für das sie, wie Fuller sagte, keine »Bedienungsanleitung« haben.

Die Menschheit ist auf dem Raumschiff Erde nicht wie einst die Abenteurer und Eroberer oder wie Noah mit seiner Familie und den Landtieren auf einer Arche unterwegs, die irgendwann auf neues Land stießen, das Nahrung und Unterschlupf bot. Die Erde dreht sich dauerhaft und unbeirrbar auf ihrer Bahn um die Sonne und kann nur, vorerst unerreichbar weit von anderen erdähnlichen Planeten entfernt, gewissermaßen wie ein Schiff auf hoher See umgebaut, aber nicht ersetzt oder gar neu gebaut werden. Der nächste Stern – oder das nächste »Energieversorgungsraumschiff« nach der Sonne, wie Fuller sagte – ist Alpha Centauri in einer Entfernung von 4,3 Lichtjahren. Sucht man hingegen nach dem nächsten Stern mit mindestens einem Planeten, müsste man bereits 10,5 Lichtjahre nach Epsilon Eridiani reisen. Ein Lichtjahr entspricht einer räumlichen Entfernung von 9,46 Billionen Kilometern. Die bislang schnellste Sonde war Helios 2, die bei der Umkreisung der Sonne eine schlappe Geschwindigkeit von 240 000 Stundenkilometern erreichte. Solange man nicht annährend mit Lichtgeschwindigkeit fliegen oder durch Wurmlöcher tunneln kann, gleicht das der Fortbewegung einer Schnecke, da man mit dieser Geschwindigkeit rund 4500 Jahre unterwegs wäre, um ein einzelnes Lichtjahr zurückzulegen. Alleine diese auf kosmischer Skala recht kurze Distanz benötigt also eine kulturgeschichtlich betrachtet immens lange Zeit: von den ersten Pyramiden in Ägypten oder vom Beginn der Bronzezeit in Mitteleuropa bis heute. Wir sind für absehbare Zeit und wohl noch viele Generationen an das Raumschiff Erde gebunden, wodurch die Wohnung der Menschheit auch als Gefängnis erscheinen könnte.

Aber wir tun uns bekanntlich schwer damit, eine Verantwortung für uns als Gattung und damit verbunden auch für das Wohnen der Menschen auf diesem Planeten zu übernehmen. In der globalisierten Welt haben sich trotz der Ankunft des globalen Dorfes nach McLuhan, in dem die Nachrichten und die Kommunikation in Echtzeit über den Erdball jagen und in dieser Hinsicht wie mit den Transport-, Finanz- und Warenströmen die Welt vereint wird, in letzter Zeit eher die Differenzen ausgeprägt. Zu stark sind die Unterschiede zwischen Arm und Reich, sodass die einen um den Erhalt ihres Wohlstands, ihrer Lebensweise und ihrer Macht kämpfen, während die anderen, die am Reichtum teilhaben, ihren sowieso geringen Konsum nicht beschränken wollen, aufbegehren und sich mehr und mehr auf den Weg machen, um selbst am Leben im Wohlstand teilzuhaben, das über die Medien auch in ihren Wohnungen präsent geworden ist. Selbst wenn die anthropogene Klimaerwärmung vereint gebremst würde, scheint es kaum realistisch denkbar zu sein, bald, wenn überhaupt, zu einer sozial ausgleichenden Gesellschaftsorganisation zu kommen, die gleichzeitig mit den natürlichen Ressourcen nachhaltig umgeht.

Theoretisch wäre es denkbar, die schrumpfenden natürlichen Ressourcen wie sauberes Wasser und saubere Luft sowie Pflanzen und Tiere zur Ernährung Schritt für Schritt durch künstliche Systeme zu ersetzen, bis die Menschen selbst ihre natürliche Basis, die »Wetware« des biologischen Körpers, verlassen, in einen neuen Körper einziehen, diesen den künstlichen Umwelten anpassen und entsprechend programmieren können. Smart Homes also für »Smart Human Beings«, für den »Post-*Homo-sapiens*«? Davon träumen die Menschen zumindest seit den Zeiten, als mit dem Dualismus von Seele und Körper spätestens bei den Neuplatonikern wie Plotin und verstärkt mit dem Aufkommen des Christentums der

Körper zum Gefängnis der Seele und die Loslösung zur begehrten Himmelfahrt in eine immaterielle Welt wurde.

Wir können aber nicht einfach umziehen und die Wohnstätte austauschen, wenn wir sie mit unserer Wirtschaftsform und unserem Lebensstil kaputtwohnen. Wir sind mit einer existentiellen Wohnungslosigkeit der Menschheit konfrontiert. Es geht nicht um eine neue Architektur in einer bestimmten geografischen Umgebung oder um kleinere Veränderungen, beispielsweise um technisch hochgerüstete und vernetzte, bedien- und steuerbare Smart Homes in Smart Cities in Smart Nations, sondern um eine Auseinandersetzung mit der Herausforderung, Wohnen neu zu denken – im Zwielicht des möglichen Untergangs der irdischen Wohnung und letztlich mit dem Blick auf eher unerfreuliche Wohnungen in von der Umwelt abgeschlossenen Siedlungen, die autonom sind, gleich ob sich diese Überlebenskapseln auf oder unter der Erde befinden, auf gigantisch großen Raumschiffen oder in Kolonien auf anderen Planeten. Smart Homes und Smart Cities scheinen technische Möglichkeiten für nachhaltige und steuerbare Wohn- und Lebenssysteme zu entwickeln, aber in Wirklichkeit werden die Voraussetzungen für autonome Lebenswelten geschaffen, die unabhängig vom Außen und damit an beliebigen Orten existieren können.

Damit würde sich der Kreis schließen von der Erde als der bislang alternativlosen Wohnung zur mehr oder weniger großen Kapsel, welche unseren Planeten als Vorbild für den in sich geschlossenen Kreislauf eines ökologischen Systems, allerdings gespeist von externer Energie, nachahmt und optimiert. Leben hat die Erde umgestaltet, die Atmosphäre mit Sauerstoff angereichert und geologische Veränderungen eingeleitet, es hält mitunter auch die Umweltbedingungen wie ein Homöo- oder Thermostat konstant und ernährt sich selbst, da Organismen nicht nur von anderen Organismen verzehrt werden, sondern auch durch ihren Metabolismus bis hin zu ihrer Zersetzung wiederum die Grundlagen für neues Leben schaffen.

Die Erde als Raumschiff, das Raumschiff als neue Erde

Aus dieser Erkenntnis entwickelte sich nicht von ungefähr ebenfalls zu Beginn der Raumfahrt in den späten 1960er Jahren die Vorstellung von der Erde als einem sich selbst steuernden Organismus. Die Gaia-Hypothese, letztlich eine Variante der Kybernetik, geht auf den Chemiker und Biophysiker James Lovelock zurück.[2] Er war ursprünglich für die NASA tätig, um Instrumente zur Analyse von extraterrestrischen Atmosphären und Planeten zu entwickeln. Zudem erfand er einen der ersten Elektroneneinfangdetektoren, die es ermöglichten, etwa die Rolle der Fluorchlorkohlenwasserstoffe (FCKW) für die Zerstörung der das Leben schützenden Ozonschicht festzustellen.

Die Gaia-Hypothese, auf deren Grundlage wiederum Lynn Margulis die bereits erwähnte Endosymbiontenhypothese als Ursprung und Grundlage des vielzelligen Lebens ableitete, war auch Ausgangspunkt für den schließlich um die Jahrtausendwende verkündeten Beginn des geologischen Zeitalters des Anthropozäns. Dieses fußt auf dem Postulat, dass die Menschen mittlerweile durch ihre Aktivitäten wie dem Ausstoß von Treibhausgasen, der Landwirtschaft, der Bodennutzung und der Verstädterung nicht nur das Klima, sondern in Folge auch die gesamten irdischen Lebensbedingungen verändern – allerdings unbeabsichtigt und als Nebenwirkung. Die Erkenntnisse, wie die Menschen über Rückkopplungsprozesse die Bedingungen auf dem Raumschiff Erde steuern, trug gleichzeitig zu Konzeptionen bei, durch eine gezielte Klimaerwärmung und die Ansiedlung von sauerstoffproduzierenden Organismen möglicherweise geeignete Planeten wie den Mars oder die Venus bewohnbar zu machen (»Terraforming«) oder das Klima und andere irdische Prozesse durch gezielte großflächige Eingriffe mit technischen oder biotechnischen Mitteln zu verändern (»Geoengineering«).

Ideen, Planeten durch einen künstlichen Anschub zu einer Heimstatt für Leben zu machen, unterschätzen vermutlich die Komplexität, aber auch die notwendige Zeit, die für kaum über einige Generation hinweg planende Menschen unvorstellbar lange sein würde. Selbst wenn sich Entwicklungen technisch anstoßen und beschleunigen lassen sollten, benötigte die Schaffung der für menschliches Leben geeigneten Bedingungen auf einem Planeten wenn vielleicht nicht Milliarden, so doch viele Millionen Jahre. Wäre die Menschheit imstande, so lange koordiniert zu planen, wäre sie wohl auch imstande, eine Kooperation zu entwickeln, um die Erde als Lebensraum zu erhalten und die Ausbreitung von Wüsten und Steppen umzukehren. Aber beim Terraforming spielen zusätzlich noch viele weitere Faktoren herein, um Leben auf der Erde als einem bewohnbaren Planeten zu ermöglichen und zu erhalten, wie die Entfernung von der Sonne, der heiße Erdkern, der Schutz vor der kosmischen Strahlung, die Schwerkraft, welche die Atmosphäre hält, die Bindung von Kohlendioxid und anderen Treibhausgasen, Verwitterung, adaptive Eisbildung, Kreislauf des Wasserdampfs und vieles andere.

Vorerst bleibt es bei Vorstellungen, wie Menschen im Weltraum oder in einer Raumstation auf dem Mond oder dem Mars leben beziehungsweise wohnen können. Sowohl aus der Science-Fiction wie auch aus der Weltraumforschung gibt es zahlreiche Ideen und Entwürfe bezüglich der dazu notwendigen Ausstattung von Raumschiffen und -stationen, ermöglicht durch konkrete Erfahrungen während realisierter Projekte wie der MIR in alten Tagen oder der moderneren Internationalen Raumstation ISS. Allerdings sind letztere nur für einen zeitlich begrenzten Aufenthalt gedacht und auf eine Versorgung von der Erde aus angewiesen.

Gemein ist »realistischen« Konzeptionen, dass sie den Wohnraum, der zugleich der Lebensraum ist, möglichst kompakt und funktional gestalten, da ökonomische Aspekte im Vordergrund stehen. Im Weltraum geht es um das Finden einer Minimalwohnung für eine Gruppe von Menschen, die so klein und ressourcensparend wie möglich alles Nötige für einen längeren Aufenthalt bereitstellt. Dazu gehören auch Überlegungen, wie Privaträume von den Gemeinschafts- und Arbeitsräumen zu trennen sind.

Wie viel Raum also braucht der Mensch unbedingt zum Wohnen und wie muss dieser aussehen? Der Internationale Kongress moderner Architektur (CIAM) thematisierte diese Frage bereits 1929 unter dem Motto »Die Wohnung für das Existenzminimum«, wobei hier zahlreiche Kriterien mit einfließen, die sich kaum voneinander trennen lassen: historische Entwicklung, gesellschaftlicher Kontext, Anforderungen der Menschenwürde, Erwartungen, anthropologische Erwägungen und vieles mehr. Das ist wieder aktuell geworden, als 2015 viele Flüchtlinge nach Deutschland kamen und etwa das Deutsche Architekturmuseum (DAM) die Gestaltung seines Pavillons auf der Architekturbiennale von Venedig im Jahr 2016 unter den Titel »Making Heimat. Germany, Arrival Country« stellte. Letztlich geht es darum, möglichst viele Menschen zu möglichst geringen Kosten in einem möglichst kleinen Gebäude mit den notwendigsten Funktionen unterzubringen.

Die Internationale Raumstation ist als derzeit einziger Wohnraum im Weltraum, den Bedingungen der Schwerelosigkeit unterworfen. Weitere Weltraumstationen sind geplant, beispielsweise von China, doch hinsichtlich ihres Aufbaus werden sich diese nicht großartig voneinander unterscheiden. Die ISS ist ein klaustrophobisch enges, labyrinthisches Gehäuse, das aus mehr oder weniger großen »Gängen« in den ringförmigen Modulen besteht, mit Schlafkabinen, in denen man nur wenig mehr machen kann. Als »Schuhkarton« hat sie der deutsche Astronaut Ulrich Walter bezeichnet und als »U-Boot-artige Kojen«. Die gesamte Raumstation erstreckt sich über ein Volumen von 1200 Kubikmetern, was ungefähr der Größe einer Altbauwohnung von 300 Quadratmetern entspricht. Aber das räumliche Gefüge entspricht keiner herkömmlichen Wohnung mit Zimmern, die von einem Gang ausgehen, sondern ist geprägt von schlauchartigen Räumen, die auf Benutzung in der Schwerelosigkeit ausgelegt sind. Die eindeutige Ausrichtung der Räume auf der Erde mit einem Oben und Unten ist aufgehoben und verläuft relativ zum schwebenden Körper des Bewohners. Der von Menschen benutzbare Raum auf der ISS ist daher größer, weil die

»Möblierung« rundum erfolgen kann. Es gibt sechs Schlafkabinen, zwei im russischen Modul »Swesda« und vier in »Harmony«. Im Prinzip kann überall geschlafen werden, wo man einen Schlafsack befestigen kann, die Kabinen bieten einen schalldichten Rückzugsraum mit einer Tür, einem Netz und Schubladen für persönliche Gegenstände sowie Laptops, die eine Nabelschnur zur Erde darstellen. Letztlich haben sie die Größe einer Telefonzelle.

Fenster erlauben den Blick aus der absolut künstlichen Lebenswelt nach außen, aber dort ist keine Natur, sondern nur tödliche Leere – sowie den Blick auf die entfernte Erde und andere Sterne. Man ist eingesperrt, kann nicht spontan hinausgehen und sich auch nicht wirklich zurückziehen. Das Leben auf der Weltraumstation entspricht dem Dasein in einem freiwillig gewählten Gefängnis, aushaltbar nur für ausgewählte Menschen, die wissen, dass sie Teil einer Elite sind und bald wieder auf die Erde zurückkehren können. Will man für längere Zeit so wohnen?

Ulrich Walter spricht von einer extremen Abhängigkeit und einer Notwendigkeit des Vertrauens in die Zuverlässigkeit der Technik. Irdisches Wohnen kann in der Regel noch bei Ausfall von technischen Systemen weitergehen, auch wenn die Abhängigkeit zunehmend steigt und der Einzug der Smart Homes, in denen alles von Computern geregelt sein wird, bevorsteht: Bei einem Stromausfall könnte beispielsweise die Zufuhr von Sauerstoff durch nicht mehr zu öffnende Türen und Fenster wegbrechen. Aber letztlich wird wahrscheinlich selbst dort die Möglichkeit bestehen, »aufs Land« oder »ins Freie« zu flüchten und dort Hilfe zu finden oder sich behelfsmäßig einzurichten.

Man muss sich dennoch aus der Perspektive der technischen Abhängigkeit im Weltraum klar machen, dass die Wohnungen auf der Erde in den künstlichen urbanen Umgebungen zunehmend dem Leben in einer großen Raumstation aus vielen Modulen gleichen, die von einer Versorgung von außen abhängig sind. Das waren freilich Städte als künstliche Inseln, als Raumschiffe in der umgebenden Natur, prinzipiell schon immer, weswegen sie zwar einerseits

Schutz boten, aber andererseits durch Belagerung auch bezwungen werden konnten, wenn die Lebensmittel und andere Ressourcen ausgingen. Mit der Elektrifizierung und Digitalisierung wächst jedoch die Abhängigkeit noch einmal stärker an. Ohne Strom bricht das urbane Leben zusammen und viele Funktionen, von der Versorgung und der Aufbereitung von Lebensmitteln über Trink- und Abwasser bis hin zu den Verkehrs- und Kommunikationssystemen, können nicht mehr gewährleistet werden. Die Tendenz ist deutlich, dass das Wohnen auf der Erde sich parallel zu technischen Wohnsystemen verändert.

Es wurde bereits einmal versucht, eine solche weitgehend geschlossene, selbstgenügsame »Wohnung« auf der Erde zu realisieren. Beim Projekt mit dem ambitionierten Namen »Biosphäre 2«, das Ende der 1980er Jahre in Arizona nur durch die Gelder eines amerikanischen Milliardärs gebaut werden konnte, handelte es sich um den Versuch, eine autonome Lebenskapsel zu schaffen, die vom Raum losgelöst irgendwo im Universum eine langfristige und von Nachschub unabhängige Wohnung für Menschen bieten sollte. Als Form einer solchen von der Umwelt abgeschlossenen Kapsel mit einem Volumen von über 200 000 Kubikmetern wurde ein an Buckminster Fullers Superstrukturen angelehnter Komplex verschiedener Gebäudestrukturen aus Glas und rostfreiem Stahlgitter errichtet. Wasser-, Luft- und Lebensmittelkreisläufe sollten vollständig abgeschlossen sein und Abfälle, Abwasser und verbrauchte Luft innerhalb des Systems recycelt werden. Tausende Sensoren überwachten in diesem frühen Smart Home das Klima, die Luft-, Boden- und Wasserbeschaffenheit und lieferten diese Informationen an ein zentrales Kontrollsystem.

Innerhalb des derart kontrollierten und überwachten Systems sollten neben einigen Menschen 4 000 verschiedene Pflanzen- und Tierarten leben, Mikroorganismen selbstredend nicht eingerechnet. Aufgeteilt war die Biosphäre 2 als künstliche und miniaturisierte Reproduktion der natürlichen Biosphäre in fünf »wilde« Ökosysteme: Regenwald, Savanne, Küstenzone, Mangrovensumpf und ein 2 600 Kubikmeter großes »Meer« mit einer Korallenbank. Daneben gab es Bereiche für Landwirtschaft und Wohnräume für die Eingeschlossenen. Unmittelbar neben dem Hauptdom befanden sich zwei weitere, mit dem Hauptareal verbundene Kuppelstrukturen, die als Lungen fungierten und die atmosphärischen Schwankungen ausgleichen sollten. Temperaturregulierung und Stromerzeugung waren noch von externen Systemen geregelt.

Nach einer zweijährigen Probephase wurde das Projekt aber abgebrochen, nicht nur wegen Geldproblemen. Ein Teil des Teams musste zur medizinischen Versorgung die künstliche Welt verlassen, zusätzliche Ausrüstungsgegenstände waren erforderlich, was in einem Raumschiff in weiter Entfernung nicht vorkommen dürfte. Sauerstoff musste eingepumpt werden, weil zu viel Kohlendioxid entstand, die selbst angebauten Lebensmittel reichten zur Versorgung nicht aus. Die Arbeit an der Aufrechterhaltung des Systems, also das Pflanzen und Ernten der Lebensmittel, die Versorgung der Tiere und die Jagd auf Schädlinge wie Küchenschaben und Ameisen, stellte die Besatzung vor zu viele Herausforderungen. Vielleicht war auch die Simulation der Vielfalt der irdischen Ökosysteme einfach zu komplex. Das radikale und einmalige Projekt wurde 1995 endgültig begraben. Das Habitat wird seitdem von der University of Arizona zur ökologischen Forschung verwendet. Als »Modellstadt und urbanes Ökosystem« bezeichnet, ließ es seine radikale Orientierung hinter sich und ist seitdem ein beliebtes Ziel für Touristen.

Wir schicken uns an, Techniken zur Anpassung an ein Leben in geschlossenen Systemen zu entwickeln. Das ist letztlich nur ein weiterer Schritt der Abkapselung, die der Mensch, der *Homo sapiens*, seit der ersten Erfindung einer von der Umwelt abgegrenzten und geschützten Wohnung verfolgt und mit der er die Erde unterworfen hat, um sich praktisch überall auszubreiten und selbst in den lebensfeindlichsten Gebieten anzusiedeln. Seit der Mensch sich aufrichtete und seine freigesetzten Hände benutzen konnte, um sich mit Kleidung als einer zweiten Haut und selbstkonstruierten Wohnungen aus Steinen, Ästen, Schilf und Fellen zu schützen und zugleich einen neuen, künstlichen Innenraum, die Kultur, zu schaffen, konstruierte er immer weitere artifizielle Blasen oder Wohnungen: Häuser, Dörfer, Städte, mobile Wohnungen in Fahrzeugen, Container, die sich in der Antarktis, auf einer Weltraumstation oder unter der Wasseroberfläche installieren lassen.

In der Neuzeit waren die Utopien in der Weiterführung der Paradiesvorstellungen und dem Vorbild der von Platon beschriebenen und untergegangenen Stadt Atlantis meist als unbekannte und isolierte Inseln in großer Entfernung von den bewohnten Gebieten angesiedelt worden. Es handelte sich nicht um ländliche Einöden oder um Dörfer, sondern um Städte, die ein anderes Leben mit kulturellem, wissenschaftlichem und technischem Fortschritt in einer nicht von Konkurrenz geprägten und von Krieg bedrohten urbanen Gemeinschaft versprachen. Die Dynamik der urbanen Kultur, das Wohnen und Leben in einem verdichteten gebauten Raum, der aus der »wilden« Natur ausgeschnitten ist und deswegen in diese umso besser hineinwirken kann, eröffnete für die Utopisten der Neuzeit den Ausblick auf Neues. Es bestand der Drang, aus den herrschenden Verhältnissen auszubrechen und das Leben aus sich selbst heraus zu organisieren. Die Natur war schlicht als Voraussetzung und als auszubeutende sowie formbare Ressource gegeben, aber nicht in ihrer Endlichkeit und Fragilität bedacht. Zugleich stellten die vom Rest der Welt isolierten utopischen Städte bereits einen Ausdruck für den Wunsch nach einem geschützten und sesshaften Leben und Wohnen dar, das nur deswegen so entfernt und abgeschlossen angesiedelt wurde, weil es vor äußeren Einflüssen und Zuwanderung geschützt werden musste. Nicht zuletzt sind Thomas Morus' *Utopia* oder Francis Bacons *Neu-Atlantis* auf Inseln angesiedelt, um vom Rest der Menschheit, aber auch von Seuchen wie der Pest geschützt zu sein. Die Besucher von Neu-Atlantis müssen erst einmal aus gesundheitlichen Gründen auf dem Schiff in Quarantäne bleiben, bevor sie die Insel betreten dürfen.

Recht auf Wohnung, Wohnungslosigkeit und neuer Nomadismus

Man spricht vom »Schrecken des Heimatlosen« oder wie nach dem Zweiten Weltkrieg und auch seit einiger Zeit angesichts der horrenden Miet- und Immobilienpreise in den wieder wachsenden Städten von einer Wohnungsnot, was Martin Heidegger zum Postulat einer »existentiellen Wohnungslosigkeit« veranlasste. Diese gehe über das »Innehaben einer Unterkunft« hinaus, weil seiner Ansicht nach der moderne Mensch das Wohnen und damit auch das Bauen verlernt habe, wie wir zuvor dargelegt haben. Man darf davon ausgehen, dass der wohnende Mensch Heideggers, der wahrscheinlich seine eigene kleine Hütte im Sinn hatte, sesshaft ist und als Gegenteil einer nomadischen Existenz, eines nur notdürftig Hausenden oder im Extrem Obdachlosen verstanden werden muss. Organisationen zur Bekämpfung der Obdachlosigkeit, die ein (Menschen-) Recht auf eine Wohnung reklamieren, sprechen allerdings nicht im Heidegger'schen Sinn, sondern in dem, den er spöttisch als bloßes »Innehaben einer Unterkunft« von der existentiellen oder ontologischen Sicherheit einer Wohnung unterschied. Als wohnungslos gilt in Deutschland gemeinhin ganz prosaisch, wer über keine mietvertraglich abgesicherte Wohnung oder über selbst genutztes Wohneigentum verfügt, was heißt, dass Menschen, die sich als Gäste oder Mitbewohner in Wohnungen aufhalten oder in Obdachlosenheimen, Not- und Flüchtlingsunterkünften oder informellen Siedlungen leben, als wohnungslos betrachtet werden. Dazu zählen auch Menschen, die in Autos, Campingwagen oder anderen atypischen

Unterkünften wohnen. Unklar ist beispielsweise, ob Menschen, die in Gefängnissen leben, als Wohnungslose oder mit der Einführung einer neuen Kategorie als zwanghaft Wohnende oder Zwangsgäste gelten sollten.

So heißt es im »Housing First Guide Europe«[1] von Nicholas Pleace, der dafür plädiert, Obdachlosen sozusagen bedingungslos eine Wohnung zu geben und diese nicht zuerst in Heimen oder Wohngemeinschaften unterzubringen:

> Die Funktion einer Wohnung bei Housing First wird als Bereitstellen von ontologischer Sicherheit definiert. Dieser akademische Begriff kann so beschrieben werden, dass jemand das Gefühl hat, dass sein/ihr Leben sicher, berechenbar und geschützt ist – das Gegenteil dessen, was in der Wohnungslosigkeit erlebt wird, wo nichts sicher [sic!] und es überall kurz- und langfristige Risiken gibt. Für NutzerInnen von Housing First bedeutet die eigene Wohnung, dass sie zu einem normalen Leben zurückkehren oder damit beginnen können.

In diesen Formulierungen steckt viel, vom Dasein als Gast ist allerdings nicht die Rede, sondern ganz allgemein von Sicherheit und Schutz, die eine Wohnung bietet und die den Obdachlosen – als Gästen? – bereitgestellt werden soll. Eine Wohnung schließt nach diesen Formulierungen die Unberechenbarkeit des Unterwegsseins aus und lässt Ordnung entstehen, aus der man in die Welt blickt. Das stiftet wiederum Normalität, man könnte auch sagen: »Ge-Wohn-heit«, die darauf basiert, dass man nicht selbst jeden Tag eine Unterkunft finden oder »bauen«, sich einer neuen Umgebung anpassen muss, aber auch auf Schutz vor Gefahren, sieht man von Einbrechern und Katastrophen ab, vor denen lediglich bunkerähnliche Anlagen gefeit sind. Es ist dieser Ort, der Sicherheit und Rückzug aus der Öffentlichkeit in den privaten Raum bietet, der im Grundgesetz durch das im realen juristischen Alltag vielfach aufgeweichte Grundrecht der Unverletzlichkeit der Wohnung (Artikel 12) geschützt werden soll.

Die Europäische Menschenrechtskonvention spricht in Artikel 8 und die Charta der Grundrechte der Europäischen Union in Artikel 7 von der »Achtung« des Rechts auf Wohnung im Rahmen des Schutzes der Privatheit und der Familie. In der Allgemeinen Erklärung der Menschenrechte wird darüber in Artikel 25 noch hinausgegangen, wenn eine Wohnung als Bestandteil des Rechts eines jeden Menschen auf einen Lebensstandard gilt, der seine und seiner Familie Gesundheit und Wohl gewährleistet. Im Jahr 2000 hat man bei den Vereinten Nationen die Position eines »Sonderberichterstatters für das Menschenrecht auf angemessenes Wohnen« eingerichtet. Schon die Rede vom »angemessenen Wohnen« weist darauf hin, dass es nicht nur um die Bereitstellung von Unterkünften geht. Das Recht müsse in Beziehung zur »inhärenten Würde des menschlichen Lebens« stehen. Das Recht auf Wohnung ist allerdings nicht als Recht auf den Besitz einer Wohnung, verbunden mit zumindest einem Anteil an einem Grundstück, formuliert.

Zudem setzt es voraus, dass die Sicherheit einer Wohnung zum Kern des Menschseins gehört, während es sich demgemäß bei Nomadismus oder Wohnungslosigkeit im Grunde um Lebensformen handelt, die beendet werden sollten. Mitunter gelten Bettler und Obdachlose auch als Menschen, die sich nicht als Sesshafte in die Gesellschaft integrieren und ihren Lebensunterhalt verdienen wollen oder können. Sie stellen den Gegenwurf zur sesshaften Existenz dar, erinnern irritierend daran, dass diese nicht selbstverständlich ist, und lösen daher Angst und Befremdung aus. Daher werden sie mitunter mit Zwang und Gewalt verjagt oder dazu genötigt, in Wohnungslosenheime oder Obdachlosenunterkünfte zu ziehen. Sie sollen, gleich ob aus humanitären Gründen oder aus Hass gegenüber Menschengruppen mit abweichendem, nicht der Norm entsprechendem Verhalten, aus der Öffentlichkeit verschwinden, insbesondere, wenn sie wie in den westlichen Ländern nur eine verschwindend kleine Minderheit bilden.

Aber die mehrheitlichen Bilder vom sesshaften Dasein, kulminierend im Recht auf eine Wohnung, entsprechen nicht der Wirklichkeit, die schon immer und mit steigender Tendenz flexibler war. Gebrochen wird das Konzept des sesshaften Wohnens vom permanenten Orts- und Wohnungswechsel der Globetrotter aus der kreativen und reichen Oberschicht, heute gerne Globalisten oder Neo-Nomaden genannt, von Wander- und Saisonarbeitern, wozu man auch Soldaten oder Söldner rechnen kann, oder von der Schar an Menschen, die auf dem Boden, dem Wasser und in der Luft für den Transport von Personen und Waren sowie für die Gewinnung von Ressourcen sorgen, und nicht zuletzt von Migranten, die letztlich nur zeitweise oder auf Dauer von einer Wohnung zu einer anderen umziehen.

Überdies gibt es immer noch Menschengruppen und Völker, die an keinem bestimmten Ort wohnen, sondern umherziehen und ihr Lager an wechselnden Orten aufschlagen. Sie sind den sesshaft Wohnenden, die unter sich bleiben wollen, deswegen oft unheimlich, weil sie die Alternative, das Fremde verkörpern. Anders als Touristen betrachtet man sie als asozial in dem Sinne, dass sie sich nicht in die soziale Ordnung der temporär oder dauerhaft Sesshaften einfügen und keine Grenzen und Nationen kennen. Sie sind Heimatlose, aber keine Obdachlosen – ihre Heimat ist die Mobilität.

Mit starker Ablehnung bis hin zur Verfolgung und Vernichtung im Nationalsozialismus wurden und werden die wandernden Völker konfrontiert, in Europa insbesondere die Sinti und Roma, auch wenn ein Großteil mittlerweile schon lange sesshaft lebt. Exemplarisch aber gelten die »Zigeuner« als Vertreter einer nomadischen Minderheit, die »nicht zu uns gehören« und denen gegenüber man viele entsprechende Vorurteile hegt. Abfällig wird mit »(herum)zigeunern« ein unordentliches, provisorisches, unruhiges und vagabundierendes Leben ohne feste Wohnstätte und richtigen Beruf bezeichnet.

Dabei wird gerne vergessen, dass die Menschen über den Großteil ihrer Geschichte hinweg Nomaden oder Vagabunden waren, die zyklisch wanderten, aber sich auch in größeren Auswanderungswellen zunächst von Afrika aus verbreiteten und dann immer wieder in Völkerwanderungen oder durch Eroberungen neue Lebensräume erschlossen oder in diese eindrangen. Erst vor anthropologisch betrachtet recht kurzer Zeit, etwa vor 10 000 Jahren, begannen die Menschen, sich mit der Ablösung vom Leben als Jäger und Sammler an festen Orten dauerhaft anzusiedeln und mit der Erfindung der Landwirtschaft ein sesshaftes Wohnen zu kultivieren. Gleichzeitig entwickelten sich mit der Tierhaltung, wahrscheinlich noch vor der Sesshaftigkeit, aber auch die Nomaden im heutigen Sinne, die mit den domestizierten Tieren umherzogen und wohl auch zu den ersten Händlern gehörten.

Mit der Sesshaftigkeit entstanden nicht nur feste Häuser mit verschließbaren Türen und Fenstern, sondern auch Städte, die Mauern um sich zogen, weil die Sesshaften ihr Haus oder ihre Stadt schützen und verteidigen mussten, um ihr Eigentum am Boden zu wahren. Mit der Sesshaftigkeit wurden die Wohnungen zu Festungen, die sich anders als die mobilen Nomadenunterkünfte der Mobilität entgegenstellten, die Geschwindigkeit brachen und das Territorium geopolitisch aufteilten, die festlegten, wo und wie man sich bewegen durfte, die aber gleichzeitig in ihrer räumlichen Fixierung ein leichtes Ziel für Angriffe waren. Menschen in Häusern, Siedlungen und Städten können nicht mehr ausweichen, sondern sind konfrontiert mit dem anhaltenden Phantasma der Ankunft eines unerwünschten Eindringlings, gegen den man sich sichern muss, wie von Franz Kafka in seiner beklemmend paranoiden Erzählung *Der Bau* geschildert. Es begann die Zeit der Kriege und der Erfindung neuer Waffen, um Mauern zu überwinden oder aus der Ferne abzureißen.

Das vom Nomadentum geprägte Bild mit den Zelten trifft die Wirklichkeit vermutlich besser als die spontanen Assoziationen an das Wohnen, die noch immer von traditionellen Vorstellungen der Niederlassung und Dauerhaftigkeit bestimmt sind. In der digitalen, postkapitalistischen und globalisierten Gesellschaft wird die Verhaftung an einem Ort zum Fluch. Nur wer beweglich ist, reüssiert – wenn man zur richtigen sozialen Schicht gehört.

Es gibt einen Nomadismus der gut bezahlten Experten, die zwar irgendwo einen primären Wohnsitz haben mögen, aber von einem Ort zum anderen springen, wo gerade Bedarf für ihr Wissen und Können ist: Techniker, Wissenschaftler, Manager, Journalisten oder andere Angehörige der kreativen Klasse, außerdem Soldaten und Sicherheitsdienstleister wie auch Mitarbeiter von Hilfsorganisationen. Wirklich reiche Menschen, etwa die wachsende Zahl der Milliardäre, sind hingegen sesshafter als andere Bevölkerungsgruppen, allerdings haben sie in der Regel mehrere Wohnsitze, zwischen denen sie pendeln. In den USA haben Wissenschaftler Steuerdaten zwischen 1999 und 2001 ausgewertet und herausgefunden, dass Millionäre unbeweglicher oder sesshafter sind als die Gesamtbevölkerung. Mit sinkendem Einkommen wächst der Zwang zur Ortsveränderung. Wer nur 10 000 US-Dollar im Jahr verdient, wechselt den Wohnort am häufigsten.[2]

Das andere Extrem sind die Flüchtlinge, die unfreiwillig aufgrund von Armut, Krieg und Verfolgung ihre Heimat und ihre Wohnung verlassen müssen, um ihr Überleben anderswo zu sichern. Und es gibt diejenigen, die zwar an einem festen Ort wohnen und arbeiten, aber aufgrund der zunehmenden technischen Vernetzung Heim- beziehungsweise Fernarbeit leisten. Auch hieraus wird klar: Die materiell oder psychisch unbeweglichen Menschen sind auf der Verliererseite, was bedeutet, dass sich der Begriff des Wohnens grundlegend verändert.

Ein sesshafter, ortsverwurzelter Mensch versteht darunter etwas völlig anderes als ein Nomade, der mit den Angeboten mitzieht, sich auch familiär und hinsichtlich seiner Beziehungen von den alten Schicksalsgemeinschaften distanziert und im Bewusstsein wohnt, nur temporär zu verweilen und letztlich heimatlos zu sein. Das markiert eine radikale Verschiebung des gewohnten Verständnisses von Wohnen, das seit Beginn der Sesshaftigkeit mit Heimat und Dauer verbunden war, während der Nomadismus, das Wandern, entweder zur Lebensweise von Minderheiten gehörte, denen man eher mit Misstrauen begegnete, oder zu einer vorübergehenden Episode der geschäftlichen oder privaten Reise, bei der man von einem permanenten Wohnort auszieht und wieder an ihn zurückkehrt. Heute öffnet man selbst die Wohnungen, die seit dem Eindringen des Telefons immer »löchriger« geworden sind, über Internetplattformen wie AirBnb den Fremden als Gästen und Mitbewohnern. Die Gastgeber ziehen dann ihrerseits mitunter als Gäste zu anderen.

Wie man wohnt, ist nicht zuletzt eine Frage des verfügbaren Einkommens und damit des Marktes, der die Preise nach der liberalen Theorie gemäß Angebot und Nachfrage regelt, wenn die öffentliche Hand oder auch die Unternehmen wie in der industriellen Revolution selbst nicht eingreifen und bezahlbare Wohnungen bereitstellen, also den Markt aushebeln oder kompensieren, um den Standort attraktiv zu halten. Als im 18. und 19. Jahrhundert eine deutlich stärkere Umschichtungsdynamik der Bevölkerung vom Land, auch vom Ausland, in Städte oder Regionen mit einer boomenden Industrie stattfand, als es heutzutage der Fall ist, und die Industrialisierung die dezentral organisierte Heimarbeit auflöste, wandte sich Friedrich Engels vehement gegen Vorschläge wie die Pierre-Joseph Proudhons, die von ihrer Heimat und ihren Bindungen freigesetzten Arbeiter mit Hilfe einer »Hausindustrie« zu beglücken, durch die sie an ihren neuen Arbeitsorten Wohneigentum erwerben könnten und so zur Sesshaftigkeit gezwungen würden. Immobilieneigentum in Eigennutzung bindet nicht nur an einen Ort, insbesondere wenn dafür Kredite aufgenommen werden müssen, sondern es erhöht auch den Druck, sich Bedingungen zu fügen, und verursacht Angst, das Erworbene zu verlieren und sozial abzustürzen. Die Auseinandersetzung über das Wohnen im 19. Jahrhundert ist deswegen interessant, weil das Wohnen in einen größeren politischen Kontext eingebunden war und eine Umschichtung von einem selbstständigen Leben mit Heimarbeit zu einem Leben als Arbeiter in einer Manufaktur oder Fabrik stattfand, mitsamt räumlicher Trennung von Wohn- und Arbeitsplatz.

Engels plädierte dafür, den »vogelfrei« gewordenen und dadurch »geistig emanzipierten« Proletarier ebenso wenig an einen Ort zu binden wie das Kapital. Nur so könne er unter den herrschenden Bedingungen zu einem Subjekt werden, das sich dem wandernden, im Prinzip ortlosen Kapital, das Standorte gegeneinander ausspielt, entgegenzustellen vermag. Ausreichend Mietwohnungen zur Verfügung zu stellen, würde schließlich nur bedeuten, dass der Immobilienbesitzer ein Vielfaches an Profit aus den Baukosten eines Hauses realisieren kann. Gegen die »Vertreibung von Haus und Hof« zu argumentieren, heiße vielmehr, die Geschichte zurückzudrehen. Die »Nabelschnur«, die den früheren Arbeiter an »Grund und Boden knüpfte«, wurde zerschnitten und sollte auch nicht wiederhergestellt werden, um die Revolution auf der Höhe der technischen Entwicklung nicht zu gefährden:

> Der englische Proletarier von 1872 steht unendlich höher als der ländliche Weber mit »Haus und Herd« von 1772. Und wird der Troglodyte mit seiner Höhle, der Australier mit seiner Lehmhütte, der Indianer mit seinem eignen Herd jemals einen Juni-Aufstand und eine Pariser Kommune aufführen?

Eine feste Wohnung bindet die Menschen also und macht sie träge und unterwürfig: »Die Sicherheit der Wohnung wird heute unter der Herrschaft der großen Industrie nicht nur die ärgste Fessel für den Arbeiter, sondern das größte Unglück für die gesamte Arbeiterschaft.« Mit der Bindung an eine Wohnung beziehungsweise an einen Ort wird der Arbeiter im Hinblick auf Lohnverhandlungen erpressbar.

Unklar bleibt freilich bei Engels, wie eine Wohnungspolitik der Arbeiter im bestehenden Kapitalismus konkret aussehen müsste, wenn man die Menschen nicht der Obdachlosigkeit oder unwürdigen Wohnbedingungen aussetzen will, um sie kampffähig für eine neue Gesellschaft zu halten. An der Wohnungspolitik ist der Marxismus nicht gescheitert, aber die Haltung zur »Wohnungsfrage«

macht exemplarisch deutlich, dass den Revolutionären die Ideen für den Übergang zum Kommunismus abgingen. Sollte die Freisetzung von Grund und Boden und von einer festen Wohnung beibehalten werden, entsteht die Frage, wie die Proletarier bis zur Umsetzung des Ideals des kollektiven Besitzes am Boden und den Produktionsmitteln wohnen sollen, wenn nicht nur Wohneigentum, sondern auch Miete »fesselt«. Wäre also die prekäre Wohnsituation zumindest vorübergehend ein Ideal?

Engels favorisierte einen neuen Nomadismus als eine Möglichkeit, sich vom Kapitalismus – man könnte auch sagen vom System, das sich auf den Kapitalismus stützt und Stabilität anstrebt – nicht gänzlich einfangen zu lassen. Der vom Kapitalismus entwurzelte und in die Wohnungslosigkeit gestoßene Mensch soll seine neue Freiheit ebenso annehmen wie das Kapital, das über den ganzen Erdball zieht, um den Profit zu mehren. Letztlich scheint es Engels darum gegangen zu sein, dass die Arbeiter nicht durch Angebote einer vermeintlichen Lebensverbesserung verführt werden und an revolutionärem Schwung verlieren. Die sichere Wohnung wäre ein Grund, sich in die bestehende Gesellschaftsordnung einbinden zu lassen und diese damit zu stabilisieren.

Vilém Flusser: Philosophie des Unbehaustseins

Die Krähen schrei'n
Und ziehen schwirren Flugs zur Stadt:
Bald wird es schnei'n –
Weh dem, der keine Heimat hat!
– Friedrich Nietzsche

Auf einzigartige Weise hat Vilém Flusser, aus der Perspektive des Vertriebenen im Exil mit gleichzeitigem Blick auf die Folgen der Digitalisierung, eine Philosophie des Wohnens entwickelt – nicht systematisch, als ausgearbeitete Theorie, sondern in immer wieder neuen Überlegungen und gegen den Strich des Gewohnten gebürstet. Sie basiert einerseits auf der eigenen leidvollen Erfahrung, durch den Einmarsch der Nazis, den deutschen »Barbaren«, aus dem Wohnen und Gewohnten herausgerissen und zum Überlebenden zu werden. Dazu kommt andererseits die These einer neuen Unbehaustheit durch den Cyberspace, dessen Zerstörung des umbauten Raums eine neue Architektur und ein neues Denken dessen erfordert, was Wohnen bedeutet.

Seine Überlegungen, das Wohnen, gerade im Hinblick auf Heimat, neu zu denken, sind heute in Zeiten des wiedererwachenden, auch völkisch-rassistischen Nationalismus, der Heimat territorial denkt und meint, das von der Volksgemeinschaft beanspruchte Territorium verteidigen zu müssen, und der anstehenden Digitalisierung, die unsere Lebens- und Arbeitswelt umpflügt, eine hilfreiche Befreiung von reaktionärem Gedankenballast und eine anregende Anleitung zu einem zeitgemäßen Denken von Wohnen und Heimat. Schließlich ist die entmystifizierte Heimat schlicht der Ort, an dem man wohnt und sich mit Menschen vernetzt, die einem nahestehen.

Heimat und Migration

Mit der so genannten Flüchtlingskrise 2015 kam es zu einem Aufeinanderprallen zwischen denjenigen, die ihre Heimat verlassen mussten, um eine neue zu suchen, und denjenigen, die ihr Territorium von den Fremden bedroht sahen und wie etwa die AfD daraus politisches Kapital zur nationalistisch-völkischen Umgestaltung der Gesellschaft ziehen wollten. Dadurch wurde nostalgisch und ängstlich »Heimat« wieder zum Gegenstand eines drohenden Verlustes, mit einem verklärenden Blick auf die Vergangenheit.

Heimat war erst im 19. Jahrhundert im Zuge der Industrialisierung und Urbanisierung, geprägt durch die gegen Rationalität und Aufklärung protestierende Romantik, zu einem konservativen Kampf- und Angstbegriff mit dem verklärten Rück- und Vorblick auf die Idylle einer schützenden und harmonischen, aber exklusiven und abgeschotteten Gemeinschaft geworden. Sie erschien dem vom Wandel bedrohten Menschen als eine Art Insel, die ebenso wie der »Volkskörper« gegen den Strom der Zeit durch Grenzen gegenüber Eindringlingen verteidigt werden musste. Nicht von ungefähr kam daher schon im 19. Jahrhundert der Begriff »Heimatschutz« – auch in Verbindung mit »Naturschutz« – in Deutschland auf: »Der ›Heimatschutz‹-Begriff, der als Reaktion auf nationale Bedrohung und Denkmalzerstörung entstand, wurde zu einem Leitbegriff der konservativen Zivilisationskritik.«[1]

»Heimat« ist überdies in der Regel ein antiurbaner Begriff, daher ist es nicht verwunderlich, dass er seine neue, gegen die Industrialisierung, Urbanisierung und Individualisierung gerichtete romantische Ausformung in der Zeit fand, als sich auch die Gartenstädte und andere architektonische Entwürfe zur Bildung neuer Gemeinschaften wie die Idee der Phalanstère von Charles Fourier oder der Familistère von Jean-Baptiste André Godin ausbreiteten. Heimatlosigkeit erscheint als existentielle Obdachlosigkeit eines Kollektivs, wobei dann auch die Vorstellung einer völkischen, natürlich gewachsenen Gemeinschaft als positiver Gegenpol zur künstlich entstandenen und zusammengehaltenen anonymen Gesellschaft entstand. Erstmals ausgearbeitet wurde der Unterschied von Ferdinand Tönnies in seinem Buch *Gemeinschaft und Gesellschaft* aus dem Jahre 1887, das sich zu einem einflussreichen soziologischen Beitrag zur Heimatdebatte entwickeln sollte.

Bei der Imagination der Heimat spielen zwei Verlustvorstellungen ineinander, die sich in der nationalistisch-völkischen Verschwörungsthese vom »Großen Austausch« verbinden: Eine demografisch durch abnehmende Reproduktion auf »ihrem« Territorium schrumpfende heimische Bevölkerung, die als »ethnokulturell« identisch deklariert wird, soll durch kontinuierliche Masseneinwanderung zur Minderheit werden (»Überfremdung«), während die multiethnischen Einwanderer ihnen ihr Land wegnehmen: »Geben wir unsere Heimat auf, dann geben wir uns selbst auf«, so eine Losung der österreichischen Identitären. Die AfD machte daraus den Wahlkampfslogan: »Hol Dir Dein Land zurück!« Heimat wird von Identitären, beispielsweise von Erik Lehnert vom Institut für Staatspolitik, »mit territorialem Besitz« verbunden, »gleichzeitig meint es eine emotionale Bindung an einen Ort, an dem man aufgewachsen ist oder lange wohnt. Heimat setzt Verwurzelung voraus, die dauert, so lange, bis man dort eben heimisch ist.«[2] Wer dann zur »ethnokulturellen« Identität dazugehören soll und wie weit der Migrationshintergrund dafür nach hinten gehen darf, wird nicht genauer erörtert. Die historisch meist durch Krieg gebildeten Nationen und ihre Grenzen sind oft umstritten, was auch, wie zuletzt in Europa beim Zerfall von Jugoslawien, in Gewalt explodieren kann.

Der von der rechten Seite hochgespielte »Heimat-Hype« wurde dämlich, aber entlarvend vom Slogan des multiethnischen FC Bayern in die leere Formel »Mia san mia« gepresst und von Uli Hoeneß gedeutet: »Für unsere Mitglieder ist der FC Bayern auch eine Art Heimat.« Nach der Bundestagswahl 2017 erweiterte sich das Bundesinnenministerium um die Abteilungen für Bau und Heimat, wobei man letzteres ausdrücklich mit Sicherheit und Wohnungen assoziierte. Horst Seehofer sagte in der Generaldebatte im Deutschen Bundestag am 23. März 2018:

> Bei Heimat geht es nicht um Folklore, Brauchtümelei oder Nostalgie. Wer dies so versteht, der hat die Zeichen der Zeit nicht erkannt. Bei Heimat geht es um die Verankerung und Verwurzelung, um ein kulturell angestammtes Umfeld in einer globalisierten Welt. Es geht schlicht und einfach um Zusammenhalt und Geborgenheit.[3]

Verwurzeltes Dasein

In Verbindung mit Heimat suggeriert die Metapher der Verwurzelung, dass auch Menschen an einen Ort wie eine Pflanze, meist gedacht als Baum, gebunden sein, an diesem aufwachsen und sterben sollen. Wie im Nationalsozialismus und in den Vorstellungen heutiger Rechtsnationalisten, bei denen es auch wieder eine Siedlerbewegung gibt, wird dann auch die landwirtschaftlich geprägte Natur mit der Kultur einer Ethnie verbunden. Lokale Produktion und biologische Landwirtschaft erscheinen in Folge unter ideologiedienlicher Perspektive, wie man an den Parolen von »Blut und Boden« oder der »deutschen Landschaft«, die man als »Volk ohne Raum« in eroberte Gebiete exportieren wollte, ablesen kann. Dabei gibt es seit dem Aufkommen des Widerstands gegen die Globalisierung angesichts der fortschreitenden Vernichtung der Natur eine manchen Linken, Grünen und Rechten einende, gemeinsame Wertschätzung der Heimat, des Regionalismus und Separatismus, der nachhaltigen Entwicklung und Wirtschaft.

Der zuvor propagierte, aber das soziale Versprechen nicht einhaltende freie Fluss der Daten, Waren, Dienstleistungen, Finanzen und Menschen mitsamt des Universalismus, des Kosmopolitismus und des »internationalen Stils« von Architektur, Gütern und Lebensstil lässt nicht nur in den Verlierern der Globalisierung die Sehnsucht nach Grenzen, dem Überschaubaren, dem Beherrschbaren, dem Eigenen und eben der Heimat aufkommen. Ende der 1990er hatte Ernst Ulrich von Weizsäcker, der damalige Präsident des Wuppertaler Instituts für Klima, Umwelt und Energie, der außerdem mit dem Club of Rome in Verbindung stand, im Wissenschaftszentrum Nordrhein-Westfalen eine interdisziplinäre Tagung über Grenzen unter der rhetorischen Fragestellung »Jedes System braucht Grenzen – aber wie durchlässig müssen sie sein?«[4] organisiert. Aus der globalisierungskritischen Einsicht, dass »es so nicht weitergehen darf«, wurden hier der Wert der Begrenzung, die Möglichkeiten neuer Grenzziehungen und ihrer Wahrung diskutiert. Naturwissenschaftler sollten zeigen, »daß es selbstverständlich in sämtlichen gut funktionierenden Systemen Membranen, Gradienten, Abschottungen, Verbotsschilder, Tabus, Isolationsmechanismen, Unterscheidungstechniken und viele andere Mechanismen der Grenzziehung gibt«. Die Eigenschaften von Grenzen wurden als »kreativ, lebensschützend, segensreich« gefeiert, ohne allerdings – und das ist symptomatisch – im Überschwung der neu entdeckten Grenze die bestehende, wenn auch unerwünschte Allianz mit rechten und nationalistischen politischen Richtungen auch nur zu thematisieren.

Eine Entwurzelung und Verpflanzung in eine neue Umgebung wird in Analogie zu Vertreibung oder Migration als risikobehaftet und schwierig angesehen. Mit der Wurzel sind die Menschen in diesem Bild fest im nahrhaften Boden verankert, obgleich sie Füße haben und sich wie alle Tiere bewegen können. Metaphorisch stellt sie die Grundlagen oder die Herkunft dar, man spricht auch von den kulturellen oder christlich-jüdischen Wurzeln. Mit der Analogie zu Pflanzen kommt zusätzlich ins Spiel, dass es sich um eine natürliche oder naturgemäße Entwicklung handeln soll, die in einem bestimmten Ökosystem mit spezifischen Eigenschaften geschieht. Konnotiert ist damit, dass dieses Gebiet, verstanden als Heimat, von Neophyten, gerne »invasive Arten« genannt, die sich unter anderem durch Globalisierung verbreiten, bedroht sei und vor diesen geschützt werden müsse, sodass sich hier zwischen Schutz der Heimat und Naturschutz gedanklich und ideologisch eine enge Verbindung aufzwingt.

Vergessen wird dabei, dass auch Pflanzen mobil sind und sich entweder unterirdisch oder über Samen verbreiten, womit sie in Konkurrenz zu anderswo verwurzelten Pflanzen treten. Ebenso fallen bei einer derartigen Instrumentalisierung von Heimat die unterschiedlichen Interessen und Schichten der Bevölkerung unter den Tisch, da man damit nur Sicherheit und Zusammenhalt gegenüber einem äußeren Feind betont. Der Heimatbegriff mitsamt Verwurzelungsmetapher dient primär der Konstruktion eines »Wir«, das sein Heim auf einem bestimmten, vermeintlich angestammten Territorium hat, und eines »Sie«, den Fremden und »Un-Heim-lichen«.

Sturz ins Bodenlose

Flusser verband den Sturz in die Heimatlosigkeit, die er über die Thematisierung der Bodenlosigkeit positiv zu wenden suchte, später mit der Obdachlosigkeit, die mit der revolutionären Kulturtechnik der Digitalisierung der Lebenswelt etwa der Smart Cities aufbricht, doch er begriff die Entwurzelung grundsätzlich nicht als Verlust, sondern als Chance. Er war sich aber auch klar darüber, dass die Heimatlosigkeit, wird sie nicht als solche wahrgenommen, zum Risiko eines erneuten Rückfalls in die völkische oder identitäre Barbarei und einer alles überwachenden Diktatur werden kann. Rainer Guldin und Gustavo Bernardo haben in der Biographie Flussers dazu den treffenden Untertitel »Ein Leben in der Bodenlosigkeit« gewählt.[5] Man muss allerdings gleich hinzufügen, dass dieser die Bodenlosigkeit – in der Philosophie oft als Sturz in den Wissens- oder Gewissheitszweifel thematisiert – affirmativ aufgriff und zur »Utopie« im doppelten Wortsinn von Ortlosigkeit und Zukunftsvision machte, während er jede Heimatnostalgie, wie sie wieder in letzter Zeit zunehmend gegenüber Globalisierung und Migration aufkommt, strikt ablehnte.

Vilém Flusser wurde 1920 in Prag nach der vom Nationalismus angetriebenen Katastrophe des Ersten Weltkriegs geboren. Der Sohn einer jüdischen Familie wuchs in einer bürgerlichen, multikulturellen Umgebung mit zwei Muttersprachen auf. In seiner Jugend hatte ihn die Frage umgetrieben, ob er sich als Prager, Jude, Deutscher oder Tscheche verstehen sollte – identifizieren konnte er sich mit allen –, wie auch seine Geburtsstadt, wenn auch viel provinzieller als etwa Berlin, durch die Verbindung verschiedener Welten und Sprachen eine lebendige Kultur und Wissenschaft besaß. Man sei als junger Mensch damals »geborener Internationalist« gewesen, der »die Frage nach der nationalen Identität als archaisch und zweitrangig« erachtete. Und »selbstverständlich« fühlte er sich wie viele andere Intellektuelle dem Marxismus verbunden, wenn auch aus »falschen Gründen«. Als Marxist musste man notwendigerweise international orientiert sein, schließlich war – und ist – der Kapitalismus ebenso wie die Bourgeoisie global.

Marx und Engels hatten diesen »Weltmarkt« im *Kommunistischen Manifest* anschaulich und auch heute noch überzeugend beschrieben, um daraus abzuleiten, dass die Überwindung des Kapitalismus nicht in der Verschanzung hinter nationalen Grenzen bestehen kann, sondern in einer internationalen Kooperation der Arbeiter:

> Das Bedürfnis nach einem stets ausgedehnteren Absatz für ihre Produkte jagt die Bourgeoisie über die ganze Erdkugel. Überall muß sie sich einnisten, überall anbauen, überall Verbindungen herstellen. Die Bourgeoisie hat durch ihre Exploitation des Weltmarkts die Produk-

tion und Konsumption aller Länder kosmopolitisch gestaltet. Sie hat zum großen Bedauern der Reaktionäre den nationalen Boden der Industrie unter den Füßen weggezogen. Die uralten nationalen Industrien sind vernichtet worden und werden noch täglich vernichtet. Sie werden verdrängt durch neue Industrien, deren Einführung eine Lebensfrage für alle zivilisierten Nationen wird, durch Industrien, die nicht mehr einheimische Rohstoffe, sondern den entlegensten Zonen angehörige Rohstoffe verarbeiten und deren Fabrikate nicht nur im Lande selbst, sondern in allen Weltteilen zugleich verbraucht werden.

An die Stelle der alten, durch Landeserzeugnisse befriedigten Bedürfnisse treten neue, welche die Produkte der entferntesten Länder und Klimate zu ihrer Befriedigung erheischen. An die Stelle der alten lokalen und nationalen Selbstgenügsamkeit und Abgeschlossenheit tritt ein allseitiger Verkehr, eine allseitige Abhängigkeit der Nationen voneinander. Und wie in der materiellen, so auch in der geistigen Produktion. Die geistigen Erzeugnisse der einzelnen Nationen werden Gemeingut. Die nationale Einseitigkeit und Beschränktheit wird mehr und mehr unmöglich, und aus den vielen nationalen und lokalen Literaturen bildet sich eine Weltliteratur.

Man habe geglaubt, so Flusser, mit dem kosmopolitischen und transnationalen Marxismus die Welt auf wissenschaftlicher Grundlage verändern zu können, was auch dem jüdischen Messianismus entgegenkam. Überdies habe die Bewegung einem »religiös ausgehungerten« jungen Menschen ein säkulares System zur Lösung aller religiösen Probleme versprochen, wozu Flusser auch den Existentialismus rechnete. Als Philosophiestudent sei er trotz der relativen Provinzialität Prags angesichts der Weltoffenheit und der Möglichkeit, alle Strömungen in sich aufzunehmen, von den offenstehenden Möglichkeiten berauscht gewesen: »Man glaubte sich im Zentrum des Weltalls.« Die Zukunft war gestaltbar, sie hatte ein Ziel, die Welt zu verwandeln, um sie zur Heimat für alle zu machen.

Das war natürlich keine spezifische Erfahrung, die man nur im Prag der 1930er Jahre machen konnte, sondern sie stellt sich immer ein, wenn tradierte Weltbilder bröseln, Neues auftaucht und die Zukunft als Möglichkeit und nicht als Bedrohung oder Untergang erscheint, wie für diejenigen, die am Status quo festhalten oder gar in die Vergangenheit zurückkehren wollen. Nach der Revolution hatte Hegel dies in seinen »Vorlesungen über die Philosophie der Geschichte« mit dem Bild des Maulwurfs zu beschreiben versucht, der plötzlich aus dem Gewohnten seines unterirdischen Baus in die Offenheit einer »neuen Welt« ausbricht, in der zunächst Möglichkeiten oder »Projekte« – Flussers Gegenbild zu den Subjekten – vorherrschen und die Zwänge in den Hintergrund rücken, was Hoffnung und einen Aufbruch, aber auch das Gegenteil, nämlich Angst und Rückzug, auslösen kann. Heute würde man vielleicht von Disruption sprechen, was eine verschleierte Form von Revolution ist, weil damit der soziale oder politische Aspekt der Machtveränderungen ausgeblendet wird.

Allerdings gibt es bei Veränderungen immer Gewinner oder Verlierer, die jeweils einen anderen Blick auf die Geschehnisse des Aufbruchs haben. Man muss die Bewahrer der territorial oder völkisch bestimmten Heimat aber prinzipiell als zu den Verlierern gehörig verstehen, die den Niedergang ihrer Welt, ihrer Werte oder ihres Einkommens fürchten, anstatt sich mit neuen Mitteln und veränderten Bedingungen ein neues Zuhause zu schaffen. Unter dem Aspekt einer Endlichkeit der natürlichen Welt als Heimat für den Menschen wird Konservatismus freilich komplizierter, allerdings ist eben auch hier zwingend, dass nur mit neuen Techniken, Wirtschaftsformen und Lebensweisen die klimatischen Bedingungen, natürlichen Ressourcen und die Artenvielfalt erhalten werden können, um die Erde im Anthropozän für künftige Generationen als Lebensraum mit den notwendigen Ressourcen zu bewahren. Bewahren heißt heute, die Erde als Heimat zu gestalten, sie entwerfen zu müssen. Sie ist wie der Mensch für sich selbst ein Projekt geworden, wie es Flusser – wahrscheinlich ohne nähere Kenntnis von der Philosophie Ernst Blochs – erkenntnistheoretisch als Folge der Digitalisierung beschrieb. Sie hat für ihn den Gang in die Abstraktion und die alphanumerische Codierung der Welt seit der griechischen Antike hinein in die Simulation auf Basis der Pixel und Bits vollendet.

Um in den Bildern Flussers zu bleiben, sind die Menschen durch das Zurücktreten aus der Wirklichkeit in der Zerlegung der Dinge auf ihre Grundbestandteile und in der Abstraktion von Wahrnehmungsbildern über die Sprache bis zu den Zahlen immer weiter vorangeschritten – mit dem Endresultat einer Auflösung der Dinge und der Welt in der »Nulldimensionalität«. Mit der Digitalisierung ist dieser Gang der Erklärung an sein Ende gekommen, jetzt müsse man sich umwenden und durch Erfindung aus der Abstraktion und dem radikalen Glaubensverlust – dem Leeren, Bodenlosen und Unbehausten – das Konkrete projizieren. Nach dieser Anthropologie der Möglichkeiten ist der Mensch nicht unterwürfig ein Subjekt, sondern aufgerichtet und aufrecht ein Projekt, das sich, seinen Körper, seine Häuser, seine Kinder oder seine Arbeit entwirft.[6]

In seinen philosophisch-autobiographischen Texten schildert Flusser die Flucht aus der Heimat zunächst nach Großbritannien als plötzliche Erfahrung der Bodenlosigkeit durch das unfreiwillige Herausgerissenwerden aus dem gewohnten Leben und Wohnen durch die Bedrohung des mörderischen Naziregimes. Dieses, wie er es beschreibt, negative Erwachen macht seine Überlegungen zur Philosophie des Wohnens gegenüber dem Denken der Sesshaften wie Martin Heidegger so einzigartig und bedeutungsvoll für eine globalisierte Welt, die durch Migration aller Art – von Flucht über Tourismus bis hin zu Arbeitsnomaden – geprägt ist. Allerdings muss dabei bedacht werden, dass die Flussers privilegierte Migranten waren, die nicht in Flüchtlingslagern oder auf der Straße leben mussten, sondern immer ein Dach über dem Kopf hatten.

Flusser hat die »Entwurzelung« wie einen »schmerzhaften chirurgischen Eingriff in sein Intimstes« erlebt. Zuerst habe sich eine Haltung eingestellt, die er als Position eines nicht mehr engagierten, verantwortungslosen und distanzierten Zuschauers beschrieb, der vor sich nur noch ein spielerisches Geschehen – ein »leeres Theater« – wahrnahm. Für ihn sei auf dieser Bühne alles gleichgültig geworden, während er sich immer stärker mit Selbstmord beschäftigte, da er in den 1940er Jahren bereits der Ansicht war, dass er »sowieso zugrunde gehen werde«. Er habe das Für und Wider genau abgewogen »und immer waren die Gründe für den Selbstmord stärker«. Diese verstärkten sich noch, nachdem er den 1942 erstmals veröffentlichten *Mythos des Sisyphos* aus der Feder des existentialistischen Philosophen Albert Camus gelesen hatte: »Es gibt nur eine philosophische Frage: Warum bringe ich mich nicht um?« Das ist eine extreme Position der Heimat- und Bodenlosigkeit, eines Lebens, welches nicht mehr an sich hängt. Flusser fühlte sich schuldig, ein zufällig Überlebender zu sein, ohne daraus irgendetwas Positives für sich selbst ziehen zu können: Seine ganze Familie wurde von den Nazis umgebracht, während er dem Schicksal entkam.

Uns fehlt der Platz, um den Lebensweg des »entwurzelten« Philosophen über England nach Brasilien und wieder zurück zu verschiedenen Orten in Europa zu verfolgen. Flusser hatte durch den Zwang zur Flucht, um sein Leben zu retten, ein Erwachen, wie es oft von Philosophen geschildert wurde, wenn sie berichten, wie sie zu ihrem philosophischen Grundgedanken gekommen sind. Während andere zu seiner Zeit die Heimat (Heidegger) oder das existentialistische Geworfensein (Sartre) entdeckten, konnte er sich allmählich mit dem entwurzelten und bodenlosen Leben in der Fremde, das er auch als Erfahrung der Absurdität des Lebens beschrieb, anfreunden und eine Befreiung von Zwängen des Gewohnten – des Wohnens in der Heimat – erleben, die ihm einen anderen Blick auf Leben und Wohnen ermöglichten.

Der Migrant als Pionier

Flusser war ein kosmopolitischer Intellektueller, der schon allein aufgrund seiner Vielsprachigkeit den Vorteil besaß, sich in vielen Ländern mit seinen Fähigkeiten ansiedeln zu können. Zudem war er auch materiell privilegiert. Über seine Frau und deren Vater, einen Unternehmer, hatte er die Chance, in Brasilien sofort Arbeit zu finden, auch wenn ihm die Tätigkeit überhaupt nicht gefiel und er alles daransetzte, als Philosoph zu arbeiten. Er verbrachte sein ganzes Leben als Nomade, der immerfort gerne unterwegs war, Menschen begegnete und so auch Freundschaften durch Besuche pflegte. Nicht von ungefähr starb er bei einem Autounfall und nicht etwa ans Bett gefesselt durch Krankheit. Obgleich er ein Kosmopolit war, vertrat er nicht als Gegenteil zur ortsgebundenen Heimat den Standpunkt der ortlosen Globalisierung. Aber schon als Jude hatte er, der sich vom Zionismus, dem jüdischen Nationalismus, nicht angezogen fühlte, ein anderes Verständnis von Heimat oder vom Leben und Wohnen in der Diaspora. Biblisch und existentiell ist der Mensch, der aus dem Paradies verstoßen wurde, sowieso ein Vertriebener.

Zwar kann oder vielmehr muss man sich als entwurzelter Migrant aus der Not heraus überall niederlassen oder wohnen, wo es eine Möglichkeit des Überlebens und der Unterkunft gibt. Aber für Flusser war die Zwischenlösung, die für viele Flüchtlinge zur Dauerlösung gerinnt, auf die Rückkehr zur Heimat in der Diaspora oder in riesigen, permanenten Flüchtlingslagern zu warten, keine Perspektive. Weder Trauer um das Verlorene noch die Hoffnung auf eine Rückkehr oder die Wiederentdeckung der verlassenen Heimat in der Fremde waren für ihn nach dem Sturz in die befreiende Bodenlosigkeit Alternativen. Der Migrant, also er selbst, wurde für Flusser vielmehr zum Pionier des künftigen Wohnens in einer globalisierten Welt, im globalen Dorf McLuhans, während der Flüchtling schon dem Begriff (und häufig dem Wunsch des Aufnahmelandes) nach seiner Heimat verhaftet bleibt: »Er schleppt sie auf seiner Wanderung mit sich, und zwar in einer Mischung aus Ressentiment und Liebe.«[7]

Während der Flüchtling dem Heimatverwobenen bei aller Ablehnung nahe bleibt, solange er sein territoriales Dasein in der Schwebe hält, ist der bodenlose Migrant für die im Gewohnten Daheimgebliebenen unheimlich, weil er die »Mystifikation von Gewohnheiten« zerstört und mit seiner weltläufigen »Er-Fahrung« in Frage stellt. Der Migrant erscheint als Revolutionär, ein Aufklärer, der Selbstverständlichkeiten untergräbt, ähnlich wie Sokrates, als er die epistemologische Bodenlosigkeit zur Maxime erhob, nur zu wissen, dass er nichts weiß. Das Gefühl der Bodenlosigkeit, einhergehend mit der »Erfahrung der Einsamkeit«, kenne ein jeder aus seinem eigenen Leben. Sie lasse sich aber etwa literarisch oder autobiographisch nur verfälschend darstellen und entziehe sich der Objektivierung. Es gäbe aber Menschen, die Heimatlosigkeit nicht nur zeitweise erfahren und verdrängen, sondern sie leben. So sieht Flusser sich selbst und seine autobiographischen Erkundungen wie »Zeugenschaft aus der Bodenlosigkeit« über sein Leben in Brasilien. Das könne zu »einem Laboratorium für andere [werden], um die Lage der Bodenlosigkeit von außen erkennen zu können«. Viel wichtiger war ihm jedoch, sein Leben und das der anderen Migranten in der Bodenlosigkeit als zukunftsweisenden Lebensentwurf zu begreifen.

Aus der Perspektive der Bodenlosigkeit und damit der unverwurzelten Existenz ist die Wohnung, obwohl sie sich fortwährend wechseln lässt, wichtiger als die Heimat. Letztere ist keineswegs einzigartig und schicksalshaft, wie es der einfältige Spruch »Dahoam is dahoam« suggeriert, sondern man könne sie überall finden und aufbauen. Dagegen sei Wohnen existentiell, um zu überleben und ein gutes Leben führen zu können:

> Man kann die Heimat auswechseln oder keine haben, aber man muss immer, gleichgültig wo, wohnen. Die Pariser Clochards wohnen unter Brücken, die Zigeuner in Karawanen, die brasilianischen Landarbeiter in Hütten, und so entsetzlich es klingen mag, man wohnte in Auschwitz. Denn ohne Wohnung kommt man buchstäblich um.

Heimat und »eigentliches« Wohnen sind also nicht identisch. Das Heim kann überall sein, aber es muss Bedingungen des Wohnens geben. Flusser hatte sich mit seiner Frau Edith nach dem Leben in der Metropole São Paulo, einem Schmelztiegel aus Migranten, und verschiedenen Zwischenstationen in Europa 1980 schließlich in einem alten Haus im kleinen Dorf Robion in der Provence niedergelassen. Die Ermordung seines Vaters 1941 im Konzentrationslager Buchenwald war für ihn der »definitive Verlust Prags«, auch seine Mutter und Schwester sowie seine Großeltern kamen 1943 um. Dem sich schuldig fühlenden, weil einzigen Überlebenden hatten die Nazis damit sämtliche Bindungen an seinen Geburtsort durchschnitten. Die familiäre Verwurzelung konnte er zwar mit seiner Flucht hinter sich lassen, aber weil der Bezug zur Heimat von Migranten und Flüchtlingen oft über die zurückbleibende Familie oder Freunde aufrechterhalten bleibt, sah sich Flusser in Brasilien der Bodenlosigkeit ausgesetzt, auch wenn er immer eng mit seiner Frau Edith, die sein Alltagsleben organisierte und sicherte, verbunden war, er mit ihr in Brasilien eine Familie mit drei Kindern gründete und Jahrzehnte in einem eigenen Haus lebte.

Interessant ist in diesem Zusammenhang, dass er erst nach seiner dauerhaften Rückkehr nach Europa begann, über die Heimatlosigkeit und Bodenlosigkeit des Migranten zu schreiben. Die Wiederannäherung an die »Heimat« forcierte also die Thematisierung eines heimatlosen Daseins als eines »geordneten Gleitens und Schwebens über dem Abgrund«.[8] Flusser war auch deswegen nach Europa zurückgekehrt, weil die Machtübernahme des Militärs die Weiterentwicklung Brasiliens zu einem multikulturellen, schnell fortschreitenden und sich verändernden Staat und die erhoffte Bildung eines neuen Menschen unterbrochen hatte. Zudem kehrte mit der Militärdiktatur im Gastland in gewissem Sinne die Vergangenheit, aus der er geflohen war, wieder.

Entscheidend ist, dass Flusser aus der Bodenlosigkeit keine Philosophie im herkömmlichen Sinne entwickelte. Er wurde auch kein Sokratiker, der nur skeptisch die scheinbaren Gewissheiten hinterfragt. Seine Leistung bestand eher darin, das Leben in der Bodenlosigkeit mit betont autobiographischer Färbung philosophisch und inhaltlich zu durchdenken, wobei sein Prozess den Inhalt seiner

Überlegungen wiederspiegelt: Das »bodenlose Denken« ist selbst nomadisch unterwegs und errichtet anstatt sicherer Denkgebäude nur spielerische Denkzelte zum vorübergehenden Aufenthalt. Gegenpol dazu ist jede Philosophie, die eine Art Heimat in Form eines Gebäudes oder einer unerschütterlichen Festung auf festen Fundamenten errichten will. So griff beispielsweise Immanuel Kant für sein philosophisches System in der *Kritik der reinen Vernunft* im Kapitel »Transzendentale Methodenlehre« zur Metapher der Architektonik, um die »Höhe und Festigkeit« der möglichen Erkenntnis zu veranschaulichen. Man habe zwar einen Turm im Sinne gehabt, der »bis an den Himmel reichen sollte«, der Vorrat an verfügbaren Materialien reichte aber nur zu einem, wenn auch »geräumigen« Wohnhaus aus. Ziel aber sei es dennoch gewesen, einen »festen Wohnsitz« zu errichten, also Sicherheit und Gewissheit im Rahmen des Möglichen zu gewährleisten. Es ging Kant um geschützte Sesshaftigkeit in einer mechanisch gedachten Welt, die ehernen Gesetzen unterworfen ist, nicht um Mobilität, also den Aus- und Umzug, oder flexiblen Strukturen auf »unsicherem Boden«.

Einer der ersten Texte, in denen sich Flusser dem Thema des Wohnens annimmt, ist der vermutlich nach der Rückkehr nach Europa Anfang der 1970er Jahre verfasste, existenzialistisch geprägte Essay »Für eine Philosophie der Emigration«.[9] Darin versteht er die Flucht aus Bedingungen als Freiheit und epistemisch als distanzierende Möglichkeit des Erkennens und Überblickens, was mit Ironie und Empörung, also einer spöttischen oder sich auflehnenden Haltung gegenüber dem Wirklichen, in Zusammenhang gebracht wird. Herausarbeiten will Flusser den Unterschied zwischen Flucht und Emigration, wobei es ihm nicht nur um Geographie geht, sondern auch um eine »innere Emigration«: Man bleibt, wo man lebt und wohnt, wird aber ein Anderer, entwurzelt sich.

Als Flüchtender, der unfreiwillig und aus Not aufbricht, bleibt man der Heimat verhaftet und ist nostalgisch, während man diese als Emigrant hinter sich lässt und nach einem Ort sucht, an dem man sich ein neues Leben aufbauen kann. Der Emigrant sucht keine Heimat, sondern Arbeit, eine Wohnung und einen Neuanfang, er handelt in Würde. Für Flusser ist er frei, indem er über die Bedingungen seines bisherigen Daseins hinausgeht. Der Flüchtling hingegen hat sich »treiben lassen« und tauscht nur den einen Ort mit einem anderen aus, in den er sich rettet.

Flusser, der Flüchtling, der in Brasilien, einem kolonialistischen Immigrationsland, zum Emigranten geworden ist, versucht sich hier noch tastend an einer zentralen Unterscheidung. Es geht ihm nicht um eine Diffamierung des Flüchtlings, der stets dort auftaucht, wo Lebensverhältnisse unerträglich werden, sondern um eine neue Lebensweise, die auf der Oberfläche viel mit dem Flüchtling gemeinsam zu haben scheint, aber sich dennoch wesentlich von ihm unterscheidet – auch wenn die beiden Existenzen ineinander übergehen können. Flusser versucht den Unterschied letztlich existentialistisch an der Entscheidung des Einzelnen festzumachen:

> Der Flüchtling ist, positiv und negativ, der verlassenen Bedingung verhaftet. Er schleppt sie auf seiner Wanderung mit sich, und zwar in einer Mischung aus Ressentiment und Liebe. Der Emigrant hat sich über die verlassenen Bedingungen, die Heimat, erhoben. In dieser seiner Empörung kann er aus ihr herausheben, was er will, und anderes kann er verwerfen.

Er hat seine Freiheit gefunden, er passt sich nicht notgedrungen an, wo es sein muss. So sagt Flusser auch: »Es ist immer leichter, Flüchtling zu sein und die Flucht dann mit dem Begriff der Treue zu verschleiern. Echte Treue ist das Engagement an einem frei Erwählten.« Für ihn ist der Emigrant, der sich nicht neu verwurzelt, der Mensch, der sich aus der Unterwürfigkeit des Subjekts zu der Freiheit des Projekts aufgerichtet hat.

In einem Gespräch, das ich im Oktober 1991, kurz vor seiner letzten Reise nach Prag, also in seine Heimat und in den Tod, mit ihm geführt habe, erklärte Flusser die Freiheit, die der Migrant erreicht, wenn er sich nicht wieder verwurzelt, folgendermaßen:

> Wenn ich in die Lebenswelt hineingeworfen werde, werde ich in Bindungen hineingeworfen. Ich bin durch die Tatsache, dass ich in eine Familie, in eine Klasse oder in eine historische Situation hineingeboren wurde, gebunden. Ich glaube, die Freiheit besteht darin, sich von diesen Bindungen zu befreien und neue freiwillig einzugehen, was nicht ausschließt, dass ich die gefundenen Bindungen aufhebe und zu gemachten gestalte. Aber der Nationalismus ist, wenn Sie gestatten, eine Schweinerei, weil er gegebene Bindungen heiligt, während die menschliche Würde darin besteht, die gegebenen Bindungen als gemachte aufzudecken.

Der Emigrant ist der Heimatlose oder der Entwurzelte in späteren Texten – er hat die Chance ergriffen, die ihm durch seine Vertreibung oder Flucht geboten wurde und die dem in einer Heimat Verwurzelten meist verschlossen bleibt, wenn er sich nicht über die »innere Emigration« entwurzelt, wie das etwa in Platons Höhlengleichnis der Fall ist. Im Bild verlässt auch hier der Philosoph die Heimat der Höhle und sieht im Aufstieg, durch die Entwurzelung und zuerst geblendet, eine neue Wirklichkeit, welche die Verwurzelten auch deswegen erschreckt, weil sie angesichts des verändert zurückkehrenden Emigrierten verzweifelt an ihrem Dasein festhalten – im Wissen, dass sie trotz ihrer zahlenmäßigen Übermacht zu den intellektuellen Verlierern gehören. Plastisch schreibt Flusser, dass Entwurzelte ganz »vegetabilisch« versuchen, wieder Wurzeln zu schlagen, eine neue Heimat zu finden, die der alten gleicht:

> Es kann jedoch geschehen, dass sich der Vertriebene dieses vegetabilischen, vegetativen Aspekts seines Exils bewußt wird. Daß er entdeckt, daß der Mensch kein Baum ist. Und daß vielleicht die menschliche Würde eben darin besteht, keine Wurzeln zu haben.[10]

Hier sieht er nun den »dialektischen Umschlag im Verhältnis zwischen Vertriebenem und Vertreiber«. Der Vertreiber erscheint zunächst als der Mächtigere, wird aber zum Passiven, zu demjenigen, den der Exilierte, der sich als wurzellos und frei erkennt, hinter sich lässt und damit Geschichte schreibt: »Nach der Entdeckung wird der Vertreiber der Leidtragende, der Vertriebene der Täter.«

Das ist eine gewagte These, wenn der Flüchtling, welcher nostalgiefrei der Macht weicht, letztlich der historische Gewinner sein soll, der rückblickend die Weichen für die künftige Menschheit oder zumindest deren Avantgarde stellt. Flusser geht in einem skurrilen und verspielten Text über »Sitzen und Entsetzen« so weit zu behaupten, dass »Mensch im vollen Sinn dieses Wortes« und »Vertriebener« Synonyme seien. Wieder versucht er, den unfreiwillig Entwurzelten oder Vertriebenen etwa im Unterschied zum Touristen mit der geistigen Position des Entsetzens zu verbinden, die eine Art Aufwachen ist, weil man sich darin vom Gewöhnten löst und den »Verlust des Bodens« erfährt: »Wir alle sind Vertriebene, wann immer wir uns ›entsetzen‹, und das Sitzen im Gewohnten wird ›uns‹ immer wieder ausgetrieben.« Das ließe sich als Einspruch zu Martin Heideggers Diktum »Das Wohnen aber ist der Grundzug des Seins, demgemäß die Sterblichen sind« verstehen.

Flusser erschrickt dann zu Recht vor der damit einhergehenden Banalisierung, den philosophisch Entsetzten, der ansonsten sicher und gemütlich wohnt, mit dem Vertriebenen gleichzusetzen. Die Menschen könnten sich in den Vertriebenen zwar wiedererkennen, sie stellten aber ein Extrem dar. Migranten wären dann allerdings auch keine wahrhaften Menschen. Wenn man nicht eine anthropologische, religiöse oder existentielle Vertreibung voraussetzt, also der Mensch als das aus dem Paradies vertriebene Wesen oder als dasjenige, das nicht auf die Welt kommt, sondern in sie geworfen wird, dann müsste man die Vertreiber und die Gewalt als Bedingung der Möglichkeit des Vertriebenen anerkennen, was absurd wäre. Flusser schwankt, welche aus der Heimat und der Verwurzelung Gefallenen er als Avantgarde des künftigen Menschseins begreifen will, und neigt dazu, sein selbst erfahrenes Schicksal, das ihn mit dem Gang durch die Bodenlosigkeit aufwecken sollte, zum

Vorbild zu nehmen. Aber er weiß auch, dass er jetzt nicht mehr als Vertriebener, sondern als Kosmopolit schreibt, der seinen Platz gefunden hat.

Interessant ist, wie er die Probleme seiner forcierten These wieder einzufangen versucht. Er schreibt als letzten und damit kulminierenden Satz seines kurzen Essays: »Die Vertriebenen, so wie sie gelegentlich auf unseren Fernsehbildschirmen ersichtlich sind, führen uns vor Augen, was zu sein wir eigentlich trachten müßten.« Zu der Zeit gab es im westlichen Europa nur wenige Flüchtlinge oder Vertriebene. Die Formulierung »was zu sein wir trachten müßten« verrät die knifflige Lage, in die sich Flusser selbst gebracht hat. Er meint sicher nicht, dass die Menschen ihre Vertreibung künstlich heraufbeschwören sollen, sondern verlangt vielmehr, dass sie den Sturz in die Bodenlosigkeit und den Wirklichkeitsverlust nachvollziehen, um nach der Entwurzelung eine (für Sesshafte, im Gewohnten Bleibende) »unannehmbare Wirklichkeit zweiten Grades« zu durchleben. Offenbar geht es darum, angesichts der Erfahrung der Vertreibung in einer Art der Nachfolge oder Imitation zu erkennen, dass wir in der Welt auch Vertriebene sind, selbst wenn keine Notwendigkeit besteht, den Ort, an dem wir wohnen und arbeiten, zu verlassen. Um wirklich zu leben, müssen wir aus der platonischen Höhle der Heimat austreten, aus dem Gewöhnlichen, in das wir hineingewachsen sind.

»Wohnung beziehen in der Heimatlosigkeit«

Zu den wichtigsten Texten Flussers zu einer Philosophie des Wohnens gehört »Wohnung beziehen in der Heimatlosigkeit« aus dem Jahre 1985. Es handelt sich um das Manuskript eines Vortrags auf dem zweiten internationalen Kornhausseminar im 1921 gegründeten Westallgäuer Heimatverein in Weiler-Simmerberg. Den Auftakt seiner Überlegungen bildet eine scharfe Unterscheidung zwischen »Heimat« und »Wohnen«. Flusser überlegt, ob Menschen, deren

Muttersprache keine Entsprechung des Begriffs »Heimat« kennt, ein ähnliches »Erlebnis« haben, also ähnliche Erfahrungen mit dem Ort oder der Region verbinden, aus der sie stammen. Überdies zweifelt er an, dass Menschen aus verschiedenen Regionen mit höchst unterschiedlichen Kulturen ihre »Heimat« ähnlich erleben, und führt als seine Beispiele einen brasilianischen Wanderarbeiter, einen israelischen Kibbuznik und einen Bewohner des südfranzösischen Robion an, das Flusser zu seinem Wohnort erwählte und dessen Siedlungsgeschichte weit in die Frühzeit der Besiedlung Europas durch den modernen Menschen zurückreicht, aber auch durch höchst unterschiedliche Einflüsse geprägt wurde.

Sein Hauptargument für eine Trennung von Wohnen und Heimat ist, dass die Menschen über den Großteil ihrer Geschichte Nomaden, Jäger und Sammler waren, die zwar wohnten, aber keine territoriale Heimat an einem Ort für sich beanspruchten. Der territorial gebundene Heimatbegriff sei ein Ergebnis der relativ kurzen Periode der mit der Landwirtschaft verbundenen Sesshaftigkeit, die jetzt schon wieder zu Ende gehe – und entsprechend auch die damit verbundenen Vorstellungen von »Besitz, der Zweitrangigkeit der Frau, die Arbeitsteilung und die Heimat«. Dass die Zeit der Sesshaftigkeit zu Ende geht, macht Flusser an den »ungezählten Millionen von Migranten« fest, gleich ob es sich um »Fremdarbeiter, Vertriebene, Flüchtlinge oder von Kornseminar zu Kornseminar pendelnde Intellektuelle« handle, also allen, die unterwegs sind und zu »Vorposten der Zukunft« würden.

Er hätte auch darauf verweisen können, dass sich der Anteil der Menschen, die von der ursprünglich für die Sesshaftigkeit maßgeblichen Landwirtschaft leben, immer weiter verringert. In modernen Industriegesellschaften sind vielleicht noch zwei Prozent der Erwerbstätigen in der Landwirtschaft tätig, ihr Anteil am jeweiligen Bruttoinlandsprodukt ist zu vernachlässigen. Tätigkeiten fernab der Felder, von der Ausbeutung von Bodenressourcen abgesehen, sind nicht entscheidend an die »Scholle« gebunden und können im Prinzip überall stattfinden. Der Gegenentwurf zum historisch Sesshaften war der sich gleichfalls vom Leben als Jäger und Sammler lösende Nomade mit seiner tragbaren, schnell beziehbaren Unterkunft, der eine an natürliche und klimatische Gegebenheiten angepasste Viehwirtschaft betrieb. Zu den Nomaden kamen die Händler, die Waren zwischen den Sesshaften transportierten und damit den Mangel der Ortsgebundenheit kompensierten, außerdem Räuber und Piraten, die sekundär von den Handelsbewegungen profitierten. Der heute herrschende Neo-Nomadismus von Migranten, Saisonarbeitern, Geschäftsleuten, Experten, Technikern, Diplomaten, Soldaten, Geheimdienstagenten, NGO-Mitarbeitern, Angehörigen der kreativen Klasse, Mitglieder des organisierten Verbrechens und vielen anderen hat mit den zyklischen, naturbedingten und regional beschränkten Wanderungen der ursprünglichen Nomaden, die ebenso wie die Landwirte am Aussterben sind, nicht mehr viel gemein. Diese Wanderungsbewegungen finden in einem globalen Raum statt und werden durch politische und ökonomische Attraktoren, Macht- und Profitstrukturen bestimmt, die nicht an besondere regionale Gegebenheiten gebunden sind. Global Cities geraten mit ihren Transport- und Datennetzen zur präferierten Infrastruktur des modernen Nomadismus und stoßen deshalb schon lange bei den in ihrer Heimat Verwurzelten und an ihren Lebensweisen Festhaltenden auf Ablehnung.

Die Avantgarde des Heimatlosen macht Flusser an der Figur des Flüchtlings fest, der den Sesshaften Furcht einflößt, die bisweilen in Gewalt umschlägt. Dabei spielt seine persönliche Geschichte, aber auch die der Juden als vertriebenes, in der Diaspora zerstreutes, bis 1948 staatenloses Volk, das in immer neuen Pogromen bis hin zur »Lösung des Judenproblems« im Holocaust dem Mord anheimfiel, eine wichtige Rolle. Juden galten Christen als schuldig für den Tod von Jesus Christus. Gemäß antisemitischer Vorurteile wurden sie als heimat- und vaterlandslos, als eine Gemeinschaft angesehen, die sich nicht integrieren wollte, stattdessen Verschwörungen plante und zur Wanderung verdammt sei, was sich im Bild vom ewigen Juden herauskristallisierte. Dass es den Juden im Mittelalter verboten war, Grundbesitz zu erwerben, Landwirtschaft zu betreiben und sich in Handwerkszünften zu organisieren, sollte diesen Zustand der Nicht-Sesshaftigkeit erhalten und die Juden zu einer ausgeschlossenen Bevölkerungsgruppe machen, brachte ihnen im Laufe des 19. Jahrhunderts im Westen allerdings intellektuell und geschäftlich zahlreiche Vorteile ein, was wiederum neuen Hass nach sich zog.

Flussers Judentum, mit dem er zeit seines Lebens rang, hatte zwar explizit keine Bedeutung für seine Überlegungen zum Wohnen und zur Heimat, implizit allerdings insofern, dass er eine nicht-territoriale Heimat letztlich in der von Martin Buber aus der Religion entwickelten Nächstenliebe als aus freier Entscheidung getroffener Vernetzung zwischen Menschen und dem dialogischen, schöpferischen Miteinander (er)fand: »Nicht Brasilien ist meine Heimat, sondern ›Heimat‹ sind die Menschen, für die ich Verantwortung übernehme.« Es geht ihm um die Auflösung der örtlichen Bindungen, die er autobiographisch dann auch mit dem Zionismus, dem Gang in die Heimat der Juden, verbindet:

> Die Emigration aus Prag war ein fürchterliches Erlebnis, die aus Robion wäre wahrscheinlich nur noch die freie Entscheidung, sich ins Auto zu setzen und wegzufahren. Das ist der Grund, warum mir der Zionismus, trotz aller Sympathie, existentiell nicht zusagt.

Zur persönlichen Geschichte und der des Judentums tritt noch Flussers frühzeitige Erkenntnis hinzu, dass die Menschheit sich in Bewegung setzen und es immer mehr Migranten und Flüchtlinge geben wird und dass auch in diesem Sinne der gegenwärtige Migrant oder Heimatlose nur der Vorschein einer großen demografischen Veränderung ist. Schon 1981 schrieb er in den Essays der »Nachgeschichte« angesichts der Hungersnot in der Sahelzone von der bereits stattfindenden »Völkerwanderung« als einer »tiefen Veränderung unserer Wohnweise«, die er mit dem Einsetzen der Sesshaftigkeit im Neolithikum vergleicht.[11] Jetzt beginne die

Menschheit letztere wieder aufzugeben, was Geografie und Geschichte durcheinanderbringe und vierdimensional nicht mehr verstanden werden könne, da die Völkerwanderung »die Umwelt zur Unkenntlichkeit verändert« und die Geschichte synchronisiert. Die große »Übersiedlung« ist für ihn eine Folge des Kolonialismus, »die Zukunft trägt die Züge unserer vergangenen Untaten«. Menschen in reichen Ländern würden bemerken, dass ihnen die Zukunft in Form der Flüchtlinge bereits im Nacken sitzt, dass diese aber keine neuen politischen, ökonomischen oder technischen Ziele verfolgen, sondern letztlich nur die alte Welt zu ihrem individuellen Vorteil erhalten wollen:

> Das Fürchterliche an der gegenwärtigen Völkerwanderung ist [...] die Tatsache, dass die Babies mit Hungerbäuchen, diese künftige Menschheit, in die gleiche Richtung vorrücken, in die wir vor ihnen fliehen. Sie versuchen, uns einzuholen, um uns überholen zu können. Sie sind »in Entwicklung begriffen«, das heißt: Sie eilen dem gleichen Abgrund entgegen, in den zu stürzen wir im Begriff sind.

Er prognostiziert als langfristigen Trend den »unerbittlichen Vormarsch des ›Südens‹ gegen den ›Norden‹, als äußere und innere Zersetzung der Ersten Welt durch die Dritte.« Aufgabe sei es, die »uns Verfolgenden«, die nicht wie die Europäer als Sieger kommen, anzuerkennen, was hieße, »eine Zukunft zu lieben, die dabei ist, uns aufzufressen«. Dazu müsse man einerseits anerkennen, dass »unsere westliche Gesellschaft senil ist«, und andererseits die höchste Kunst, die der »Ars moriendi«, erlernen: »Im Tod kann man wohnen.« Falls dieser Schritt nicht gelingt, hätten wir hingegen keine Zukunft. Die Anerkennung fällt schwerer, wenn die Migranten keine hungernden Babies mit ihren Müttern sind, sondern junge Männer, was den nationalistischen Heimatschützern wiederum Auftrieb verschafft, wenn sie statt von Völkerwanderung oder von Übersiedlung vom »Großen Austausch«, also von einer Verschwörung, sprechen.

Der Vertriebene, Flüchtende, Exilierte kann und muss die Bodenlosigkeit erfahren, indem er aus dem sesshaften Wohnen oder Gewohntem wie aus dem Paradies herausgestoßen wird. Er kann aber schnell wieder ins verwurzelte Dasein zurückfallen, wenn er sich assimiliert oder integriert, sich in seine Familienbande oder in ein Getto einschließt oder ewig nostalgisch von der verlorenen Heimat träumt. Dadurch wird die Bodenlosigkeit wieder überdeckt und der Aufbruch verfälscht, findet ein Rückfall in Gewohntes und Vertrautes statt. Heimat verbindet und grenzt aus. Was zeichnet den Entwurzelten aus, der die Freiheit entdeckt hat, nicht an einen Ort oder eine lokale Kultur und Gemeinschaft gebunden zu sein? Er wurde zu einem Fremden – oder auch Neuen – gegenüber den im Vertrauten Wohnenden.

Dieses Fremdsein, für Flusser ein Quell des Schöpferischen, muss erhalten bleiben: Der Vertriebene ist frei, weil er nicht in Gewohnheiten zurückfällt, sondern es erträgt, ein Anderer für die Anderen zu sein. Er gibt sich vor dem Hintergrund der Informationstheorie nicht nur als ein Apologet der Migration, sondern auch der Öffnung für das Neue. Nach Claude Shannon, an dessen physikalischer Informationstheorie oder an dessen Rezeption durch Max Bense er sich orientiert, ist der Informationswert desto höher (weniger entropisch), je weniger bekannt oder neuer (überraschender) eine Information ist. Wenn Migranten, Vertriebene, Exilierte nicht durch schnelle Integration verschwinden, sondern durch Masse und Präsenz die Gewohnheiten irritieren oder bedrohen, kommt es zum Widerstand der Sesshaften. Auch dieser kann für Flusser aber noch produktiv sein:

> Diese dialogische Stimmung, die das Exil kennzeichnet, ist nicht notwendigerweise ein gegenseitiges Anerkennen, sondern sie ist meist polemisch (um nicht zu sagen mörderisch). Denn der Vertriebene bedroht die »Eigenart« des Ureinwohners. Er stellt sie durch seine Fremdheit in Frage. Aber selbst so ein polemischer Dialog ist schöpferisch, denn auch er führt zur Synthese neuer Informationen. Das Exil, wie immer es auch geartet sein möge, ist die Brutstätte für schöpferische Taten, für das Neue.[12]

Der Begriff des Gewohnten, den Flusser mit dem Wohnen verbindet, ist für seine Argumentation zentral und seine dezidierte Ablehnung der Verbindung des Wohnens im Gewohnten mit der Heimat ist angesichts des neuen Nationalismus und der Abwehr der Fremden aktueller denn je. Die Menschen werden durch die Geburt in ihre erste Heimat »geworfen«. Sie wachsen dort mit ihrer Familie und der lokalen Umgebung in eine vorgegebene Ordnung und Gemeinschaft hinein. Die daraus erwachsenden Verantwortlichkeiten sind nicht frei gewählt, sondern »auferlegt«, gar »Fesseln«. Brasilien war für Flusser, der damit die Indigenen übersah, ein offenes, unpatriotisches Einwanderungsland, in dem die Wahlverwandtschaft in jeder Hinsicht den Vorrang vor der Familienverwandtschaft hatte: »Ich war frei, mir meine Nächsten zu wählen.« Doch auch diese neue Heimat konnte ihn nicht auf Dauer binden, stellte sie sich doch letztlich nur »als eine von Geheimnissen umwobene Wohnung« heraus.

Eine Wohnung ist ebenso überlebensnotwendig wie die ausgeprägten Gewohnheiten, da sie als Kontrast erst das Neue als eine Art Abweichung erkennen lässt. Das Gewohnte wird – wie die Heimat – aber selbst nicht mehr wirklich wahrgenommen, es tritt in den Hintergrund, ist das Vertraute, auf das man sich verlassen und in dem man sich blind orientieren kann, es wird nur »dumpf empfunden«. Man weiß, wo sich alles befindet, alles hat zudem den Charakter des Angeeigneten. Die Aufmerksamkeit, das Warnorgan der Kognition, auf das Ungewohnte, Außergewöhnliche, Andersartige und Neue, aber auch das Begehrte ausgerichtet, kommt in der Wohnung und im Gewohnten zur Ruhe. Der Körper findet im vertrauten Bett im vertrauten Raum eine Heimat, um die Anspannung fahren zu lassen und sich den Träumereien hinzugeben. Desto störender sind deswegen auch Lärm und andere Belästigungen, die das Bild der Wohnung als – in den Worten Gaston Bachelards – »beschützter Innerlichkeit« zerstören. Der einflussreiche französische Philosoph (1884–1962) hatte in seinem Buch *Die Poetik des Raums* aus dem Jahre 1958 versucht, das Wohnen phänomenologisch und anhand von Literatur als den Aufenthalt in imaginierten und darin existentiell bedeutsamen Räumen der Intimität zu erschließen. Die Schrift ist nachgerade eine nostalgische Feier des Wohnens in einem Einzelhaus mit Dach und Keller geworden, das die Imagination des beschützten Raums beflügelt und zugleich deren Ausdruck ist.

In Großstädten wie Paris fänden sich, so Bachelard, vorwiegend »unvollständige Wohnungen« und schon gar keine Orte für Träumereien der Innerlichkeit: »In Paris gibt es keine Häuser. Die Bewohner der Großstadt wohnen in übereinander gestellten Schachteln.« Die Gebäude hätten nur eine äußere Höhe, der Lift zerstöre das »Heldentum der Treppen«, es fehle die »Intimität der Vertikalität«, aber auch die Verwurzelung, letztlich, was Heidegger für das Wohnen als substantiell identifizierte, der »kosmische Bezug« mit den »Dramen des Alls« und der Gegenwart der Natur. Bachelard wählt daher mit einer gewissen Nostalgie ein bürgerliches Haus, eher vielleicht eine Villa, mit mindestens zwei Geschossen, einem Keller und einem Speicher sowie einem Garten oder Park als topologischen Archetyp des Wohnraums aus. Impliziert ist eine Kritik des urbanen Lebens und Wohnens und eine Verherrlichung der Rückzugmöglichkeiten in einen privaten und sicheren Raum, in dem es sich, abgewandt von außen und der Öffentlichkeit, träumen oder imaginieren lässt. Im Inneren des Hauses gibt es aber für den Epistemologen, der aus der Poesie der Bilder eine direkte Ontologie als Ausdruck der Seele ableiten will, keine moderne Technik. Telefon, Radio und Fernsehen, die eine Verbindung mit dem Außen stiften und die Intimität aufbrechen, werden durch Kerzen und Bücher ersetzt.

Was aber, im Kontrast, wäre ein geheimnisloses Wohnen? Es wäre ein Wohnen, so Flusser, welches notwendige Gewohnheiten entwickelt, aber diese nicht mystifiziert. Natürlich pflegt jeder Mensch und auch jede Wohngemeinschaft Gewohnheiten, denn sie machen das Leben erträglicher und einfacher, ohne stets neu zu überlegen, diskutieren und entscheiden zu müssen. Aber sie sollten nicht zu Gebräuchen verklärt werden, die kollektiv einzuhalten und identitätsstiftend sind. Das ist radikal gedacht, denn es würde bedeuten, dass der Migrant, der seine Freiheit in der Boden- und Heimatlosigkeit gefunden hat, die lokalen Traditionen, an denen die Sesshaften festhalten, nicht anerkennt und sie nicht übernimmt, weil er auf dem Sprung bleibt und jederzeit ohne Verlustangst an einen anderen Ort ziehen kann. Das macht den nicht unterwürfigen, sondern selbstbewussten Migranten zu einer Störung und Bedrohung für die an der Heimat Haftenden, die auch dann, wenn sie selbst zum Migranten geworden sind, an der Bindung als Teil ihrer Identität festhalten.

Urbanes Nomadentum

Letztlich beschreibt Flusser damit nur die Lebenswirklichkeit der Städte, die in den Industriegesellschaften im 19. Jahrhundert – andernorts erst später – explodierten und zu Ankunftsstädten für Migranten aus dem In- und Ausland wurden. Viele Städte, insbesondere die Megacities, die sich zu gigantischen urbanen Korridoren erweitern, gleichen damit kolonialistischen Einwanderungsländern wie Australien, den USA, Kanada, Israel, Argentinien oder Brasilien, in denen der Migrationshintergrund der Bevölkerung oftmals noch recht präsent ist. Die ursprüngliche Bevölkerung der Städte und Dörfer, die dort vielleicht schon seit Generationen lebten, wurden zur Minderheit, ebenso wie die ursprünglichen Dorf- und Stadtkerne zu kleinen Inseln schrumpften oder gänzlich verschwanden. Im 21. Jahrhundert beschleunigte sich die Wanderung vom Land in die Städte ebenso weiter wie das globale Bevölkerungswachstum. In den Industriestaaten wohnten bereits etwa 80 Prozent der Menschen in Städten, weltweit war es 1950 noch etwa ein Drittel der Weltbevölkerung. Laut den Vereinten Nationen wurde 2007 die Marke zur Hälfte der Menschheit überschritten, bis 2050 rechnet UN-DESA damit, dass 68 Prozent in Städten leben, mehr und mehr in Großstädten und Megacities. Wie rasant der

Umbau der Lebenswelt vor sich geht, lassen absolute Zahlen eher erahnen als begreifen: 1950 lebten um die 750 Millionen Menschen in Städten, 2015 schon fast 4 Milliarden, 2050 könnten es, wenn sich das Bevölkerungswachstum verlangsamt, 6,4 Milliarden sein.[13]

Die Land-Stadt-Migration, die im 19. Jahrhundert noch mit einem Anteil von 85 Prozent am Wachstum der Städte beteiligt war, ist dies im 21. Jahrhundert nur noch zu 20 Prozent. Zunehmend bedeutender wird die internationale Migration für die Entwicklung der Städte vor allem in den vergreisenden und schrumpfenden Industrieländern: Während »reguläre« Migranten weiterhin maßgeblich die Metropolen ansteuern, endet die Reise für Flüchtlinge mitunter in Lagern, die sich mit der Zeit ebenfalls zu größeren Städten wie etwa Dadaab in Kenia an der somalischen Grenze entwickeln können. Das im Jahr 2018 größte Flüchtlingslager der Welt ist das sich über eine Fläche von 13 Quadratkilometern erstreckende Kutupalong in Bangladesch, wo über 600 000 Rohingya, die aus Myanmar fliehen mussten, einquartiert sind – eine riesige Zeltstadt mit notdürftiger Infrastruktur und Versorgung.

Die meisten Städte weisen eine hohe Kluft zwischen Arm und Reich auf. Nach Schätzungen der Vereinten Nationen lebt ein Drittel der Stadtbevölkerung in Slums, also in regellos aus vorhandenen Materialien gebauten Unterkünften in überbevölkerten informellen Siedlungen mit unzureichender oder fehlender Infrastruktur. Bewohnt werden sie von den armen Bevölkerungsschichten und urbanen Zuwanderern. Die Unterkünfte sind oft nicht nur fragil, sondern befinden sich meist auch an unsicheren Orten, die von Naturkatastrophen wie Stürmen, Überflutungen, Trockenheit und den Folgen der Klimaerwärmung gefährdet sind.

Zwischen 1990 und 2018 wuchs die Einwohnerzahl der Städte mit über 300 000 Einwohnern durchschnittlich um 1,8 Prozent, die beanspruchte Landfläche wuchs um das Doppelte. Rechnet man hinzu, dass es auch größere Wanderungsbewegungen zwischen den Städten sowie innerhalb der Städte zwischen Stadtvierteln gibt – nicht nur freiwillig, sondern auch durch den Arbeitsmarkt, steigende Mieten, Gentrifizierung, sozialen Auf- oder Abstieg bedingt –, so ist klar, dass in Städten große Unruhe und damit verbunden auch Anonymität herrschen. Bewohner, die ein Leben lang mit ihren Nachbarn in einem Stadtviertel leben, wird es immer weniger geben, während gleichzeitig der Anteil der Mobilen und Nomaden, die kurzzeitig oder auf dem Sprung in einer Wohnung oder einem Haus leben, stetig anstieg.

Die neue Unbehaustheit im digitalen Zeitalter

Heimat ist austauschbar, man kann sie prinzipiell überall als überregionales oder globales Netz von Beziehungen (er)finden. Demgegenüber ist Wohnen als geschützte Unterkunft aber eine Notwendigkeit. Flusser sagt, dass selbst die Clochards, die sich unter Brücken einrichteten, und auch die todgeweihten Menschen in den Barracken von Auschwitz wohnten: »Man kann die Heimat auswechseln oder keine haben, aber man muss immer, gleichgültig wo, wohnen [...] Denn ohne Wohnung kommt man buchstäblich um.« Der Mensch als ein wohnendes Wesen – das klänge nach Heidegger, doch dieser denkt Wohnen als dauerhaftes, sich in eine Umgebung und die Welt einfügendes Bauen, nicht als einen irgendwie geschützten Raum, der auch nur temporär wie von Obdachlosen, Nomaden, Migranten und Heimatlosen bewohnt werden kann.

Flusser überlegt – er sei ja kein Architekt, sagt er – eher im Vorbeigehen, wie eine angemessene Wohnung für den Menschen nach der Sesshaftigkeit und dem Aufbrechen der Wände und Dächer durch die Kabel und Wellen der Medien und des Cyberspace näher auszusehen habe. Er schlägt naheliegenderweise mobile, schnell verlegbare Wohnungen vor, wie sie die Nomaden mit Zelten aus Tüchern, Leinwänden und Segeln entwickelt haben. Es sind Gewebe, die er als Netze begreift, die etwas einfangen oder als (Bild) Schirme auf sich projizieren. Der in solchen realen, medialen oder symbolischen Zelten wohnende Mensch ist dem Wind ausgesetzt, der nicht sichtbar ist und Neues bringen kann, der sich auch wie bei Segelbooten, Gleitflugzeugen, Drachen oder Fallschirmen zur Bewegung, zum Schweben oder Abheben nutzen lässt. Im Gegenzug sind Mauerwände immer »Felswände«, die trotz aller Fenster und Türen durch ihre Massivität aussperren und einen Besitzanspruch, also auch einen Bodenbesitz, markieren. Der Sprung in das digitale Zeitalter soll für Flusser mit dem Verlust des Besitzes an materiellen Gütern einhergehen, Information ermögliche Macht: »nicht mehr Hardware, sondern Software«. Das mag vorgreifen auf die Vorstellungen, die mit dem Sharing entstanden sind, also dass nicht Besitz, sondern der Zugang zu Dingen und Funktionen, aber auch zu Produktionsmitteln wichtig wird, verkennt aber, dass der Besitz der Hardware – zumindest der Informationstechnik von Rechenzentren, Satelliten, Kabeln und Sendemasten – weiterhin Macht verleiht, dass auch Software wie Betriebssysteme, Anwendungsprogramme oder Plattformen meist proprietär sind, während die Ausverlagerung der Daten und Programme in Clouds die Abhängigkeit der Benutzer vergrößert.

Egal, wie man wohnt und mit welchen Materialien man baut – eine Wohnung muss durch ihren Innenraum einen gewissen Schutz und eine Rückzugsmöglichkeit bieten. Dadurch ermöglicht sie auch die Ausbildung von Gewohnheiten. Flusser nutzt erneut informationstheoretische Überlegungen, um auf deren Notwendigkeit für den wohnenden heimatlosen Menschen hinzuweisen. Gewohnheiten bilden zusammen mit der Abgrenzung des Hauses und seiner näheren Umgebung eine innere Ordnung gegenüber dem äußeren Chaos aus, die eine Unterscheidung zwischen innen und außen, dem Ich und den Anderen, Bekanntem und Unbekanntem ermöglicht:

> Ohne Wohnung, ohne Schutz von Gewöhnlichen und Gewohntem ist alles, was ankommt, Geräusch, nichts ist Information, und in einer informationslosen Welt, im Chaos, kann man weder fühlen noch denken noch handeln.

Phänomenologisch betrachtet heißt das: Nur, wenn sich etwas wiederholt, lässt sich Neues dagegen erkennen, Unbekanntes erschließt sich aus und gegen das Bekannte. Erst mit dem Gewohnten in der Wohnung, die auch Heimlichkeit gewährt, kann sich das Außen öffnen, was Flusser anhand des Hegel'schen »unglücklichen Bewusstseins« zu veranschaulichen sucht. In der *Phänomenologie des Geistes* handelt es sich dabei um eine Etappe des geschichtlich gedachten Bildungsprozesses nach der Ausbildung des Selbstbewusstseins und dem berühmten Kampf von Herr und Knecht um Anerkennung – »sie anerkennen sich als gegenseitig sich anerkennend«. Das unglückliche Bewusstsein ist sozusagen der nach innen verlegte Kampf von Herr und Knecht durch eine Spaltung oder Verdoppelung des Bewusstseins, das noch nicht zu einer übergreifenden Einheit findet.

Jean-Paul Sartre, auf den sich Flusser bezieht, wenn er das unglückliche Bewusstsein als »Bewusstsein schlechthin« bezeichnet, teilt Hegels Optimismus einer Versöhnung nicht und geht von einer unaufhebbaren ontologischen »Spaltung« aus, die sich dann in Form des unglücklichen Bewusstseins zeigt, das zerrissen zwischen Welt oder Wirklichkeit auf der einen und Innerlichkeit oder individuellem Selbstbewusstsein auf der anderen Seite ist. Flusser legt die Sartre'sche Spaltung zugrunde und spricht von einer Dialektik, die sich als »Pendeln zwischen Wohnung und Ungewöhnlichem, zwischen Privatem und Öffentlichem« zeige. In *Vom Subjekt zum Projekt* spricht er dann vom Pendeln zwischen »Selbstverlust und Weltverlust«.[1] Ähnlich wie es für das verkörperte Selbst erst durch den Einschluss in die Haut als der kollektiven Zellmembran ein (geordnetes) Innen und Außen gibt, soll die wie auch immer abgegrenzte Wohnung, die einen Unterschied macht, den Beginn des In-der-Welt-Seins durch deren Ausschluss eröffnen: »Wohnen ist die Weise, in der ich mich überhaupt erst in der Welt befinde; es ist das Primäre.« Flusser lässt offen, ob er Wohnen auch menschheitsgeschichtlich als entscheidenden Schritt zum Menschsein und der menschlichen Kultur begreift – man kann aber davon ausgehen, dass dies seine Position wäre, da er nicht nur anthropologisch, sondern immer auch geschichtlich denkt.

Interessant ist Flussers Konzept des Wohnens, weil er das Thema der Boden- und Heimatlosigkeit des Migranten mit der technischen Veränderung des Wohnens in einen Zusammenhang stellt. Während die Migranten die Sesshaften und ihre Verwurzelung in der Heimat herausfordern, wird das seit der Sesshaftigkeit tradierte Wohnen technisch von innen heraus untergraben, so seine überzeugende These. Dabei bezieht er sich wieder auf die Pendelbewegung des unglücklichen Bewusstseins, das aus dem Haus geht, um die Welt zu finden, und sich wieder darin zurückzieht, um sich selbst zu finden. Im Haus oder in der Wohnung, also an den Orten der Gewohnheit, entsteht durch die Wände und Dächer ein privater Raum, von dem die Öffentlichkeit weitgehend ausgeschlossen ist, auch wenn Türen und Fenster eine Interaktion mit der Nahumgebung erlauben. Es häufen sich die »Anzeichen für ein neues Unbehaustsein«, sagt Flusser und schließt damit auch Jahrzehnte später an Heidegger an, der aber aus ganz anderem Grund von einer existentiellen Wohnungslosigkeit sprach, nämlich um das Wohnen zum Fragwürdigen zu machen, es dabei aber zeitlos in ein Verhältnis zur Welt, nicht hingegen zu einer Gesellschaft, der Geschichte und der Technik zu stellen. Flusser sieht hingegen das Heim mit seiner »Dialektik der Mauer« durch die Technik verändert, beginnend mit dem Telefon und den ersten Kabeln, die Wände und Dächer durchlöchern, um Informationen auszutauschen.[2]

Man hätte auch den Anschluss an Netzwerke der Wasserversorgungs- und Abwassersysteme und vor allem der Elektrizität mit einbeziehen können, welche die Autonomie des Hauses und damit des privaten Innenraums zuvor bereits beendet hatten. Die Stromversorgung der Gesellschaft auszuhebeln ist eines der strategischen Hauptziele des Cyberwar geworden, weil damit die moderne Gesellschaft mitsamt ihrem Militär weitgehend lahmgelegt würde.[3] Diese Dimension war Flusser noch nicht bekannt oder bewusst. Ihm ging es eher darum, dass das »heile« Haus, verstanden als

Höhle oder »Kerkerzelle«, mit den Grundelementen Dach, Mauern, Fenstern und Türen seinen Zweck verloren hat und den Entwurf neuer Wohnungen erzwingt. »Es kann kein Heim mehr geben«, sagt er apodiktisch und verweist auf das faktische Leben, das bereits in den Heimen stattfindet, die für den Rückzug ins Private gebaut wurden:

> Wenn die Leute im Haus nicht ihren Körper bedienen oder sich von ihm bedienen lassen – wenn sie nicht kochen und essen, schlafen und bettlägerig sind, Sex machen und Körperpflege betreiben –, dann empfangen oder senden sie Bilder, lesen oder schreiben Buchstaben, beziffern oder entziffern Tonzeichen oder hantieren mit Zahlen.

Auch an dieser Beschreibung bemerkt man, dass Flusser noch nicht wirklich im digitalen Zeitalter angekommen war, weil natürlich auch das »Bedienen des Körpers« mit vernetzten Kühlschränken, smarten Küchen und Toiletten, Heim-, Sex-, Spiel- und Pflegerobotern, intelligenten Matratzen und vielen steuerbaren oder sich selbst über maschinelles Lernen steuernden Hausfunktionen das traditionelle Wohnen im Haus verändert.

Flusser schaltet ein Plädoyer für eine mauer- und grenzenlose Gesellschaft sowie für ein Ende der Ära des Subjekts ein, das sich durch Dach und Mauern dem Herrscher zu entziehen sucht. Man müsse Mauern niederreißen, weil sie zwischenmenschliche Beziehungen unterbrechen. Das ist in einer seiner letzten und unvollendeten Schriften eine deutliche Radikalisierung im Hinblick auf Öffnung und Transparenz. Im nicht durchlöcherten Haus sind Fenster die Möglichkeit eines distanzierten, gefahrlosen Beobachtens, Türen sind schon deswegen interessanter, weil derjenige, der das Haus verlässt, Gefahr läuft, der Heimtücke anheimzufallen, buchstäblich vor verschlossenen Türen zu stehen und den Schlüssel oder Code nicht zu haben, dessen sich unter Umständen ein anderer bemächtigt – man beachte hierbei außerdem die tiefe Verflechtung der Wohnmetaphorik mit unserem alltäglichen Sprachgebrauch. Das Haus der Zukunft, so Flusser, dürfe aber »weder Dach noch Mauern, weder Fenster noch Türen« haben, was aber gleichwohl nicht bedeuten solle, dass es völlig offen und ein »kreativer Knoten im dialogischen Stadtgewebe« sei. In einer anderen Version des Essays wird der Gedanke der Dysfunktionalität des überkommenen Hauskonzepts als »Höhle« anschaulicher gemacht, allerdings noch mit Bildern aus der Zeit vor dem Internet:

> Das heile Haus mit Dach, Mauer, Fenster und Tür gibt es nur noch in Märchenbüchern. Materielle und immaterielle Kabel haben es wie einen Emmentaler durchlöchert: auf dem Dach eine Antenne, durch die Mauer der Telefondraht, statt Fenster das Fernsehen und statt Tür die Garage mit dem Auto. Das heile Haus wurde zur Ruine, durch deren Risse der Wind der Kommunikation bläst. Das ist schäbiges Flickwerk.

Die Menschen in ihren Heimen merken, dass die privaten Räume öffentlicher geworden sind als die Öffentlichkeit: In ihnen weht der »Orkan der Intersubjektivität«, die Trennung zwischen innen und außen zerfällt, und es gibt neue Möglichkeiten, aber auch neue Bedrohungen.

Das heißt natürlich nicht, dass diese neuen Häuser keine Wände, Dächer, Türen und Fenster mehr haben. Es verschieben sich aber deren Funktionen, sie schützen die im Inneren befindlichen Menschen und Objekte »nur« noch vor klimatischen Bedingungen und physischen Bedrohungen oder Unannehmlichkeiten. Die Häuser und Wohnungen selbst sind aber Knoten im virtuellen, letztlich globalen Netz, das sich in Form des Cyberspace über alle Strukturen legt, diese einhüllt, verbindet und damit Nähe und Entfernung, Öffentlichkeit und Privatheit, Rückzug und Geselligkeit, Erwartungen und Ängste verändert. In diesen buchstäblich von Kabeln durchschlagenen und von elektromagnetischen Wellen eingehüllten und durchströmten Häusern mit zahlreichen intern und nach außen vernetzen Geräten, Sensoren, Robotern, Maschinen und

Menschen wohnt man anders als in einem vordigitalen Haus an einer bestimmten Stelle auf dem Land, einem Dorf oder der Stadt. Die Schnittstelle wird nicht mehr durch die Mauer markiert, sondern durch den Datenstrom, der zum Teil der räumlich lokalen Wohnung und der materiellen IT-Infrastruktur wird. Gleichzeitig ist die Wohnung Teil des ortlosen neuen Datenlebensraumes, von dem aus sich auch materielle Stellvertreter oder »Fernlinge«, wie Stanislaw Lem sie nannte, in der physischen Welt steuern und Eingriffe ausführen lassen. Beides verschmilzt in einer erweiterten Realität beziehungsweise einer das Reale umschließenden Virtualität.

Flusser kannte die Idee der vernetzten und optimierten Smart Homes als »Knoten« noch nicht, nach seinen Überlegungen müsste aber auch das Heim in der Smart City noch Bereiche haben, in denen der Zu- und Abfluss von Daten kontrollierbar ist. Eine »sperrangelweite Glasnost« sei nicht anzustreben, er spricht von »Gittern«, mit denen der Bewohner Ein- und Auslass selbst steuern kann und die eine Homogenisierung und Überwachung des Wohnens verhindern. Sie stünden für das, was bei den Häusern der Vergangenheit noch das Dach leistete. Es müsse jetzt darauf geachtet werden, dass sich keine »Mehrheitsmeinung« durchsetze und dass das Haus als »Dissens zur Stadt, als Ausbuchtung für minoritäre Meinung« funktioniere: »Die künftigen Städtebauer werden Staubsauger sein, und die künftigen Häuserbauer werden die Filter in die Staubsauger einbauen – dies als Vorschlag für eine Definition von ›Architektur und Urbanismus‹.«

In den neuen Städten und Häusern des digitalen Zeitalters soll also eine gewisse Heimlichkeit herrschen, der Datenschutz in den Vordergrund rücken und Vernetzung begrenzt werden. Bricht man die Ausrichtung von Flussers Gedanken zur zwischenmenschlichen Kommunikation allgemein auf den Datenfluss herunter, dann sieht er bereits die Gefahr einer homogenisierten Lebenswelt, die »Kreativität«, also die Fähigkeit zur Erzeugung von Neuem und Überraschendem, durch Normierung und Gleichschaltung, einen neuen

Totalitarismus der Kontrolle und Optimierung des Verhaltens, der Wohnungen und der Umwelt, im Keim ersticken könnte.

Flusser erlebte zwar noch den Zerfall der Sowjetunion, aber nicht mehr den weltweiten Bau neuer Mauern, die nicht mehr die Flucht, sondern wieder – wie im Fall der Chinesischen Mauer in grauer Vorzeit – das ungewünschte Eindringen von Migranten und Fremden verhindern sollen. Die offenen oder ruinierten Häuser nach Flussers Vorstellung befinden sich heute tendenziell in Gated Communities und diese wiederum in Gated Nations. Dabei geht es nicht nur um materielle Mauern oder Sperrvorrichtungen, sondern auch um virtuelle Barrieren, die Bewegungen mit allen möglichen Sensoren auf dem Boden, in Drohnen und Luftschiffen oder auf Satelliten erfassen und verhindern sollen. Dabei verwandeln sich die Grenzen in vorgeschobene Gitter (»Smart Fences«), welche zunehmend automatisch überwacht werden und dazu mitunter bereits autonome und bewaffnete Fahrzeuge einsetzen. Gleichzeitig überzieht, Vorreiter China, ein Netz von Überwachungskameras mit Gesichtserkennung den öffentlichen Raum, sodass sich einzelne Menschen identifizieren und landesweit verfolgen lassen. Unerwünschtes Verhalten wird beobachtet und mit einem Sozialkreditsystem behavioristisch sanktioniert. Damit verwandelt sich auch der Außenraum zu einem Panopticon, womit sich die von Flusser aus dem Wohnen in Häusern thematisierten Unterschiede noch einmal verändern, wenn der private Raum oder die Privatsphäre bis zur möglichen Auslöschung schrumpft. Und dann zieht mit der Digitalisierung der Smart Homes eine neue Unheimlichkeit, wahrscheinlich auch eine neue Unbehaustheit ein: Das Heim wird zum Gegenspieler, gesteuert von einer lernenden Künstlichen Intelligenz, die vom Diener zum Herrn wird.

Ist Flussers Denken also bereits veraltet? – Bezüglich der technischen Details sicherlich, nicht aber, was seine grundsätzlichen Überlegungen zur Veränderung des Wohnens durch die Technik angeht.

Gäste und Hospitalität

Wenn wir an Wohnen denken, stellen wir uns spontan ein Leben in einer Wohnung oder in einem Haus an einem Ort vor, also ein sesshaftes Dasein in einem geschützten Raum. Johann Heinrich Zedler beschreibt in seinem *Grossen vollständigen Universal-Lexicon Aller Wissenschafften und Künste*, entstanden in den Jahren zwischen 1731 und 1754, was uns wohl ähnlich einfallen würde, fragte man uns nach der Bedeutung des Wortes »Wohnen«, wenn auch natürlich in anderen Formulierungen und mit einem seltsamen Zusatz: »Wohnen heisset eigentlich, sich beständig an einem Orte aufhalten; man mag lediges Standes, oder verheyratet seyn.« Hier ist der Mensch also zunächst nur irgendwo an einem Ort, an dem man ihn finden kann. Dass es dabei so wichtig war, zwischen Alleinstehenden und Verheirateten zu unterscheiden, ist wohl ebenso der Zeit geschuldet wie die Tatsache, dass Kinder, andere Familienangehörige oder Gesinde erst gar nicht in Erwägung gezogen werden.

Mit Verweis auf die Bibel bemerkt Zedler interessanterweise weiter, dass die Menschen auch die Erde bewohnen – und das nur auf kurze Zeit für die »Pilgrimschafft der Christen allhier auf Erden, als in einem fremden Land«. Im engeren Sinn finde das Wohnen aber »würklich« in der Wohnung statt: »Die Wohnung ist dem Menschen zu seiner Erhaltung in verschiedener Absicht nöthig«, in erster Linie zur »Verwahrung des Leibes«, aber auch um vielen wichtigen Verrichtungen ungestört nachzugehen. Wohnungen könnten unterschiedlich beschaffen sein, aber eines hebt Zeidler hervor: »Die erste Wohnung des Menschen war das Paradieß.«

Als aus der ersten Wohnung, dem Paradies, schon lange oder auch seit jeher Verstoßener, als existentiell Heimatloser und Migrant also, der im Exil lebt, wäre der Mensch zunächst Gast auf der Erde, um dann als ein solcher Gast in eine selbsterrichtete Wohnung als Reminiszenz an das verlorene Paradies einzuziehen und damit gleichzeitig einen Ort, einen Raum, für sich gegenüber anderen in Anspruch zu nehmen und zu »humanisieren«. Das wird bereits durch den Konflikt zwischen dem sesshaften Landwirt Kain und seinem Bruder Abel, einem Schäfer, deutlich. Kain, der seinen Bruder erschlug, erbaute auch eine Stadt. Die Geschichte mündet in der Auslöschung des Lebens durch die Sintflut, in der nur Noah mit seiner Familie und den geretteten Tierpaaren in der Arche überlebte und ein neues Zeitalter begann. Das Bild eines Hauses oder einer Wohnung schwankt zwischen der Offenheit des Paradieses, des friedlichen Lebens unter freiem Himmel, und der Abgrenzung und Sicherheit einer Festung. Der biblische Auftrag war schon vor dem Wurf aus dem Paradies, sich die Erde untertan zu machen, was auch so ausgelegt werden kann, dass sie selbst und alles auf ihr Befindliche zu einer dem Menschen angepassten Umgebung transformiert werden soll – wie bereits im Paradies der Fall gewesen. Das könnte aber zu einem Konflikt zwischen dem Dasein als Gast beziehungsweise Herrn über die Erde führen. Als Gast macht man sich den Wirt nicht untertan – das ist eher die Strategie eines Parasiten und eines Feinds –, sondern tritt in ein kompliziertes Beziehungsspiel ein, das Achtung vor dem jeweils anderen impliziert. Die Paradiesgeschichte ließe sich unter diesem Blickwinkel auch so auslegen, dass Adam und Eva mit dem Griff zum Apfel vom verbotenen Baum eben das Gastrecht verletzt hatten.

Das Christentum ist dennoch stark vom Bild des Menschen als Gast geprägt, aber auch von Vertreibung und Flucht. Ein Beispiel hierfür findet sich in der Weihnachtsgeschichte, in der Maria und Josef mit dem Gotteskind, einem weiteren Gast in der Familie, eine

Unterkunft suchen und nur in einem Stall unterkommen – immerhin. Eine besondere Rolle nehmen dementsprechend auch Gesetze der Gastfreundschaft ein: Wer Jesus als Gast beherbergt, »erwirbt das Reich«, heißt es, aber wer einen Gast abweist, ist verdammt: »Geht hin von mir, ihr Verfluchten, in das ewige Feuer, das bereitet ist dem Teufel und seinen Engeln [...] denn ich bin ein Gast gewesen und ihr habt mich nicht beherbergt.« (Matthäus, 25)

Im Sinne der Hospitalität schrieb beispielsweise Augustinus: »Der Fremde, den wir aufnehmen, ist unser Weggefährte, denn wir sind auf Erden alle nur Pilger. Der ist ein Christ, der erkennt, dass er auch im eigenen Haus und in seiner Heimat ein Fremder ist.« Der Mensch ist, so Augustinus, Zeit seines körperlichen Lebens auf »irdischer Pilgerfahrt«, seine wahre Heimat wäre für die vom Körper befreite Seele das Paradies und der Eintritt in das Reich Gottes, das nicht ohne Grund auch als Haus oder Wohnung bezeichnet wird.

Nach Augustinus befindet sich der Mensch eigentlich nur vorübergehend auf der Erde und gilt damit während seines körperlichen Lebens überall als Gast und Fremdling, wie auch die Seele im vergänglichen Körper als gefesselter Gast fremdelt. Der christliche Mensch wäre demnach permanent auf Wanderung oder Pilgerschaft, ist im Prinzip Kosmopolit, findet überall sein Zuhause und lebt in jeder Wohnung im Wissen um den begrenzten Aufenthalt. Die Bindung des Sesshaften wird zum Zwang, die Heimatlosigkeit auf Erden entspräche dem Wesen des Gastes.

Aber ist auch derjenige Mensch noch ein Gast, der ein Haus oder eine Wohnung auf eigenem Grundstück für sich beansprucht – auch wenn es sich dabei nur um ein Produkt der gesellschaftlichen Rechtsordnung handelt? Das Problem ist offensichtlich: Sähen alle Menschen sich selbst und einander als Gäste, gäbe es – mit der Ausnahme Gottes – keine Gastgeber mehr. Der Wirt ist aber essentiell, denn erst aus seiner Sicht ergibt sich die Unterscheidung zwischen Gast und unerwünschtem Eindringling. Hans-Dieter Bahn weist in seinem Buch *Die Sprache des Gastes* darauf hin, dass der Begriff

»Gast« eigentümlich offen ist, da jeder die Rolle einnehmen kann und sich »in seinem Namen jede Gestalt, jede Rolle und Funktion, jede Beziehung von Personen und diese selbst als austauschbar und suspendierbar erwiesen«.[1] Eigenartig für die Leerstelle sei denn auch, dass der Begriff keinen direkten Gegensatz besitzt, aber gleichzeitig über seine etymologische Verwandtschaft zum lateinischen *hostis* auf den Fremden und Unbekannten, mithin auch auf den Feind verweist. Seine Rolle bleibt überdies schwebend und im Ungefähren, die Gesetze der Gastfreundschaft sind für den Gastgeber streng, der außerhalb des Ökonomischen im Grunde keine »Bezahlung« erwarten darf, um seine großzügige Geste, die Freigiebigkeit bis hin zur Selbstlosigkeit impliziert, nicht zu gefährden. Dennoch sollte der Gast freiwillig eine Art der Bezahlung etwa in Form einer Gegeneinladung oder einer anderen Verpflichtung als Dank erbringen, um sich nicht vom Einkehrenden und Eingeladenen, einem potentiellen Freund, in einen störenden Parasiten oder gar Feind zu verwandeln.

Gastverhältnisse sind hochgradig komplexe, auch stets prekäre Beziehungsstrukturen, die schnell ins Positive, aber auch ins Negative umkippen können. Eine kleine Geste, ein falsches Wort, ein bisschen Zuviel oder Zuwenig kann schon die Balance zerbrechen und die Beziehung ins Unheimliche entgleisen lassen. Das zeigt sich auch daran, dass Menschen, die eine Unterkunft mieten oder in einem Restaurant essen, ebenfalls meist »Gäste« und nicht »Kunden« genannt werden, obwohl sich diese Form der sozialen Interaktion letztlich dennoch unter Geschäftsbedingungen vollzieht. Darauf verweisen auch die Bezeichnungen wie »Gasthaus«, »Gaststätte« oder »Wirtshaus«. Diese Begriffe kommen ebenfalls zur Anwendung, weil die Gastgeber zur Bewirtung und Behausung nicht jedermann einlassen und bedienen müssen, also das Hausrecht ausüben. Zum Gastsein gehört essentiell, eingeladen zu sein und sich in Räumen zeitweise niederzulassen, auf die man keinen Anspruch hat.

Ist der Mensch als vorübergehender Bewohner der Erde und von Häusern oder anderen »Wohnungen« grundsätzlich ein Gast, wie immer er auch ungefragt in diese Welt oder dieses Haus »geworfen« wurde? Sind also Vorstellungen von Heimat, die eine exklusive, also Andere ausschließende, geschweige denn völkische Identität schaffen, von vorneherein Wahngebilde, geboren aus der Tatsache, dass das inhärente Gastsein – und damit auch Fremdsein – unerträglich erscheint? Wer sich sein Haus oder seine Wohnung nach seinen Wünschen, wie immer auch eingeschränkt durch die materiellen Möglichkeiten, baut oder bauen lässt, bezieht diese zunächst mit dem Status des Eigentümers. Dessen Präsenz scheint ungefragt, gar selbstverständlich zu sein. Gleichwohl kippt die Beziehung bereits nach Einzug in die fertigen Räume, in denen sich die Bauherren und -frauen objektiviert und im Falle von gebauten Räumen »versteinert« oder »zementiert« haben, weil sie sich nun als Bewohner unter Anpassungsdruck vorfinden, sie also zu Fremden in den eigenen Räumen werden. Fortwährend versucht man daraufhin, die Fremdheit des gebauten Raums durch das Sich-Einrichten mit Dingen auszublenden, um die eigene Präsenz in »seinen« Räumen zu demonstrieren und nach der Devise des »Schöner Wohnens« eine persönlichkeitsgesättigte Umgebung zu schaffen, in der man nur durch Unfälle oder Überraschungen zum Bewusstsein kommt, in einer fremden Umgebung geduldet zu sein oder eben bestenfalls das besondere Verhältnis des Daseins als Gast innezuhaben.

Das Paradies war bekanntlich ein Garten, keine Festung. Es lohnt sich, an dieser Stelle noch einmal auf das archetypische Narrativ zurückzugreifen: Im Garten Eden wohnten die ersten Menschen, Adam und Eva, in einem Zustand perfekter, urtümlicher Harmonie. Das Paradies war die perfekte Heimat, die vollkommene Wohnung, ein geborgener und autarker Lebensraum, frei von potentiellen Eindringlingen. Am Anfang sollen also die Menschen sesshaft gewesen sein, allerdings nicht in einem umbauten Raum, sondern in einem eingegrenzten Garten. Zumindest ist keine Rede davon, dass die ersten Menschen, die man sich als »gute Wilde« vorstellen muss, behaust waren. Anscheinend lebten sie unter offenem Himmel, schutzlos Wind, Regen und Temperaturen ausgesetzt – wobei es sich aus der Sicht der sesshaften und bereits in Siedlungen lebenden Juden, die sich ihre Geschichten erzählten und sie schließlich aufschrieben, um ein geradezu antiurbanes Leben handelte. Dieser Umstand folgt zudem der Kulturlogik, dass früher alles besser, weil natürlicher, gewesen sei.

Wie die biblische Geschichte suggeriert, waren die ersten, offenbar sex- und kinderlosen Menschen Gäste Gottes, des Wirts und Schöpfers, die nicht arbeiten mussten, bis sie in Ungunst fielen, die Gastfreundschaft nicht durch Auflehnung oder in Gier nach dem Verbotenen, sondern sorglos oder neugierig missbrauchten und deswegen vor die Tür gesetzt wurden, um sich dann auf der Erde anzusiedeln und sich diese unter Mühe und Leiden untertan zu machen – vielleicht in der Hoffnung, diese durch Umgestaltung wieder in den Garten Eden zu verwandeln, aus christlicher Perspektive aber eher aus der Motivation heraus, der Erde und dem Leib entfliehen zu können.

Als dann die Menschheitsgeschichte begann, sollten die Gäste bis zur Wiederkehr ins Paradies zu Invasoren werden, was auch bedeutete, sich gegenseitig zu unterwerfen und zu töten, wie etwa Kain seinen Bruder Abel. Das aber wiederum hieß, in Häuser einzudringen, zu plündern und Städte zu zerstören, was Flüchtlinge und Heimatlosigkeit zur Folge hat ebenso wie die Befestigung der Städte durch Mauern und Heere. Der Mensch ist ein Flüchtling, der Exodus steht am Beginn der Menschheitsgeschichte, aber auch die Wanderungen und der Handel, welche die Völker verbinden, sowie große Naturkatastrophen ähnlich der Sintflut.

Der Paradiesgarten war, was auch die spätere Fantasie immer beeinflusste, ein umschlossener Raum in der Welt. Im Grunde aber lebten Adam und Eva in einer Isolationszelle, in welche sie ihr Schöpfer und Wirt ausgesetzt hatte und in die sie, um es mit Sartre zu sagen, geworfen wurden und sich vorfanden. Besucher gab es für die Insassen des Gefängnisgartens keine, was nebenbei die Frage aufkommen lässt, ob das Paradies mit einem »komfortablen Gefängnis« verglichen werden kann, also letztlich der Begriff »Gast« auch auf Inhaftierte zutrifft. Intuitiv sind Gefangene deswegen keine Gäste, weil letztere freiwillig an einen Ort gekommen sind und sich an diesem nur vorübergehend aufhalten. Stimmt das aber?

Man könnte die Geschichte auch anders erzählen: Mit dem Eindringen des Fremden in den Paradiesgarten wurde Adam und Eva ihre Gefangenschaft vor Augen geführt, nachdem Eva nicht der Verführung widerstehen konnte, sich den Auflagen des Gastgebers zu widersetzen und die verbotene Frucht zu kosten. In der Erkenntnis ihres Gastseins lag gleichzeitig die Erkenntnis der Freiheit und der Möglichkeit des Aufbegehrens gegen ihren Wirt. Dabei entdeckten sie gleichsam den Blick des Anderen auf sich selbst, das Selbstbewusstsein, welches ihnen neue Gastverhältnisse erschloss: Dass der Andere in einem wohnt und dass man für sich selbst der Andere wird, lässt Herrschaft und Scham entstehen, durchbricht aber auch die mythische Einheit mit dem Körper.

Der Mensch ist zugleich verkörpert und hat einen Körper, weil man zu seinem Körper auch eine Außenbeziehung einnehmen kann, auch wenn man ihn als besonderes Objekt erfährt. Man steckt gewissermaßen in seinem Körper wie in einem Futteral, kann ihn aber auch von außen durch den Blick des Anderen sehen. Was als nicht identisch mit dem Körper erfahren wird, aber dennoch zur selbstbezüglichen Person gehört, nannte man früher die Seele. Die Seele tritt ihrerseits als ein Gast im Leib auf, wie der Mensch zunächst ein Gast im Paradies war. Der Körper muss immer räumlich verortet sein, während die Seele, die man für unsterblich hielt, wandert und eine Doppelrolle als Gast und Fremdes, nicht ganz von dieser Welt, einnimmt. Die Konzeption der Seele schwankte zwischen einem Gast, der im von Gott gestalteten Körper wohnen darf und aus diesem beim Tod wieder ausfliegt, etwa als Schmetterling, und einem Gefangenen, etwa in der stoischen Philosophie, der im sterblichen Körper mit seinen Bedürfnissen eingesperrt ist und darauf hofft, möglichst bald wieder ins Paradies zu kommen oder zumindest aus der materiellen Welt zu flüchten, um glücklich sein zu können.

Wer vom Wohnen spricht, muss jedenfalls von Gästen sprechen, denen die Türen geöffnet werden, und von Feinden, vor denen sie verschlossen bleiben. Das deutsche Wort »Gast« geht etymologisch auf das Indogermanische *ghosti* (»Fremder«, »Fremdling«) zurück. Im Lateinischen ist diese Ambivalenz noch deutlicher, da hier *hostis* sowohl »Gast« als auch »Feind« heißen kann, was sprachgeschichtlich später in den polaren Gegensätzen »Hospitalität« und »Hostilität« mündet. Vor allem für jene, die selbst oder deren Vorfahren einmal Fremde in einem anderen Land waren, soll nach dem fünften Buch Moses Freundlichkeit gegenüber Fremden gelten:

> Denn der HERR, euer Gott, ist der Gott aller Götter und der Herr über alle Herren, der große Gott, der Mächtige und der Schreckliche, der die Person nicht ansieht und kein Geschenk nimmt und schafft Recht den Waisen und Witwen und hat die Fremdlinge lieb, dass er ihnen Speise und Kleider gibt. Darum sollt ihr auch die Fremdlinge lieben; denn ihr seid auch Fremdlinge gewesen in Ägyptenland.

Wie gebrochen aber die moralische Anerkennung der Fremden als Gast ist, lässt sich daran erkennen, dass es im Kontext der zitierten Passage eigentlich darum ging, die Israeliten dem Gesetz Gottes zu unterwerfen und sie zu ermuntern, sich als gottgefällige Invasoren zu sehen. Sie sollten in das verheißene Land Kanaan, wo Milch und Honig fließen, einwandern und die ansässige Bevölkerung vertreiben. Schon auf der 40-jährigen Wanderung werden Völker, die sie nicht durchreisen lassen und sie nicht als Gast aufnehmen, besiegt und ausgerottet: »Damals eroberten wir alle seine Städte. Wir weihten die ganze männliche Bevölkerung, die Frauen, die Kinder und die Greise der Vernichtung; keinen ließen wir überleben.« Gott wird alle Völker aus dem gelobten Land vertreiben, heißt es:

> Alles Land, darauf eure Fußsohle tritt, soll euer sein: Von der Wüste bis an den Berg Libanon und von dem Strom Euphrat bis ans Meer im Westen soll euer Gebiet sein. Niemand wird euch widerstehen können. Furcht und Schrecken vor euch wird der HERR, euer Gott, über alles Land kommen lassen, das ihr betretet, wie er euch zugesagt hat.

Gastfreundschaft oder eben Hospitalität gegenüber Fremdlingen kann es offenbar nur dann geben, wenn die Eigentums- und Machtverhältnisse gesichert sind und nicht von etwaigen Zureisenden gefährdet werden, die Haus und Hof mitsamt der Frauen – was noch immer das Phantasma der Männer ist – übernehmen.

Jacques Derrida wies darauf hin, dass im Französischen *hôte* sowohl »Gast« als auch »Gastgeber« (oder Wirt für einen Parasiten, in der Informatik: Hostrechner) bedeutet, aber auch die Geisel (*otage*) auf den Wortstamm *hôte* zurückgeht. Daher versuchte er die hochkomplexen Strukturen der Gastfreundschaft als wechselseitige Geiselhaft oder als Verpflichtungsverhältnis zu deuten, das auch in den Erwartungen des Gebens und Nehmens begründet sei. Diese schließen etwa den Aufwand der Bewirtung und Unterkunft seitens des Wirtes ein wie auch seitens des Gastes den Dank, Geschenke oder auch Bezahlung. Gastverhältnisse können dabei durchaus andauern, was man beispielsweise daran sieht, dass im Lateinischen *sposa*, die Braut, von *hospes* (»Gast«) abgeleitet ist, sodass in paternalistischen Strukturen auch verheiratete Frauen in der neuen Wirtsfamilie der anderen Sippe nur als permanente Gäste zu betrachten sind.

»Mensch sein heißt: als Sterblicher auf der Erde sein, heißt: wohnen« – Heideggers Diktum aus »Bauen, Wohnen, Denken« macht auf seine Weise deutlich, dass Wohnen im emphatischen Sinn ein Gastsein auf der Erde bedeutet, weil der Mensch als Sterblicher in die Welt kommt und die Erde noch lange über seine Existenz hinaus besteht. Insofern bezieht der Mensch seine Wohnung als Mieter, der sich als Gast verstehen sollte, weil er als solcher ebenso Verpflichtungen eingeht wie die belebte Erde als Gastgeberin. Hospitalität muss nicht mit Freundschaft gleichzusetzen sein, aber wenn das menschliche Dasein auf der Erde ein prinzipielles Verhältnis zwischen Gast und Wirt ist, ergeben sich daraus Verpflichtungen für das Zusammenwohnen. Immanuel Kant führte diese in seiner Schrift mit dem anspruchsvollen Titel *Zum ewigen Frieden* aus dem Jahr 1795 und als zweite, erweiterte Auflage 1796 kurz, aber mit hoher Aktualität aus. Diese Brisanz resultiert aus der Perspektive eines Weltbürgertums und der Frage, wie ein friedliches Zusammenleben der Staaten und ihrer Bürger in der großen Wohnung Erde, auf der alle Gäste sind, unter rationalen Überlegungen möglich wäre – also solchen, die auf dem kategorischen Imperativ basieren: »Handle nur nach derjenigen Maxime, durch die du zugleich wollen kannst, dass sie ein allgemeines Gesetz werde.« Vorausgesetzt ist für diese universalistische Ethik die Gleichheit aller Menschen. Diese Grundbedingung sieht sich sowohl in der Geschichte wie auch heutzutage immer wieder von Rechtspopulisten, völkischen Nationalisten und Rassisten in Frage gestellt.

Ganz zu Beginn distanziert sich Kant ironisch vom doppeldeutigen Titel seines Werks. »Zum ewigen Frieden« habe er nämlich vom Schild eines holländischen Gastwirts übernommen, auf dem dazu ein Friedhof gemalt war. Er wisse nicht, ob das für die Menschen überhaupt, die Staatschefs, die immer Kriege führen wollen, oder für Philosophen gelte, die ihren »süßen Träumen« nachgehen. Sinn der Ironie dürfte sein, dass Kant vermutete, seine Überlegungen könnten als Subversion ausgelegt werden, schließlich verkündete er, dass die Verfassung eines Staates republikanisch sein müsse, mit der Voraussetzung der Gleichheit der Bürger. Man dürfe keine »bösliche Auslegung« erheben, dass die Überlegungen eine Gefahr für den Staat wären, gleichzeitig rügte er indirekt und süffisant die praktischen Politiker, die auf Philosophen mit ihren »sachleeren Ideen« herabsehen.

Dass Kants Überlegungen zur Hospitalität staatsgefährdend sein können, ergibt sich nicht nur daraus, dass militärisches Handeln und Eroberungen, wie sie im Kolonialzeitalter gang und gäbe waren, gegen das von ihm postulierte Weltbürgerrecht verstießen, sondern dass auch jüngst wieder Hospitalität, wie sie die Bundesregierung 2015 den Flüchtlingsmassen gewährte, von Gegnern als Staatsversagen gebrandmarkt wurde. Wer die Grenzen auch vor Kriegsflüchtlingen nicht sichert und mit Zäunen und Waffen verschließt, sie also abweist, etabliere eine »Herrschaft des Unrechts«, wie es der damalige bayerische Ministerpräsident Horst Seehofer ausdrückte. Nur ein Staat, der kontrolliert und scharf selektiert, wer einreisen darf, hält nach dieser Ansicht Recht und Ordnung hoch. Nach Kant ist dies aber nur aus einer nationalistischen Sicht der Fall, die letztlich davon ausgeht, dass das Land den Menschen gehört, die gerade auf ihm leben. Kant hingegen geht von einem ursprünglichen »Recht des gemeinschaftlichen Besitzes der Oberfläche der Erde« aus, also von einem Recht aus der Zeit des Nomadentums, in der man sich zwar nicht um den Besitz, aber über den Zugang zum Land stritt und bekämpfte. Auf der »Kugelfläche« der Erde haben die Menschen nur einen begrenzten Raum zur Verfügung, sie können sich also »nicht ins Unendliche zerstreuen«. Letztlich müssen sie sich aufgrund der räumlichen Knappheit »nebeneinander dulden«, weil »ursprünglich niemand an einem Orte der Erde zu sein mehr Recht hat als der andere«.

In seiner *Metaphysik der Sitten* aus dem Jahre 1797 führte er diesen Gedanken weiter aus:

> Alle Menschen sind ursprünglich in einem Gesamt-Besitz des Bodens der ganzen Erde (*communio fundi originaria*), mit dem ihnen von Natur zustehenden Willen (eines jeden), denselben zu gebrauchen (*lex iusti*), der, wegen der natürlich unvermeidlichen Entgegensetzung der Willkür des einen gegen die des anderen, allen Gebrauch desselben aufheben würde, wenn nicht jener zugleich das Gesetz für diese enthielte, nach welchem einem jeden ein besonderer Besitz auf dem gemeinsamen Boden bestimmt werden kann (*lex iuridica*).

Kant war ein bürgerlicher Philosoph, der das Eigentum auch am Boden nicht in Frage stellt, sondern versucht, die Besitznahme aus dem Naturzustand abzuleiten. Bindend wird die ursprünglich willkürliche Besitznahme für ihn aber erst mit dem Rechtszustand, der den ursprünglich gemeinschaftlichen Besitz des Bodens jedoch nicht vollständig aufheben kann. Deswegen darf jeder Mensch alle Gegenden der Erde als Gast besuchen, sich dort aber ohne explizite vertragliche Erlaubnis nicht ansiedeln und zum Mitbürger werden.

Kant plädiert also keineswegs für einen Kommunismus und ein Ende des Privatbesitzes an Grund und Boden, aber im Rahmen des Weltbürgerrechts für ein Recht auf Migration auf der »Oberfläche« der Erde, deren bewohnbare Gebiete zwar durch »unbewohnbare Teile« wie Meere oder Wüsten getrennt sind, aber durch Transportmittel wie Schiffe oder Kamele durchquert werden können. Ob man nun unbewohnbare Erdteile auf dem Boden, auf dem Wasser oder in der Luft überwindet oder von Land zu Land zieht, ist dabei unerheblich. Doch es kommen nicht nur friedliche und unbewaffnete Menschen als Migranten, Flüchtlinge oder Besucher an, sondern auch bewaffnete Invasoren und Räuber. Diese »fremden Ankömmlinge« sind nicht als Gäste zu behandeln, sondern gegen sie darf man sich zur Wehr setzen, weil sie sich in ihrem Handeln über das Weltbürgerrecht hinwegsetzen und der moralisch-praktischen Vernunft mit dem Veto »Es soll kein Krieg sein« zuwiderhandeln.

Friedliche Wohnverhältnisse auf dem Planeten anzustreben, ist nach Kant, einem Philosophen der Aufklärung, nicht nur ein Wunsch, sondern eine Vernunftidee. Sie erlaubt trotz des prinzipiellen Anrechts eines jeden Menschen auf die irdische Oberfläche einen »gesitteten« Umgang, der sowohl die Interessen der Reisenden und als auch die der Sesshaften wahrt. Das Recht der Ankömmlinge gehe nicht weiter, so Kant, »als auf die Bedingungen der Möglichkeit, einen Verkehr mit den alten Einwohnern zu versuchen«. Ein Gelingen ist also nicht unbedingt erforderlich, aber der bloße Versuch schließe das »inhospitable Betragen« von Staaten aus, die andere Länder erobern, weil sie deren »Einwohner für nichts« rechnen. Hospitalität sei entsprechend das »Recht eines Fremdlings, seiner Ankunft auf dem Boden eines anderen wegen, von diesem nicht feindselig behandelt zu werden«. Der Ankömmling muss nicht aufgenommen werden, es gibt für Kant kein Gastrecht, aber doch ein Besuchsrecht, sich anderen »zur Gesellschaft anzubieten«. Von vorneherein soll niemand den Abkömmling abweisen, solange er sich friedlich verhält und nicht der eigene »Untergang« die Folge ist. Was sich für Kant auf den Reisenden bezieht, der fremden Boden betritt und als Gast behandelt werden soll, betrifft nicht die unbeweglichen Besitztümer wie Häuser. Für den bürgerlichen Philosophen endet hier das Weltbürgerrecht und beginnt das private Recht zu entscheiden, wen man als Gast einlassen oder abweisen will.

Nach dem Schmutz: Aufklärung, Entlüftung und die große Reinigung

Wohnarchitektur, so das gewöhnliche pragmatische Verständnis jenseits von Heimatideologien und modischen Vorstellungen des »Schöner Wohnens«, soll der Form nach ästhetisch ansprechende, möglichst funktionale, meist immobile Behälter mit Innenräumen für Menschen und Dinge schaffen, um sie vor unerwünschten Einflüssen der Umwelt, des Wetters und des Klimas sowie fremden Blicken und Eindringlingen zu schützen. Das Leben in den Räumen soll für den Menschen gedeihlich und angenehm sein, wozu unter anderem die Größe der Räume und der Behausung selbst mitsamt Zuschnitt, Beleuchtung, Klima, Sanitäranlagen, Wasserversorgung, Hygiene, Lärmschutz, Temperaturregulierung, Technik und die erforderliche Infrastruktur gehören – und nicht zuletzt alle Mittel, den Zugang zu den Wohnräumen zu sichern und zu kontrollieren, wozu neben Türen und Fenstern heute auch zunehmend die elektronischen Überwachungs- und Steuerungstechniken oder Roboter gehören, mit denen sich die Smart Homes auch aus der Ferne beobachten und wie eine Maschine bedienen lassen. Selbst bei Abwesenheit kann so in Echtzeit erfasst werden, wenn jemand das Haus oder die Wohnung betritt oder in sie eindringt. Smart Homes machen schließlich aus den Wohnungen, die bislang eher als Gehäuse oder auch als materieller Schutz wie eine Kleidung zu verstehen waren, Verlängerungen oder Prothesen des Körpers, wodurch die Kontrolle darüber, wem sie sich öffnen und wer sich in ihnen aufhält, noch wichtiger als zuvor wird, da Körper und Wohnung durch die interaktiven Schnittstellen für den Bewohner zunehmend verschmelzen und sich das körperliche Immun- und Aufmerksamkeitssystem auf die smarte Wohnung oder das intelligente Haus erweitert, die ihre Bewohner kennen.

Der umbaute Raum ist aus der Perspektive der Bewohner ein erweiterter, auch kollektiver Körper, der sich aufgrund von Energiespar- und Klimaschutzmaßnahmen zur Optimierung der Gesamtenergieeffizienz durch eine wärmebrückenfreie und luftdichte Bauweise Schritt für Schritt weiter von der Außenwelt isolieren muss und sich wohl auch im Zuge dessen durch Form und Materialien eine zunehmend abweisende Fassade zulegt. Noch im 19. Jahrhundert, als mit Holz und Ziegeln gebaut wurde, nahm man an, dass Gebäude auch durch die Wände »atmen« und dadurch für ausreichend Sauerstoff beziehungsweise den Abzug von CO_2 sorgen. Mit der Ära der Hygiene, die nach dem europäischen Zeitalter des Schmutzes anbrach, kam auch die Frage nach der richtigen Belüftung und der Kontrolle der Luftströme oder des atmenden Gebäudes auf. So musste sichergestellt sein, dass genügend Sauerstoff eindringen und gleichzeitig schlechte Luft abziehen konnte. Max von Pettenkoffer, ein Vertreter der »atmenden Wände«, beschrieb in seiner bereits 1858 verfassten Schrift »Über den Luftwechsel in Wohngebäuden« diesbezügliche Beobachtungen und Experimente etwa mit Ziegelsteinen. Ausgehend von der Beobachtung, dass CO_2 aus der Raumluft wieder verschwindet und es daher einen Luftwechsel geben müsse, schloss er sich in ein kleines Zimmer ein, verklebte die Fugen des Fensters und der Türen, inklusive Schlüssellöcher, »mit gut geleimten Schreibpapier und Kleister« und zündete dann ein Feuer im Ofen an, das trotz des »sorgfältigsten Verschlusses aller Öffnungen [...] sehr lebhaft« brannte. Das bewies für ihn, dass die Luft, »welche durch den Aschenfall nach dem Kamin strömte, jeden Augenblick von außen wieder ersetzt werden musste«, nämlich durch die »Porosität des Baumaterials«, die einen wichtigen Beitrag für die »natürliche Ventilation« der Wohnungen leistet. Es sei daher von vorneherein anzunehmen, dass ein »luftdichter Verschluss gegen die äußere Atmosphäre« deswegen nicht möglich sein könne.

Diese Annahme ließ sich aber nicht halten, auch wenn sie noch Jahrzehnte Bestand haben sollte. Experimente zeigten, dass insbesondere Wände, die verputzt sind oder aus Stahlbeton bestehen, tatsächlich luftundurchlässig sind, während Holz- oder Metallkonstruktionen mit einer luftdichten Schicht versehen werden müssen. Durch undichte Stellen und Fugen in Fenstern, Rollladenkästen, Türen und Schlüssellöchern kann Luft zirkulieren und insbesondere warme Luft aus dem beheizten Inneren der Räume austreten. Seitdem versucht man, Gebäudehüllen und Räume luftdicht abzuschließen, indem die betroffenen Stellen von größeren Bauteilen oder Bauteilübergängen verschlossen werden. Neben Wärmeisolierung geht es dabei auch um den Schutz vor Schall und eindringendem Wasser, auch in Form von Feuchtigkeit. Der Wärmeschutz von außen hingegen erfolgt – ohne Klimaanlagen – durch Abschattung der Fenster, intelligentes oder thermochromes Glas, begrünte Fassaden oder Luftbrunnen.

Bei luftdicht abgeschlossenen Räumen entsteht beispielsweise das bekannte Problem, dass sich bei unzureichender Belüftung Kondenswasser an Wänden und Bauteilen niederschlägt und Schimmel verursacht. Sind Flächen und Fugen nicht abgedichtet, kann durch Risse oder Kapillarwirkung Kondenswasser ins Innere der Bauteile eindringen und dort Schäden anrichten. Die Energieeinsparverordnung (EnEV 2002) schreibt vor, dass ein neues Gebäude »dauerhaft luftundurchlässig entsprechend dem Stand der Technik abgedichtet« sein muss, aber gleichzeitig ein Mindestluftwechsel durch freie oder mechanische Lüftung zu gewährleisten ist. Statt der atmenden Gebäude müssen nun also Maschinen oder Bewohner für die Lüftung sorgen. Für den hygienischen Mindestluftwechsel in bewohnten Räumen ist nicht nur die Luftfeuchtigkeit zu kontrollieren, sondern auch darauf zu achten, dass sich nicht zu hohe und für den Menschen gefährliche Mengen an CO_2, Schadstoffen oder Gerüchen ansammeln. Luftwechselrate und

Mindestluftvolumenstrom pro Person in Räumen sind vorgeschrieben. Auch für die Größe der Fenster gibt es klare Richtlinien und fensterlose Küchen, Kochnischen, Bäder und Toiletten erfüllen nur dann die Auflagen, wenn sie hinreichend belüftet werden können.

Der Trend zu luft-, wasser-, wärme-, feuchtigkeits- und schalldichten Wohnräumen geht notwendig hin zu Wohnzellen, die abgesehen von Türen und Klimaanlagen, Strom, Wasserinstallationen und natürlich einem High-Speed-WLAN keinen direkten Austausch mit der Außenwelt mehr haben. Die appbasierten, in Innenstadtlagen befindlichen Boxhotels – unter den Slogans »Sleep smarter« und »Schlafen muss nicht teuer sein« –, die es in Göttingen und Hannover gibt und die in Leipzig, Hamburg und Bielefeld entstehen sollen, sind Paradebeispiele für minimalistisches Wohnen – »effiziente Raumnutzung« – in einer Gesellschaft, die zwischen Arm und Reich auseinanderbricht. Das wird auch mit Nachhaltigkeit schöngeredet: »Der zur Verfügung stehende Raum wird optimal ausgeschöpft und auf ungenutzte Freiflächen größtenteils verzichtet.«

Die Boxhotels bieten fensterlose Einzelzimmer ab 24,99 Euro, Größe: 4 Quadratmeter. Für einen Aufpreis gibt es auch 6 Quadratmeter mit zwei Betten auf unterschiedlichen Stockwerken, einem Waschbecken und – natürlich nicht umsonst – einer Dusche. Die Toiletten sind immer im Gemeinschaftsbad. In der Lounge kann man sich aufhalten, Wasser und Kaffee gibt es kostenlos. Die Fensterlosigkeit soll einem regelrecht schmackhaft gemacht werden: »Unsere Boxen verfügen über ein spezielles Belüftungssystem. Auch ohne Fenster kannst du bei uns immer durchatmen! 1 000 000 Liter Frischluft am Tag – so viel, wie du in 100 Tagen einatmest.« Anstatt eines Fensters gibt es ein Foto, man könnte sich auch einen Bildschirm vorstellen, der einen Ausblick simuliert oder aber wahlweise alles andere zeigt, was weltweit als Foto oder Video zirkuliert, wodurch die Zelle zu einer von der lokalen Umgebung isolierten, aber global vernetzten Raumkapsel oder Monade würde.

Nun gibt es in den Landesbauordnungen eigentlich die Vorschrift, dass Wohnräume, wozu auch Hotelzimmer zählen sollten, Fenster haben müssen, um sie mit Tageslicht zu versorgen. Die Stadt Hannover wollte im Unterschied zur Stadt Göttingen deswegen das Boxhotel verbieten lassen. Vor Gericht scheiterte Hannover, hat aber nun zur Auflage gemacht, dass Gäste dort aus gesundheitlichen Gründen nur drei Tagen wohnen dürfen. Darüber hinaus sorgt sich die Stadt um das »psychische und physische Wohlbefinden« der Gäste. Der Betreiber der Boxhotels klagt derzeit gegen die Auflagen und könnte damit eine neue minimalistische Wohnkultur von Höhlenbewohnern durchsetzen, in der Fenster, Tageslicht und die Anbindung an die lokale Umgebung obsolet wären.

Ob die fensterlosen, luftdichten Wohnhöhlen kommen werden, ist fraglich, und wer es sich leisten kann, wird sich wohl beim Wohnen nicht in eine solche Zelle einschließen. Aber auch die neuen luftdicht und wärmetechnisch ausgelegten Gebäude zeigen in der Fassadengestaltung, dass sie nicht offen sind, sondern verschlossen, abwehrend und in sich zurückgezogen. Als Vorbilder stehen hierfür Bunker und bunkerähnliche Fahrzeuge wie diesen nachempfundene SUVs, massive, höher gelegte, meist schnelle Fahrzeuge mit kleinen und getönten Fenstern, um die Insassen besser zu schützen, was diese zum aggressiveren Fahren provoziert. Für den Fahrer ist das Fahrzeug wie auch die Wohnung ein erweiterter Körper, für die Mitfahrer hingegen – im Unterschied zum offenen Fahr- oder Motorrad – ein kollektiver. Die Auffassung, dass der Körper selbst wiederum als Wohnung der Seele gilt, komplettiert schließlich das komplexe metaphysische Zusammenspiel, das anhand einer etwa 300 Jahre währenden Zeit in Europa deutlich wird, als dieses aufgrund seiner überlegenen (Waffen-)Technik sowie grenzenlosen Gier und Aggressivität zur Weltmacht geworden war, während es gleichzeitig im Gestank und Schmutz versank. Eine interessante, die Moderne prägende Epoche, die wir uns näher ansehen wollen.

Angst vor dem Porösen

Viele Menschen in der Welt sind saubere, trockene, möglichst staubfreie, mehr oder weniger helle und gut belüftbare oder klimatisierte Wohnungen gewöhnt oder streben zumindest danach. Sie sollen geruchsneutral und frei von Schmutz sein sowie dem »Ungeziefer«, letztlich allem Lebendigem, abgesehen von erwünschten Haustieren, möglichst wenig, am besten überhaupt keinen Lebensraum bieten. Das war lange Zeit aber keineswegs die Lebenswirklichkeit der meisten, vornehmlich ärmeren Menschen, die sich mit Staub, Dreck, Ungeziefer und Gestank konfrontiert sahen und oft in dunklen, feuchten und kalten Unterkünften hausten. Das Ideal der Reinheit hatte schon für die Stoiker, aber insbesondere für die frühen Christen eher mit dem Seelenheil und dem »Schmutz« der Laster als mit dem der Lebenswelt und des eigenen Körpers zu tun, radikalisierte sich aber mit dem jahrhundertelangen Durchgang Europas durch Schmutz und Gestank, um schließlich die geistige Reinigung im Gegenzug mit bislang unerhörter, teils technikgetriebener Radikalität auch auf den Körper und die gebaute Umwelt zu übertragen. Im 15. und 16. Jahrhundert kam es bekanntlich zu einem großen kulturellen Bruch, Wasser wurde auch bis in den höchsten Adel hinein verabscheut, Waschen war weitgehend verpönt, es galt gar als gefährlich und sollte möglichst vermieden werden.

Diese Zäsur mitten im Prozess der Aufklärung und des rationalen Denkens, des Fortschritts der Wissenschaft und der Rationalität wie auch der Explosion an technischen Neuerungen ist immer noch erstaunlich und kaum nachvollziehbar. Es ging keineswegs um einen Rückfall in das »dunkle Mittelalter«, welches zumindest in den europäischen Städten in der Nachfolge der Kultur des antiken Roms noch ziemlich sauber war, sondern um eine kuriose wissenschaftliche Exkursion oder Abweichung, die ausgerechnet im Zeitalter der Seuchen erfolgte und diesen begegnen sollte – durch Verschluss von Öffnungen für gefährliche Dünste, von denen man glaubte, dass sie Krankheiten übertragen, durch Einschränkung letztlich des freien Flusses der Luftzirkulation in den Wohnungen und an den Körpern.

Diese scheinbar wissenschaftlich begründete Verirrung führte schließlich zu einer massiven Revolution der Lebensführung und des Wohnens durch moderne Technik: Das Bauen wurde wie auch das Selbstverständnis der Menschen radikal dem Imperativ der Sauberkeit oder Hygiene unterworfen. Mit der im 18. Jahrhundert beginnenden Entwicklung der Chemie, der steigenden Sensibilität für Gase und der zunehmenden sozialen Ächtung der üblen Gerüche niederer Kreise durch die empfindlichen Nasen des neuen Bürgertums setzt dann, unterstützt durch die Entdeckung mikrobieller Krankheitserreger, im 19. Jahrhundert das ein, was man die »große Reinigung« nennen könnte, die bis heute anhält. Parallel wurden die konventionellen Quellen unliebsamer Ausdünstungen in Form des Zerfalls organischer Materie durch die Schornsteine der Fabriken und Häuser sowie die giftigen Schlacken und Gase der chemischen Industrie ersetzt. Letztere vertrieb vor der Ankunft des elektrischen Lichts mit Leuchtgas und Gasanstalten die Dunkelheit aus Städten und Häusern und sorgte mit der massenhaften Herstellung von Chlor, Soda und Schwefelsäure für die Reinigung von Textilien auch zur besseren Desinfektion.

Die erleuchteten Wohnungen gaben den Blick auf Schmutz, Dreck und Staub frei, was allmählich auch zu deren Entrümpelung, später gipfelnd im Bauhausstil, führte. Die Umwelt- und Luftverschmutzung des Industriezeitalters wurde lange Zeit geduldet, auch wenn diejenigen, die es sich leisten konnten, aufgrund der Motorisierung, zunächst mit Zügen und dann Autos, aus den Städten zogen, sich in neuen Villensiedlungen und Gartenstädten niederließen und die Suburbanisierung einleiteten. Damit kehrte sich erstmals der Zuzug aus dem Land in die Städte um, indem urban geprägte Siedlungen in Form der Vorstädte wuchsen, die Dörfer überwucherten oder umgestalteten: eine Ruralisierung der Städte oder eine Urbanisierung des Landes.

Der Gestank der Heiligkeit

Die Geschichte der großen Reinigung betrifft vor allem die christlichen europäischen Länder, die zum Beginn der Neuzeit einige Jahrhunderte des Lebens im extremen Dreck und mit einer vermeintlich medizinisch begründeten Wasserphobie durchliefen. Nirgendwo sonst war die Aversion gegen die körperliche Reinigung so groß. Nicht nur in Asien wunderte man sich über den Gestank der Europäer, auch die Osmanen rümpften die Nase über die schmutzigen Barbaren, die sich in die Nachfolge der frühchristlichen Eremiten und Asketen stellten. In Amerika eroberten die wasserscheuen Europäer etwa das Reich der Azteken, welches über ausgeklügelte Wassersysteme verfügte und hohe Reinlichkeitsstandards aufwies. Mit dem Aufkommen des fundamentalistischen, zunächst eher asketischen Christentums und dem Zusammenbruch des Römischen Reichs mit seiner urbanen Kultur wurde auch die bislang zelebrierte Bade- und Reinheitskultur, die ihren Ursprung im antiken Griechenland hatte, wo bereits viele Häuser auch mit Badewannen ausgestattet waren, als elementarer Bestandteil des sozialen Lebens in den Städten für unwichtig oder gar dekadent befunden.

Baden sorgte für Sauberkeit und war Ausdruck von Hygiene, aber auch der Lebenskultur, zumindest für diejenigen, die es sich leisten konnten und die Bäder betreten durften. Die ausgefeilten Badeprozeduren galten als eines der wesentlichen Rituale der römischen Kultur. Große Teile der Bevölkerung hatten allerdings auch im antiken Rom kein fließendes Wasser, die Töpfe wurden auf die Straße, in den großen Mietshäusern (*insulae*) meist in im Erdgeschoß aufgestellte Fässer, in Gruben oder Misthaufen geschüttet. An den Straßen und Plätzen waren Latrinen aufgestellt, um die Verschmutzung des öffentlichen Raums zumindest dort einzudämmen. Urin sammelte man zum Weiterverkauf als Rohstoff an Gerber oder Färber. Die öffentlichen Bäder boten neben Umkleideräumen verschiedene Warm-, Dampf- und Kaltbäder an, ebenso wie Möglichkeiten zu speisen und zu trinken, sich massieren zu lassen, Sport zu treiben, zu spielen und vor allem mit anderen zu kommunizieren. Zwar sollten Männer und Frauen eigentlich getrennt baden, doch die Klagen über sexuelle Ausschweifungen waren häufig, wie Bilder in einer Therme mit Bodenheizung und Badebecken in Pompeji belegen. In Rom landete das Abwasser der Latrinen oder Toiletten über die gemauerte *cloaca maxima* und andere Abflüsse, die zudem schnell verschlammten, im träge fließenden Tiber, der zumal im Sommer mit geringem Wasserstand strenge Gerüchte verbreitet haben muss. Die herrschaftlichen Villen auf dem Land, die mit Latrinen und fließendem Wasser ausgestattet waren, dienten neben der Verwaltung der Latifundien den wohlhabenden Römern dazu, dem Gestank im Sommer zu entgehen. Der Körper wurde allerdings nicht mit Seife und Wasser gesäubert, sondern mit Öl, das man mit einem Metallstab, *strigil* genannt, wieder abschabte.

Die aufwendige Infrastruktur der Wasserversorgung für die teils gigantischen Thermen, aber auch für die privaten Bäder hielt sich noch bis ins 7. Jahrhundert hinein, dann zerfiel sie allmählich und ging im ausgehenden Mittelalter weitgehend verloren. Durch den Aufstieg des Christentums und seiner »Kulturrevolution« verschwanden allmählich das Wissen und das Verlangen nach dieser Form der körperlichen Hygiene. Wichtiger war schließlich die seelische Reinheit, während die Verachtung des Körpers und des irdischen Jammertals die Reinlichkeit in den Städten und Wohnungen, aber auch des Körpers in den Hintergrund treten ließen. Schon die frühen Christen hatten als Fundamentalisten versucht, die römische Zivilisation als verderbt zu beseitigen. Wie Vandalen, nicht weit entfernt von den heutigen Islamisten, plünderten und zerstörten sie Kulturen ganz im destruktiven Geist der religiösen Säuberung. Ein kärgliches Relikt aus der römisch geprägten Zeit des frühen Christentums überlebte lediglich in Gestalt des obligatorischen Bads vor der Taufe.

Tertullian, ein strenger Moralist, der in den Jahren von 150 bis 200 nach Christus lebte, schrieb etwa, die Christen seien doch

»keine Waldmenschen oder aus dem Leben ausgeschieden«, sie würden keine der Früchte von Gottes Werken verschmähen und daher »in der Welt mit euch zusammenleben, nicht ohne Benützung des Marktplatzes, nicht ohne den Fleischerladen, nicht ohne die Bäder, die Verkaufsbuden [...]«.[1] Das sollte sich aber ändern, wenn auch im Osten des ehemaligen Römisches Reichs weniger stark als im Westen; beispielsweise beschimpfte der spätantike Sophist Eunapios von Sardes im 4. Jahrhundert die Christen als »Rasse schmutziger Tiere«. Es gab allerdings keine einheitliche Praxis, so war das Waschen und Baden als Heilmittel bei Krankheit meist gestattet. Und zwei- oder dreimal im Jahr erlaubte man in vielen Klöstern, wie auf dem Konzil von 816 beschlossen, vor Feiertagen, also vor allem vor Weihnachten und Ostern, die Reinigung.[2]

Catherine Nixey hat diese Spur des mit der Körperverachtung einhergehenden christlichen destruktiven Eifers in ihrem Buch *Heiliger Zorn* anschaulich herausgearbeitet.[3] Sie verweist etwa auf den Heiligen Antonius, der im 4. Jahrhundert als junger Mann aus einer reichen Familie sein Hab und Gut verkaufte und in eine kleine Hütte, möglicherweise sogar in einen (Schweine-)Stall, zog, um in Absage des Luxus der reichen Schicht, die der Wollust, Völlerei und Habgier frönten, in Askese zu leben und den Verführungen des Satans zu trotzen. Nixey skizziert sein Leben, das der Gründung des Mönchstums zum Vorbild stand, obwohl er selbst als Heiliger gerne mit dem Schwein verbunden wird, wahrscheinlich etwas überzeichnet folgendermaßen:

> Er verachtete seinen Körper. Er geißelte sich jeden Tag und dachte nicht daran, sich mit Öl zu salben; stattdessen trug er ein Cilicium (ein grobes Hemd aus Tierhaaren) und wusch sich überhaupt nicht. Lediglich wenn er einen Fluss durchquerte, lösten sich die Dreckkrusten von seinen Füßen.

Man muss davon ausgehen, dass sein Körper ähnlich roch wie seine Unterkunft. Damit sollte er einen prägenden Einfluss auf die nächsten Jahrhunderte der christlichen Kultur haben. Mit der monastischen Bewegung, die sich vor allem im 3. und 4. Jahrhundert in Ägypten und Syrien ausbreitete und erst später auch als Besiedlungs- und Kolonisierungswelle nach Europa kam, zogen die Eremiten, die »Heiligen Männer«, in Höhlen, alte Grabanlagen oder auch auf Türme und Säulen. Wer ein wenig luxuriöser leben wollte, bewohnte oder errichtete Klostersiedlungen und paradoxe Einsiedlerkolonien (*kellia*). Diese konnten mehreren Tausenden Mönchen Unterkunft bieten, wie die ägyptischen Kloster in Tabennisi oder Pbow. Die Mönche wohnten in Zellen, dazu kamen oft Vestibula, Oratorien, Arbeits-, Vorrats- und mitunter Küchenräume. Nur vereinzelt gab es Brunnen oder Latrinen, was darauf hindeutet, dass es dort nicht gar zu reinlich zuging.[4]

Im 1236 eroberten Spanien hatte es Hunderte von Bädern gegeben, die sogleich von den Christen zerstört wurden. Der reinlichen Kultur der Muslime in Andalusien setzten die Christen den »olor de santidad« entgegen, den Geruch – oder vielmehr den Gestank – der Heiligkeit. In Cordoba schrieb im Jahre 1075 Ulrich, ein Mönch aus dem Kloster Cluny, die christliche Körperpolitik vertretend: »Was unsere Bäder anbetrifft, können wir nicht viel sagen, da wir nur zweimal im Jahr baden, vor Weihnachten und vor Ostern.« Brauch war bei Mönchen in der Nachfolge Christi vor allem, die Füße und Hände der Gäste zu waschen, wie es der Papst auch noch heute macht. Kalte Bäder dienten häufig dazu, sexuelle Gelüste herunterzufahren, warme Bäder hingegen sollten diverse Krankheiten heilen oder Schmerzen lindern. Man darf sich natürlich nicht vorstellen, dass sämtliche Menschen in Europa zu dieser Zeit die grundlegende Körperpflege mieden, aber es spielte im Gegensatz zu den Griechen und Römern der Antike, aber auch zu den gleichzeitig lebenden Osmanen, die das römische Bad als *hamam* weiterführten und ausgeklügelte Wassersysteme besaßen, keine große kulturelle Rolle: Man wusch sich und seine Kleidung selten, ähnlich dürften die Häuser nicht sonderlich sauber gewesen sein.

Wie wenig einheitlich die hygienische Situation war, lässt sich an zwei großen Künstlern der Renaissance ablesen. Michelangelo (1475–1564) stellte in seiner Kunst keine schmutzigen Körper oder Szenerien dar, soll aber persönlich nichts vom Waschen gehalten haben. Seine Kleidung wechselte er angeblich kaum und seine Schuhe trug er selbst beim Schlafen. Der Stoff soll über Dreck und Schweiß so stark mit seinem Körper verbunden gewesen sein, dass sich zu den seltenen Gelegenheiten, bei denen er sie wechselte, ganze Hautstreifen mit ablösten. Ganz anders der etwas ältere Leonardo da Vinci (1452–1519), dem nachgesagt wird, stark auf Sauberkeit geachtet und sich regelmäßig gewaschen zu haben. Der Schmutz und der Gestank in Mailand, wohin er 1482 kurz vor der Pestepidemie, gezogen war, ärgerte ihn immens und er verstand die Menschen nicht, die »wie Ziegen dicht zusammenleben«. Er sah bereits einen Zusammenhang zwischen den grauenvollen Hygienestandards und der Verbreitung der Seuche und entwarf in Folge ein umfassendes Umbauprogramm für Mailand: Gegen die engen, dunklen Gassen und dicht bevölkerten Gebäude der alten Stadt, wo die Menschen ihren Abfall und ihre Fäkalien auf den Straßen entsorgten und es von Tieren und Ungeziefer nur so wimmelte, schlug er als frühes Haussmann-Projekt breite Straßen und Kanäle für Trink- und Abwasser vor, während er die Gründung einer ersten Müllabfuhr anregte. Sein Entwurf für eine saubere Stadt enthielt eine vertikale Teilung in zwei Ebenen: Unten war der Ort für die Dienstboten, die Anlieferungen mit den Wagen und die Abwässer in Kanälen, oben lebten die wohlhabenderen Schichten auf einer erhöhten Straßenebene mit guter Luft, Arkaden und Parks.[5]

Kenntnisse haben wir aus dieser Zeit sowieso nur vom Leben in den Städten; wie hingegen die Bauern, die damals weitaus größte Bevölkerungsgruppe, auf dem Land zusammen mit dem Vieh hausten, wissen wir nicht. Nach späteren Berichten muss man aus der Verachtung der Städter schließen, dass die Bauerndörfer noch lange nach der Verbesserung der öffentlichen Hygiene in den Städten in Schmutz und Gestank verharrten. Während die Städte nämlich allmählich sauberer wurden und man sie hygienisch im Zuge der »medicinischen Polizey« nach Johann Peter Frank (1745–1821) umbaute, Straßen pflasterte, größere Abstände zwischen den Gebäuden einrichtete, für Durchzug und frische Luft sorgte und die Exkremente aus der Stadt und den Häusern durch die Kanalisation entsorgte, hatte man wie in Paris schon zuvor begonnen, die Fäkalien, das Aas und die stinkenden Abfälle aus der Stadt auf das Land zu schaffen. Dort entstanden im 18. Jahrhundert mit dem Beginn der Säuberung die Sammelgruben von Montfaucon, ein »Gürtel aus Fäulnis« (Alain Corbin), der die Städte einschloss und gefährdete, aber auch das Bild vom Land prägte. Zugleich waren die Exkremente aber auch von hohem wirtschaftlichem Wert, da sie als Rohstoff für Dünger verwendet wurden. Forscher, die zu Beginn des 19. Jahrhunderts nach den Städten die »Wohnhöhlen« der Bauern hinsichtlich der Hygienebedingungen erforschten, berichteten, wie Corbin zitiert, ein eintöniges Bild vom Leben auf dem Land:

> Enge Räumlichkeiten, winzige Fenster, Luft- und Lichtmangel, feuchte Böden, die nicht einmal mit Steinplatten ausgelegt sind, unheilvolle Dämpfe, stinkender Mist im Verbund mit dem Geruch von Waschlaugen und Spülwasser sowie die unerträgliche Nähe der Viehställe und der Molkerei, von denen faulige, vergorene Dunstschwaden aufsteigen.[6]

Über die Situation während der Renaissance schrieb Bernd Roeck, dass die meisten Menschen in den Städten im »Halbdämmer« lebten, weil nicht Glas, »sondern beispielsweise geöltes Pergament vor Wind und Kälte« schützte, und schilderte anschaulich die Lebensbedingungen:

> Im Winter reizte beißender Rauch Lungen und Augen. Die antike Technik der komfortablen, mit heißem Dampf wärmenden Hypokaustheizung war vergessen, die riesigen Thermen der Römermetropolen verfielen. Leben und Arbeiten vollzog sich in einem einzigen Raum, in dem ein offenes Feuer glimmte, falls man nicht über einen Kachelofen verfügte. Die Gassen waren je nach Wetter staubig oder

> verschlammt. Entsorgungssysteme, ein großes Thema der Renaissance-Urbanistik, wurden nur allmählich entwickelt. Fäkalien landeten gewöhnlich auf den Straßen, Misthaufen dampften im Morgenlicht. Vom Schindanger und vom Galgen wehte der schaurig-süßliche Duft des Todes über mit Reet oder Stroh gedeckte Dächer. Eine Geschichte der Sinne dürfte zu dem Schluss gelangen, dass unsere Altvorderen ein sehr robustes Geruchsempfinden haben müssen.[7]

Hätte man nun das Bild einer seit dem Ende der Antike völlig verdreckten europäischen Gesellschaft, die mit voranschreitender Zeit zunehmend sauberer wurde, im Kopf, so läge man damit aber falsch, denn die Genese der großen Reinigung verlief über mehrere Etappen. Gehen wir also einen weiteren Schritt in der Zeit zurück.

Mit den Seuchen veränderte sich die Kultur

Unmittelbar vor der Renaissance, im von der Warmzeit profitierenden Spätmittelalter, waren die Bedingungen noch anders, zumindest in den reicheren Wohngegenden der Städte, die beständig wuchsen und als relativ eigenständige Gemeinschaften eine idiosynkratische, dynamische Kultur entfalteten. Ab dem beginnenden 11. Jahrhundert hatten sich in Nachahmung der islamischen Kultur auch in den europäischen Städten wieder Badehäuser mit Dampf- und Schwitzbädern ausgebreitet. Sie wurden im Gegensatz zur islamischen Welt teils auch gemeinschaftlich genutzt, es war ein Ort der Wohlgerüche und der Geselligkeit, man pflegte wieder ein freizügiges Verhalten, wie im Römischen Reich verbunden mit Erotik und Prostitution. Mitunter erhielten Handwerker oder auch Arme ein Badegeld, um an dieser »Seligkeit« teilzuhaben.

Von den nordischen Ländern wird berichtet, dass die Menschen mitunter fast nackt zu den öffentlichen Bädern gingen, in den kleinen Städten und Dörfern lagen sie schließlich gleich um die Ecke. Selbst wenn Frauen- und Männerbäder getrennt waren, standen das öffentliche Sehen und Gesehen-Werden sowie die Kommunikation im Mittelpunkt. In Bädern wurde geflirtet, sie dienten mitunter auch zu außerehelichen Abenteuern, Troubadoure sangen, man aß und trank, der Bader sorgte für die Haar- und Bartpflege sowie die medizinische Betreuung, für Schröpfen etwa oder Aderlassen. Private Bäder fanden zunehmend wieder Einzug in die Gebäude des Adels und der reichen Bürger, neben Badewannen oder Dampfbädern. Wo es wie in Baden-Baden heiße Quellen gab, ließ man Becken in diese ein.[8] Das Bad galt nicht nur als gesellige Veranstaltung, die Vergnügen und Entspannung bereitet und der Sauberkeit sowie der Schönheit dient, es war auch eine Zeremonie, die Krankheiten vertreiben und für Gesundheit sorgten sollte.[9]

Nach der Wende vom ersten ins zweite Jahrtausend, als die relativ unabhängigen Städte zu wachsen begannen, neue Machtzentren die Kultur und Politik prägten, sich neue Techniken verbreiteten, eine Universität nach der anderen ihre Türen öffnete und die rationale Philosophie der Scholastik lehrte, Latein sich mit dem Aufgreifen der Antike und der Ausbreitung der Schriftkultur als gemeinsame Sprache durchsetzte und die (Geld-)Wirtschaft aufblühte, legte man in vielen Städten, aber auch in Klosteranlagen wieder Wert auf Wasserzufuhr durch Kanäle und Tunnels. Diese versorgten die Gemeinden mit sauberem Trinkwasser, ermöglichten die Entsorgung von Abwasser sowie den Betrieb von Mühlen und Werkstätten.[10] Das häufige Waschen der Kleidung und des Körpers war verbreitet, geachtet wurde auf die Sauberkeit der Hände und des Gesichts, den Mund spülte man aus.

> Seit dem 13. Jahrhundert unterstellten viele Städte Brunnen und Wasserleitungen der öffentlichen Rechtsaufsicht: Sie bestellten vereidigte Brunnenmeister, die wieder Handwerker und Hilfskräfte unter sich hatten und für die Reinhaltung und Wartung der Anlagen sorgten. Waren zur Sicherung bzw. Verbesserung des Wasserzuflusses schwierige Grabungsarbeiten zu bewältigen, dann wurden seit Ende des 12. Jahrhunderts unter gegebenen Umständen Bergleute mit ihren Fachkenntnissen herangezogen.[11]

Neben künstlichen und natürlichen Wasserläufen, an welchen man die Handwerksbetriebe ansiedelte, wurden auch Hospitäler und öffentliche Dampfbäder gebaut. In kriegerischen Auseinandersetzungen zerstörten die Invasoren gerne den außerhalb der Befestigung gelegenen Teil der Wasserversorgung oder leiteten Kanäle und Flüsse um. Neben den Holz- und Steinhäusern verbreiteten sich in ganz Europa allmählich die Backsteinproduktion und damit auch die hygienischere Ziegelbauweise. In den geschlossenen Öfen nach den traditionellen Ziegelmeilern konnte man bereits 100 000 Ziegelsteine brennen, was allerdings vier Wochen benötigte. Im 16. Jahrhundert wurden in Holland schon Öfen entwickelt, mit denen sich auf einmal eine Million Ziegel in derselben Zeit brennen ließen.[12] Man begann, wie in Paris gegen Ende des 12. Jahrhunderts, die Straßen zu pflastern, um die Ausdünstungen zu verhindern und Ansammlungen von Schlamm und Staub zu verhindern. Wer die Mittel hatte, baute sich eine Villa auf dem Land in kultivierter Natur oder träumte vom Leben in utopischen Städten auf entlegenen Inseln.

Paradigmatisch für das neue Bild vom Wohnen ist die utopische Stadt, die Thomas Morus 1516 in seiner Schrift *De optimo rei publicae statu deque nova insula Utopia* (»Vom besten Zustand des Staates und der neuen Insel Utopia«) – meist schlicht *Utopia* genannt – entwarf. Die Straßen seien zweckmäßig für den Verkehr und zum Schutz vor dem Wind angelegt, schreibt er. Hausreihen stehen sich, getrennt durch eine sechs Meter breite Straße, gegenüber, und jeder besitzt einen Garten, den die Bewohner »außerordentlich schätzen«. Die Türen sind nicht verschließbar, die Bewohner keine Eigentümer. Alle zehn Jahre müssen die Wohnungen nach Auslosung gewechselt werden, was an eine Praxis im antiken Griechenland anlehnt, nach der die gleichförmigen Typenhäuser der Stadt nach einem Zufallsprinzip verteilt wurden.

Interessant ist, dass Morus einen historischen Bruch in der Architektur der Häuser beschreibt, der den Übergang zur Neuzeit vollzieht: »Die Häuser seien anfangs niedrig und eine Art von Hütten und Buden, planlos aus irgendwelchem Holz errichtet, gewesen, die Wände mit Lehm verschmiert, die Dächer steil und strohgedeckt.« Bei diesen Materialien kann sich Dreck sammeln, Feuchtigkeit bilden und Ungeziefer ansiedeln; die Bauten waren wohl klein, eng, dunkel und überbelegt. Dagegen der Entwurf der Moderne:

> Heute ist jedoch jedes Haus ein ansehnliches Gebäude von drei Stockwerken. Die Außenwände bestehen aus Granit, anderem hartem Gestein oder auch aus Backsteinen, innen sind sie mit Mörtel verputzt. Die Dächer sind flach und werden mit Kunststeinen gedeckt, die nicht viel kosten, aber so beschaffen sind, dass sie kein Feuer fangen und andererseits besser als Blei gegen die Unbilden des Wetters schützen. Die Winde halten sie von den Fenstern durch Glas ab, das dort sehr viel benutzt wird, gelegentlich auch durch dünne Leinwand, die sie mit durchsichtigem Öl oder Harz bestreichen, mit doppeltem Erfolg, insofern sie auf diese Weise mehr Licht und weniger Wind hineinlässt.[13]

Mit den hereinbrechenden Seuchen, beginnend mit der großen Pestepidemie der Jahre 1348 bis 1350 und der ausgehenden Warmzeit, versanken große Teile des Abendlands bei allem Prunk nach und nach im Schmutz und im Gestank. Die Christen verstanden die »äußere Reinheit« als List des Teufels, um das Böse zu verstecken. Zudem war der Körper, vor allem der nackte, Ort der Begierde, der nicht zu pflegen, sondern zu beherrschen sei. Die Reformation trieb die Ausrichtung auf die innere oder ethische Wahrheit weiter, was dann auch zu der schon beschriebenen, im Frühchristentum schon angelegten Bekämpfung unreinen Verhaltens führte, symptomatisch etwa zu einer europaweiten Welle der Schließung von Badeanstalten oder zur Verfolgung von Ketzern und Hexen.[14] Im Gegensatz zur christlichen Praxis erbauten die Türken in eroberten Städten möglichst schnell öffentliche Bäder. Die Besatzer nutzen diese mehrmals in der Woche, um sich rein zu halten, und wuschen sich, wie Henry Blount im Jahre 1636 in *Voyage into the Levant* verwundert über Ägypten schrieb, nach dem Urinieren oder Stuhlgang auch die Genitalien – »kaum beachtend, wer neben ihnen steht«. Wenn ein Mann allerdings ein Bad betrat, das gerade von Frauen benutzt wurde, war er des Todes. Einen besonders hohen Stellenwert hatte damals schon die rituelle Reinigung vor dem Gebet.

Dieser Aspekt der osmanischen Kultur sei, so Blount, wohl durch das heiße Klima bedingt – im Unterschied zum Leben in gemäßigteren Gefilden – und schon lange vor Mohammed Brauch gewesen. Seiner Beschreibung zufolge sind die normalen Häuser ärmlich und klein, gebaut aus in der Sonne getrockneten Ziegeln, die öffentlichen Gebäude dagegen riesig und von Bäumen umringt, sodass die türkischen Städte wie Wälder aussehen. Über ihre »liebliche Ästhetik« hinaus schützen diese im Sommer vor der Sonne und im Winter vor den Winden. Die Straßen seien schmal, aber gepflastert, auf beiden Seiten versehen mit erhöhten Bürgersteigen, und an Flüssen oder anderen Stellen mit einem schönen Anblick habe man »offene Gartenhäuser« errichtet, in denen sich jeder niederlassen und seine Zeit verbringen kann.

Im Gegensatz dazu waren im Westen nicht erst in den mit Unrat überzogenen Städten des 18. und 19. Jahrhunderts die Klagen über die beklagenswerten hygienischen Verhältnisse laut geworden. Es musste immer wieder dafür gesorgt werden, dass die Menschen den Dreck vor ihrem eigenen Haus zusammenkehren, sodass er aus der Stadt gekarrt werden konnte. In einem bezeichnenden Edikt von Franz I. aus dem Jahr 1539 beklagte sich dieser, dass ganz Paris mitsamt den Vorstädten so heruntergekommen und »voller Schlamm, Kot, Schutt und anderen Abfällen« sei, dass dies »bei allen Personen von Stand und Ansehen großen Abscheu und sehr großes Missvergnügen« bewirke. Nach dem Edikt war es verboten, Unrat oder Flüssigkeiten auf die Straßen und Plätze zu schütten und in den Häusern »längere Zeit Harn und modrige oder verfaulte Flüssigkeiten« aufzubewahren, sofern es keine Abtrittgruben gab. Alles müsse in Behältern gesammelt und aus der Stadt gebracht werden. Im Überschwang verbot Franz I. auch die Haltung aller Nutztiere in der Stadt, abgesehen von Pferden. Interessanterweise ist jedoch von möglichen gesundheitlichen Schäden durch die Verschmutzung nirgendwo die Rede.

Erstaunlich ist angesichts dieser Umstände, warum trotz der allmählichen Veränderungen der Städte und Wohnungen oder zumindest des aufkommenden Wunsches nach mehr Sauberkeit, Licht, Luft, frischem Wasser und Natur die Gesellschaft schließlich im Schmutz und Gestank versank. Gegen den Luxus, die Zuwendung zu körperlichen und irdischen Genüssen und den angeblich moralischen Verfall protestierten beispielsweise umherziehende Bettelmönche, die allen irdischen Besitz aufgaben, gleich den frühchristlichen Eremiten wieder das einfache Leben suchten und auf Missionsreisen gingen. Dauerhaftes Wohnen und Sesshaftigkeit galten nicht als christliche Eigenschaften, und die Bettelmönche, aus denen etwa der Franziskaner-Orden hervorging, strebten in Reaktion auf die Benediktiner und deren Prachtbauten und Klöster nach dem religiös, aber nicht notwendig körperlich reinen Dasein.

Später kehrten allerdings auch die Franziskaner zur Sesshaftigkeit in Klöstern zurück, integrierten sich in die Hierarchie, begannen zu arbeiten und organisierten die Bildung der mittelalterlichen Bevölkerung – das Leitbild des besitzlosen, keuschen und ärmlich bekleideten Christus-Nachfolgers verfolgten sie aber weiter. Neben den Kaufleuten und den Handwerkern waren vor allem die Mönche die Vorläufer einer transnationalen Bevölkerungsschicht, die ihre Heimat und ihre Länder zurückließ und in ihren religiösen Gemeinschaften und Klöstern über Ethnien und Herkünfte hinweg zusammenlebte. Eine ähnliche »globalisierende« Funktion hatten die Universitäten.

Der Schmutz auf den Körpern und in den Räumen

Ausgerechnet im Zeitalter der aufblühenden Wissenschaft, der Aufklärung und Rationalität entstand vor dem Hintergrund der christlichen Ideologie eine Scheu vor dem Wasser und dem Waschen des Körpers. Dies war die Folge nicht allein der bereits erläuterten religiösen Angst, sondern auch der damals aktuellen Lehre von den Miasmen, die auf Hippokrates zurückgeht, der an der Wende des 5. und 4. Jahrhunderts vor Christus lebte und Krankheiten auf natürliche Ursachen zurückführte. Seuchen und Gebrechen entstehen demzufolge zwar auch durch Kontakt, vor allem aber durch Dünste, die aus der Erde aufsteigen und von den aus Wasser und Wolken entstehenden Winden verbreitet werden; hinzu treten die Ausdünstungen von Menschen. So musste man der Anhäufung solcher gefährlicher Säfte ein Ventil verschaffen: Aderlässe, Abführen, Erbrechen oder auch Schröpfen waren bis ins 19. Jahrhundert hinein verbreitete medizinische Heilmethoden.

Eine Rolle spielte zudem die sogenannte »Porentheorie«, wie sie der vorsokratische Philosoph Empedokles, der etwa zur selben Zeit wie Hippokrates lebte, vertreten hatte. Auch dabei ging es um die Luftzirkulation beim Atmen: Nach Empedokles gibt es blutarme Adern, die nach außen hin über Poren verfügen. Diese sind kleiner als die Teilchen des Körpers, damit dieser nicht ausläuft, aber größer als die der Luft. Das Blut bewege sich rhythmisch auf und ab. Bei der Abwärtsbewegung, also der Einatmung, wird Luft aus der Umgebung eingezogen, die bei der Aufwärtsbewegung, also der Ausatmung, wieder entweicht:

> So atmet alles ein und aus. Sind doch bei allen (Lebewesen) blutarme Röhren von Fleisch über die Oberfläche des Körpers hin ausgespannt, und an ihren Mündungen ist die äußerste Oberfläche der Haut überall von zahlreichen Ritzen durchbohrt.[15]

Empedokles nahm an, dass es in allen Körpern und Stoffen Zwischenräume dieser Art gibt. Plutarch bringt dies mit Ausflüssen und Ausdünstungen zusammen:

> In der Erkenntnis, dass von allen Dingen, die entstanden sind, Ausflüsse stattfinden; denn es erfolgen ständig vielerlei Abflüsse nicht nur von Tieren und Pflanzen oder von Erde und Meer, sondern auch von Steinen und Kupfer und Eisen. Es vergeht ja auch alles dadurch, dass ständig etwas von ihm abfließt.[16]

Alles dreht sich, wie dies später auch Galen aufgriff, dessen Medizin vom 2. bis ins 17. Jahrhundert maßgeblich war, um Körperflüssigkeiten wie Blut, Schleim und Galle, um Luftströmungen, Winde, die Jahreszeiten, den Zustand des Wassers und die Lage bezüglich der Sonne, um Erde und Wasser, Feuer und Luft. Es war ein kompliziertes Zusammenspiel, das – obwohl natürlich weitestgehend ausgedacht – teilweise mit Beobachtungen belegt wurde. Das Ziel bestand in der Regel darin, ein ausgewogenes Verhältnis unter diesen Einflüssen herzustellen.

Die Erde schwitzt und sondert wie ein tierischer und menschlicher Körper Ausdünstungen ab. Gefährlich sind Moraste, die Landwirtschaft, die den Boden zerfurcht, und Risse in der Erdoberfläche. Wichtig war demnach, wo Städte liegen und wie die Häuser der Sonne, dem Wasser und den Winden gegenüberstanden, außerdem was der Körper an Säften produzierte oder nicht, was abfließen konnte und was für »inneren Druck« sorgte. Für Hippokrates durchzieht die Luft auch den Körper, wie er in *Über die heilige Krankheit* schreibt:

> Durch diese Adern ziehen wir auch den größten Teil der Luft ein. Denn diese sind Luftlöcher unseres Körpers, durch die wir Luft in uns hineinziehen und in den übrigen Körper durch die feinen Äderchen leiten; sie bringen Erfrischung und lassen dann die Luft wieder hinaus. Denn es ist unmöglich, daß der Atem stillsteht, sondern er geht ständig auf und nieder. Denn wenn er irgendwo stockt und abgesperrt ist, dann wird jener Teil, wo er stockt, unfähig, sich zu bewegen. Der Beweis hierfür: wenn bei einem Menschen im Sitzen oder im Liegen die Äderchen so zusammengepreßt werden, daß der Atem nicht durch sie hindurchgehen kann, dann tritt sofort eine Lähmung ein. So steht es mit den Adern und der übrigen Einrichtung des Körpers.[17]

Es ging also um Zirkulation und Stillstand: Bewegung der Luft und der Menschen ist gesund. Diese Einstellung änderte sich in Teilen Europas und der Bevölkerung vorübergehend im 15. bis 17. Jahrhundert.

In der Renaissance breitete sich die Angst vor den Seuchen mit der Vorstellung aus, die in der Luft verbreiteten Miasmen, die aus der Erde und den Gewässern aufsteigen, könnten in den Körper eindringen und dort Krankheiten verursachen. Das Problem sah man in diesen Dünsten in der Luft, nicht in den Fäkalien und den aus verwesenden Abfällen oder Kadavern stammenden Zersetzungsgerüchen. Bereits damals hatte man jedoch die Sorge, dass Fremde Krankheiten einschleppen würden, und verhinderte mitunter deren Zugang zu den Städten oder setzte Quarantänemaßnahmen durch. Michel Foucault sah in den vielfältigen Pestbekämpfungsmaßnahmen, die jenen während der Corona-Pandemie im Frühjahr 2020 angeordneten glichen, eine der Grundlagen des sich entwickelnden absolutistischen Staats, der mit Hilfe der Polizei die Bevölkerung registriert sowie deren Verhalten überwacht und kontrolliert. Diese sind Voraussetzung für den mit der Epidemie einhergehenden Panoptismus, den er am Beispiel der Pest in *Überwachen und Strafen* beschrieb.[18] Eine »verpestete« Stadt gerät dabei zu einem Gefängnis, dessen Bewohner gleich Gefangenen in ihre Häuser eingeschlossen, regelmäßig inspiziert und von außen versorgt werden müssen, während ein lückenloses System ihren Krankheitsstatus erfasst: »Der Raum erstarrt zu einem Netz von undurchlässigen Zellen. Jeder ist an seinen Platz gebunden. Wer sich rührt, riskiert sein Leben: Ansteckung oder Bestrafung.« Nach dem Vorbild von Leprosorien, in denen man die Leprakranken isolierte, entwickelten sich mit der »großen Einsperrung« im 17. Jahrhundert zuerst Pesthäuser, später schließlich Spitäler, aber auch Irrenanstalten, Arbeitshäuser und Gefängnisse, bis die Entwicklung in der Entstehung des dauerhaft überwachenden und intervenierenden Gesundheitssystems kulminierte.

Das fortwährende Identifizieren und Trennen zwischen Kranken und Gesunden, Anormalen und Normalen sieht Foucault als Basis der modernen Disziplinierungs- und Machtmechanismen. Sie greifen wie bei der Pestbekämpfung tief in das Alltagsleben, die Mobilität und das Wohnen ein und schaffen neue Räume des Zwangs und der Kontrolle. Das Panopticon war, worauf Foucault verweist, nicht nur als Gefängnis erdacht worden, sondern als umbauter und organisierter Raum von Anstalten, »in denen innerhalb eines nicht allzu ausgedehnten Raums eine bestimmte Anzahl von Personen unter Aufsicht zu halten ist«. Foucault betont die vielseitige Anwendbarkeit des Prinzips:

> Es dient zur Besserung von Sträflingen, aber auch zur Heilung von Kranken, zur Belehrung von Schülern, zur Überwachung von Wahnsinnigen, zur Beaufsichtigung von Arbeitern, zur Arbeitsbeschaffung für Bettler und Müßiggänger.

In Kombination mit den modernen Mitteln der digitalen Erfassung und Steuerung – man denke an das chinesische Sozialkreditsystem, das letztlich das Verhalten von mehr als einer Milliarde Menschen durch Fördern, Fordern und Strafen unter ständiger Überwachung beeinflussen soll –, wird eine ganze Gesellschaft bis hinein in die Wohnungen zu einer panoptischen Anstalt.

Ebenso wie Mauern und Tore die Städte zusammenhalten und schützen, sollten nach den medizinischen Lehrmeinungen, die sich während der Pestzeit durchsetzten, auch die Poren des Körpers verschlossen bleiben. Damit wollte man auch die Lebenskraft vor dem Entweichen bewahren, zudem dachte man, dass die Verweichlichung durch das warme Baden der Sexualität schade. Demgegenüber herrschte der von der christlichen Moral getriebene Zwang, die Kontrolle über den Körper zu behalten, der sich durch häufiges Waschen verderblichen Gelüsten öffnen könnte. In französischen Benimmbüchern, den sogenannten *Civilités*, die zwischen 1500 und 1839 in Frankreich erschienen waren, fand der Historiker Daniel Roche zwar Anweisungen für das Säubern von Händen, Gesicht, Kopf und Haar, der Restkörper blieb aber unerwähnt. Das spricht dafür, dass – wenn überhaupt – lediglich diejenigen Teile des Körpers gewaschen wurden, die nicht von Kleidern verdeckt waren. Ähnlich verhielt es sich in den Häusern und öffentlichen Räumen der Städte, wo man, wenn es keine Abtritte gab oder man diese aus Angst vor den Ausdünstungen mied, die Notdurft möglichst in verborgenen Ecken und Winkeln verrichtete und die Nachttöpfe in Gruben oder Misthaufen am Haus entleerte.

Man muss allerdings anmerken, dass die Angst vor dem Wasser maßgeblich die Oberschicht erfasste, weniger hingegen das gemeine Volk, das oft mangels Möglichkeiten im Dreck lebte und auch keine Ahnung von den Diskussionen der medizinischen Gelehrten hatte:

> Es hielt an seinem Dampfbad fest, ließ sich nicht wie die feinen Leute von den Behauptungen der Ärzte irre machen, in die durch Dampf geöffneten Poren könnten allerlei Krankheiten eindringen und deshalb seien Schwitzbäder zu unterlassen, Kaltbäder zu bevorzugen. Die Mode »trockener« Toilette der Höflinge mit Abreiben, Abwischen, Parfümieren, häufig gewechselter weißer Leibwäsche konnte das Volk sowieso nicht mitmachen. Eigene Badezimmer waren noch äußerst selten und gehören erst seit dem Ersten Weltkrieg zum Standard bürgerlicher Wohnungen.[19]

Isoliert von der Außenwelt ist der Körper – und die Wohnung – sicher vor dem zirkulierenden Bösen, dem Nomadischen und Ortlosen. Es gilt, sich zurückzuziehen und abzudichten, besonders häufiges Waschen, vor allem mit warmem Wasser, öffnet die Poren und lässt die Krankheit, den »Pestdampf«, eindringen. Ab dem 15. Jahrhundert begann man damit, die öffentlichen Bäder nicht nur aus Gründen der Moral, sondern auch zur Krankheitsvermeidung zu verbieten.

Öffentliche Bäder verschwanden zwar nicht gänzlich, doch wurden sie eher von der Unterschicht besucht, die Reicheren zogen sich, falls überhaupt, in ihre individuellen Baderäume zurück und vermieden die soziale Vermischung. Die Menschen waren von Dreck überzogen, stanken und versuchten dies durch saubere Kleidung, besonders aus Leinen, zu kompensieren, welcher man die

Eigenschaft zusprach, die Gerüche und Flüssigkeiten des Körpers aufzunehmen. In Folge siedelten sich Läuse und Flöhe an und verbreiteten sich in die Wohnräume. Selbst Könige wuschen sich selten, erfüllt von »wissenschaftlich« geschürter Panik, bei der Begegnung mit Wasser tödlich zu erkranken. Parfüme und andere Duftstoffe kamen häufig zum Einsatz, um den Gestank in den Räumen und Städten erträglicher zu machen.

Mit der Hexenverfolgung im 16. Jahrhundert griff die Sorge vor den tödlichen, invasiven Dünsten weiter um sich: »Ungefähr 500 Jahre lang hatte Wasser für Komfort, Vergnügen, Gemeinschaft, Versuchung und Sauberkeit gesorgt. Jetzt wurde Wasser im Großteil des Kontinents zum Feind, das um jeden Preis vermieden werden musste«, schreibt Katherine Ashenburg. Ludwig XIV. soll sich am Morgen die Hände lediglich mit Branntwein gesäubert haben. Außerdem zirkulierten seltsame Vorstellungen: In Madrid riet man beispielsweise explizit, die Fäkalien auf die Straße zu schütten, deren Geruch vor den Miasmen schütze, die angeblich die Pest mit sich brachten. In London ordneten die Behörden während der dort wütenden Großen Pest zwischen 1665 und 1666 verzweifelt an, sämtliche Senkgruben zu öffnen, um so die Seuche mit dem Gestank zu vertreiben. Aus ähnlichen Erwägungen entzündete man im Offenen große Feuer, welche die Verbreitung der Krankheit eindämmen sollten, und Ähnliches wurde vielerorts in den Häusern nachgeahmt. Lange hielt sich sowohl unter Medizinern, als auch im einfachen Volk noch der Glaube an die wohltätigen Wirkungen der Fäkalien und des Gestanks.[20]

Die kulturellen Folgen der Epidemien

Nicht nur Kriege, sondern auch Seuchen, allen voran die Schwarze Pest, dezimierten die Bevölkerung in den Städten und auf dem Land ab dem 14. Jahrhundert massiv und ließ sie bis zum Beginn der industriellen Revolution stagnieren. Öde Landstriche, ausgestorbene Dörfer und entleerte Städte hatten die Möglichkeiten begrenzt, mit der Intensivierung der Landwirtschaft und der Modernisierung der städtischen Infrastruktur und Wohnverhältnisse fortzuschreiten oder diese überhaupt instand zu halten. Jean Delumeau spricht in diesem Zusammenhang von einem weit verbreiteten Zukunftspessimismus und einer regelrechten Untergangsstimmung.[21] Vor allem das unheimliche Wüten der Pest hatte die Angst und die Allgegenwärtigkeit des Satans in die Gesellschaft hineingetragen und die Suche nach Vermeidungs- oder Reinigungsstrategien verstärkt, was gesellschaftlich mit der Verfolgung von Hexen und Ketzern oder Pogromen gegen Juden oder Roma einherging, während Banden von Flagellanten umherzogen, um vor der unmittelbar bevorstehenden Apokalypse Buße zu tun.

Wie Boccaccio im Mitte des 14. Jahrhunderts verfassten *Decamerone* schrieb, als Sauberkeit und Badekultur noch zelebriert wurden, ging man bereits davon aus, dass sich die Seuche nicht nur nach der seit Hippokrates herrschenden Theorie durch Ausdünstungen übertrug, sondern auch – ohne Kenntnisse der eigentlich zugrunde liegenden Krankheitsursache – durch »Berührung der Kleider eines Erkrankten«. Doch selbst das vage Konzept einer Ansteckung durch körperliche Übertragung verstärkte die Distanz zu Mitmenschen und als verdächtig angesehenen Menschengruppen. Dadurch setzte in den Städten zunehmend der Kampf gegen Arme, Verrückte, Bettler, Obdachlose, Prostituierte und Vagabunden ein, die schließlich ab dem 16. Jahrhundert in Armen-, Arbeits- oder Zuchthäusern weggesperrt wurden, um die Stadt ihrer zu entledigen und die Ordnung wiederherzustellen. Hiermit beginnt, was Michel Foucault die »große Gefangenschaft« nach den Praktiken des Ausschlusses, der Absonderung und der Hinrichtung nannte und die auf einer »neuen Sensibilität« beruhte.[22] Foucault führt diese auf einen aufkommenden Zwang zur Arbeit und der Verurteilung des Müßiggangs zurück, tatsächlich stand dahinter aber wohl neben dem Mangel an Arbeitskräften und steigenden Lohnkosten sowie sinkenden Pachten durch den pestbedingten Schwund der

Bevölkerung auch die »Reinigung« der Städte von als gefährlich und lästig empfundenen Gesellschaftsschichten. Betroffen waren meist die armen Menschen, die in den engen und heruntergekommenen Stadtvierteln wohnten.

In Zeiten der Epidemien sucht man laut Boccaccio das Heil in der Flucht auf das Land, um seinen Körper vor Schaden zu schützen. Diese beiden Elemente, Tod und Flucht, so David Herlihy, erodierten damals Gesellschaftsordnungen und Ökonomien, gleichzeitig sank die Motivation, sich unterzuordnen oder strenge Moralvorstellungen einzuhalten, was auch Thema des *Decamerone* ist.[23] Die Gesunden zogen weg, sofern sie es sich leisten konnten, manche versuchten sich durch eine enthaltsame Lebensweise zu retten, andere »betranken sich, genossen feine Speisen, erfreuten sich an der Wollust, sangen und sprangen«. Aufgrund der vielen Todesfälle stieg der Bedarf nach bestimmten Berufen, wie Totengräbern, Ärzten und Priestern, was die Stunde der Frauen gewesen sein könnte, als Krankenpflegerinnen oder Seelsorgerinnen traditionell männliche Professionen wie die des Arztes oder Priesters zu übernehmen. Möglicherweise boten diese Emanzipationsversuche mit einen Grund für deren spätere Verfolgung als Hexen. Zudem erhöhte sich der Druck, die fehlenden und daher zu teuer gewordenen Arbeitskräfte durch technische Entwicklungen zu ersetzen, was die Voraussetzungen für die Ende des 17. Jahrhunderts beginnende Industrialisierung und die Fortschritte in der Agrarwirtschaft schuf.

Der Schwarze Tod entvölkerte die Gesellschaften nicht nur, sondern verursachte auch auf der einen Seite Flüchtlingswellen und auf der anderen einen freiwilligen oder angeordneten Rückzug aus dem öffentlichen Leben. Erließ man ähnlich wie bei der Corona-Epidemie Quarantäne und Ausgangsverbote, wurden diese mit Truppen und Staatsgewalt durchgesetzt:

> Von der restlichen Welt abgeschnitten, kapseln die Einwohner sich sogar innerhalb der verfluchten Stadt voneinander ab aus Furcht, sich gegenseitig anzustecken. Man hält die Fenster seines Hauses ver-

> schlossen und vermeidet es, auf die Straße zu gehen. Man versucht, zu Hause mit den Vorräten auszukommen, die man anlegen konnte. Wenn man dennoch hinaus muss, um das Nötigste einzukaufen, ergreift man Vorsichtsmaßnahmen. Käufer und Verkäufer der lebensnotwendigen Güter grüßen einander nur auf Abstand über den breiten Ladentisch hinweg. 1630 wagen sich in Mailand manche nur mit einer Pistole bewaffnet auf die Straße, mit der sie sich diejenigen vom Leibe halten, die sie verdächtigen, die Pest zu haben. Die Zwangseinsperrungen kamen zur freiwilligen Absonderung hinzu und verstärkten noch die Leere und Stille in der Stadt. Denn viele werden in ihren als infiziert erklärten Häusern eingeschlossen und bewacht, manchmal vernagelte man die Häuser sogar und sicherte man sie mit einem Vorhängeschloss.[24]

Die Seuchen bewirkten also letztlich, dass die an der Flucht gehinderten Menschen sich zurückzogen und isolierten, da die Gefahr von den Mitmenschen und der Umgebung ausging. Die Wohnung wurde zum Schutzraum, die verdichtete Stadt zur Bedrohung, Nähe zum Ansteckungsrisiko und Geruch zum Angstfaktor.

Erst vor Kurzem haben Wissenschaftler in einer groß angelegten Studie versucht, Seuchen mit religiösen Vorstellungen über Kräfte des Bösen zu verbinden.[25] Nach Auswertung historischer Daten sei demnach dort, wo es mehr Pathogene (wie beispielsweise Pest, Dengue, Typhus oder Malaria) gab, auch die Angst vor dem Bösen, gemessen an der Prävalenz des »bösen Blicks«, höher gewesen. Diese Furcht, welche moralische Normen zur Abwehr gebiert, nannten die Forscher »moralischen Vitalismus«. Darunter wird der Glaube verstanden, dass es unspezifisch »Böses« gibt, das zwischen Menschen übertragen werden kann.

Einzelne Gruppen oder ganze Gesellschaften hätten, so die Annahme, mit solchen religiösen, fundamentalistischen und konservativen Vorstellungen versucht, bestimmte Verhaltensmuster zu normieren, die Infektionen reduzierten. In historisch stärker von Seuchen heimgesuchten Ländern sei auch der Glaube an das »ansteckende Böse« und damit die Moralisierung von Krankheiten stärker ausgeprägt, wollen die Wissenschaftler bei der Auswertung des von 1995 bis 1998 durchgeführten World Values Survey (WVS) festgestellt haben. Bestätigt wurde dies durch eine Umfrage unter Studenten in 28 Ländern.

Der Studie zufolge formen Pathogene die menschliche Kognition und das Verhalten. Konkretere Hypothesen lässt die Datenlage nicht zu, doch konnte man bereits an der Covid-19-Pandemie 2020 erkennen, wie stark Ängste und Vorschriften dazu in der Lage sind, Verhalten möglicherweise auf lange Sicht zu verändern. Starke religiöse Vorschriften legen in der Regel Wert darauf, die Sexualität einzugrenzen und familiäre Bindungen zu stärken. Sauberkeit im Verhalten wird eine Tugend, der Rückzug ins Private und der Verkehr nur mit gleichermaßen moralisch Lebenden ebenfalls. Das begünstigt eine Lebensweise, die sich vom »Schmutz« ablöst und Reinlichkeit präferiert, also auch die Versuchung des Bösen durch Bilder, Skulpturen und dunkle Ecken zurückweist. Wo es stinkt und die Miasmen ausströmen, was auch bei körperlicher Nähe – insbesondere natürlich beim Geschlechtsverkehr – der Fall ist, öffnet sich das Einfallstor des Bösen.

Es liegt nahe, den »moralischen Vitalismus« auch auf die Vorstellungen von Architektur und Wohnen zu übertragen. Der Rückzug ins Private, die Vermeidung von Massen, die Quarantäne, die Zügelung sexuellen Verlangens und die Ausmerzung der Miasmen durch Sauberkeit in den Räumen und auf den Körpern trieben die Entwicklung neuer Materialien und stadtplanerischer Ideen wie der Pflasterung von Straßen sowie moralischer Normen, etwa für die Privatisierung des Stuhlgangs, in schnellem Tempo voran.

Die Pestepidemien im ausgehenden 14. Jahrhundert ließen die Bevölkerung in den Städten und Dörfern nach Schätzungen teilweise um bis zu 80 Prozent einbrechen: »Um 1420 kann Europa kaum mehr als ein Drittel der Menschen gezählt haben, die es noch 100 Jahre früher bewohnten.«[26] Die Pest in Europa (und Asien), gekoppelt mit dem Massensterben der indigenen Bevölkerung Amerikas – vor allem durch die von den Europäern eingeschleppten Seuchen –, könnte sogar die Kleine Eiszeit, deren kaltes Klima möglicherweise die Auswirkungen der Gerüche abschwächte, mitverursacht haben, wie der Klimatologe William Ruddiman und Geografen des University College London und der University of Leeds vermuten.[27] Der massive Einbruch der Bevölkerungszahlen dürfte weiträumig zum Rückgang der landwirtschaftlich genutzten Flächen und zur Ausbreitung des Waldes geführt haben, welcher der Atmosphäre mehr CO_2 entzog und es kälter werden ließ.

Dabei handelt es sich selbstverständlich nur um eine Hypothese, sicher sind allerdings der regional sehr unterschiedliche und sich in Wellen verbreitende Bevölkerungsrückgang, die Verödung der Städte und Dörfer und die damit einhergehenden Schutzmaßnahmen vor Ansteckung. Immer mehr Menschen waren in Bewegung und auf der Flucht, es wuchs die Angst vor Fremden, man mied Menschenmassen oder verbot diese, zog sich eher zurück, versuchte in den Häusern und im öffentlichen Raum Abfall und Fäkalien zu beseitigen, schaffte die Toten schnell aus dem Haus und der Stadt, beerdigte sie formlos in Massengräbern, versiegelte befallene Häuser und begann, die Stadt und die Häuser zu belüften, heller und reiner zu gestalten und die Straßen sauber zu halten. Kultur, Verhalten und Bauen veränderten sich zusammen unter dem sich durchsetzenden Leitbild der politischen, geistigen, urbanen und körperlichen Hygiene.

Das wird auch an dem deutlich, was der Soziologe Norbert Elias den »Prozess der Zivilisation« nannte, einen im Übergang vom Spätmittelalter zur Renaissance beginnenden sozialen Druck zur Verhaltensänderung in Richtung von gesittetem, durch Normen gesteuertem Benehmen, die mit dem Zeitalter der Seuchen zunächst in den herrschenden Schichten einherging. Elias verknüpfte diesen Prozess mit der Entstehung der hierarchischen und zentralistischen Gesellschaftsordnung des absolutistischen Staats, der für ihn, ausgehend von der Feudalschicht, ein kontrollierteres Verhalten mit Triebverzicht und besseren Umgangsformen verlangte, das durch den Aufbau von Scham und Angst durchgesetzt wurde. Erst später legitimierte man die durch das »Vorrücken der Peinlichkeitsschwelle« erzwungene Verhaltensveränderung auch aus wissenschaftlicher Sicht korrekt.

Elias' These wie überhaupt seine enge Anlehnung an die psychologischen Theorien Sigmund Freuds wurden zwischenzeitlich stark hinterfragt. Tatsächlich spielte der Gesundheitsaspekt eine entscheidende Rolle für die Kehrtwende in das Zeitalter der Hygiene. Das Bedürfnis nach Sauberkeit und die Abscheu vor Dreck und Gestank waren nie ganz verschwunden, doch entwickelten sie sich erst mit dem Aufstieg des Bürgertums und neuen wissenschaftlichen Erkenntnissen zur Zeit der Französischen Revolution zu einem kulturbestimmenden Moment.

Elias belegt anhand zahlreicher Dokumente wie den humanistischen Manierenschriften den zivilisatorischen Prozess der Verhaltensregulierung, mit dem nicht nur die Körper und das zwischenmenschliche Verhalten, sondern auch der Stadtraum und die Wohnungen gesäubert, natürliche Gerüche unterbunden und die Verbreitung von Ansteckung verhindert werden sollten. Dabei ging es nicht zuletzt um eine schrittweise Privatisierung, einen Ausschluss der Öffentlichkeit beim Baden und Schlafen, der Nacktheit, der Sexualität und dem Verrichten der Notdurft, sodass man schließlich selbst im Privaten die Funktionen – so man sich dies leisten konnte – zunehmend nach Räumen aufteilte. Die Sauberkeit des Körpers mündet in der gegenwärtig herrschenden Sterilität, mehrmals täglich zu duschen und mit Parfüm und Deodorants jeden Körpergeruch zu verhindern, weswegen auch zuletzt die Haare unter den Achseln und im Schambereich »gerodet« werden und die Abscheu vor den Ausdünstungen wächst, die der Körper beim Sex und Sport, aber auch bei der Arbeit von sich gibt und die fortwährend zu bekämpfen sind. Der Prozess findet letztlich in den lebensfeindlichen Reinräumen für die digitale Technik und fortschreitender Asexualität seine Vollendung: Sexualität findet geschützt und keimfrei hinter den Schnittstellen und auf den Bildschirmen statt.

An den neuen Verhaltensregeln lässt sich aber auch ablesen, dass diese zumindest damals nicht sehr geläufig waren. So sollte man, wie aus den »Tischzuchten« hervorgeht, vor dem Essen die Hände waschen und nichts in die gemeinsamen Schüsseln zurücklegen, was man bereits im Mund hatte. Das galt beispielsweise für abgenagte Knochen. Stattdessen landeten sie auf dem Boden, der seinerseits noch keine hygienische Beachtung fand. Später wurde die Gabel eingeführt, die verhinderte, dass die Hand direkt mit dem Essen in Berührung kam, schließlich wichen die Schüsseln einzelnen Tellern für jeden Beteiligten an der Speisetafel. Schmatzen war nicht mehr gerne gesehen, kratzen sollte man sich weder mit der bloßen Hand noch mit dem Tischtuch. Auch galt es als unsittlich, dieses zur Reinigung der Nase zu gebrauchen. Allmählich wurde das Taschentuch eingeführt, wenig später sogar parfümiert. Nach und nach verbannte man selbst das weit verbreitete Spucken. Noch gegen Ende des 19. Jahrhunderts galten Spucknäpfe in Hausgängen und in öffentlichen sowie privaten Räumen als ästhetischer und hygienischer Fortschritt. Erst im 20. Jahrhundert ging das Bedürfnis des Spuckens in der breiten Bevölkerung zurück, einen wichtigen Anteil daran hatte die Bekämpfung der Schwindsucht und der Spanischen Grippe während des Ersten Weltkriegs sowie die Verbreitung von Zigaretten und Kaugummi, die den Kautabak ersetzten, aber wohl auch von Teppichen in den Wohnräumen in Verbindung mit dem allmählichen Verschwinden des Dienstpersonals.

Verhaltensveränderungen gehen also oft mit technischen Innovationen und veränderten Gewohnheiten einher. Norbert Elias schreibt dazu:

> Immerhin hat, mindestens im Innern des Hauses, der Spucknapf als technisches Gerät der Bewältigung dieser Gewohnheit entsprechend dem vorgerückten Peinlichkeitsstandard im 19. Jahrhundert noch eine beträchtliche Bedeutung. [...] Und allmählich wird auch dieses Gerät entbehrlich. In weiten Teilen der abendländischen Gesellschaft scheint selbst das Bedürfnis, von Zeit zu Zeit zu spucken, völlig verschwunden zu sein.

Spucken wurde peinlich, aber dahinter steckte der wachsende Ekel der anderen vor fremden Körperflüssigkeiten und die Angst vor einer Ansteckung mit diversen Krankheiten.

Auch beim Verrichten der Notdurft gab es neue Regeln: So sollte sie nach dem *Galateo* des Giovanni della Casa aus dem Jahre 1558 möglichst nicht in Gegenwart anderer verrichtet werden, und wenn »einem auf der Gassen etwas abscheuliches, wie es sich wol bisweilen zuträgt, fürkommet«, so sei es keine »feine Gewohnheit«, dies seiner Begleitung zu zeigen. Nach der Wernigerodischen Hofordnung gelte als »unverschämt«, wer zu Hofe »vor das Frauenzimmer, Hofstuben und andrer Gemach Türen oder Fenster seine Notdurft ausrichte«. Die Braunschweigische Hofordnung von 1589 schreibt vor, dass keiner zu allen Zeiten »die Wendelsteine, Treppen, Gänge und Gemächer mit dem Urin oder anderem Unflath verunreinigen« dürfe. Das zeigt indirekt, wie es um die Sauberkeit bestellt war. Die Durchsetzung der körperlichen, räumlichen und städtischen Reinlichkeit sollte noch lange dauern. Mit dem einsetzenden Zeitalter der Hygiene trat dazu ein Klassenunterschied der Gerüche auf: Im Laufe des 19. Jahrhunderts bildete sich schließlich ein Ekel vor dem »Gestank der Armen« heraus, nachdem Ober- und Mittelschicht sich und ihre Wohnumgebung vom Dreck befreit hatten.

Philosophisch betrachtet geht mit dem zunehmenden Ekel vor dem Gestank eine Herabstufung des Geruchssinns einher, welche etwa in der Anthropologie Immanuel Kants symptomatisch für die Zeit steht. Der Geruch, so Kant in der *Anthropologie in pragmatischer Hinsicht*, sei der »Geschmack in der Ferne« und verbunden mit Ekel, weil Fremdes bis tief in den Körper, in die Lungen hinein, eindringt – ein Erlebnis noch »inniglicher« als die Einnahme »durch die einsaugenden Gefäße des Mundes oder des Schlundes«. Beim Geruch handle es sich um den »undankbarsten« und »entbehrlichsten« Sinn, der nicht einmal wie der Geschmack der Geselligkeit beim Speisen diene. Es lohne sich auch nicht, ihn zu kultivieren, weil es – »vornehmlich in volkreichen Örtern« – mehr »Gegenstände des Ekels« als Annehmlichkeiten gebe. Gut sei der Geruch vor allem als Warnung vor Schädlichem.

Die philosophische Bedeutung der Wahrnehmung, also auch des Geruchs, ging aus dem Sensualismus hervor, also der beispielsweise von John Locke vertretenen Hypothese, dass Welterkenntnis auf Sinnesdaten basiert, aus denen der Verstand Wissen ableitet. Allerdings blieb das Riechen ebenso wie das Schmecken philosophisch lange im Abseits, was auch damit zusammenhängt, dass beide gegenüber anderen Wahrnehmungen oder Empfindungen wie dem Sehen oder Hören stärker durch subjektive Vorlieben und Abneigungen geprägt zu sein scheinen. Bevorzugt wurden Sehen und Hören allein schon wegen ihres Charakters als »objektive« Fernsinne. Die subjektiven Nahsinne Fühlen, Schmecken und Riechen hatten bei den Aufklärern hingegen einen schlechten Ruf, weil dazu bereits etwas an dem Körper andocken oder in ihn eintreten musste, wie Kant hervorhebt. Das verletzte auch die Souveränität des Subjekts, was historisch mit ein Grund gewesen sein dürfte, gegen unerwünschte Gerüche vorzugehen, ihre Quellen auszumerzen und durch neue Gerüche zu ersetzen, während man gegenüber visueller Ästhetik und Geräuschen weniger empfindlich war.

Motiviert wurde der Ekel durch die Theorie, dass über das Atmen Partikel in den Körper eindringen. Im 18. Jahrhundert war die Annahme verbreitet, dass sich von den Körpern kleinste Teilchen ablösen und im Fluidum der Luft verbreiten. Das Eindringen schlecht riechender Teilchen durch die Nase löst durch die damit verbundene Grenzübertretung ebenso wie bei der Aufnahme übel schmeckender Substanzen über den Mund besonders heftige Abwehr in Form von Ekel hervor. Daher gelten, wie von Kant beschrieben, Geschmack und Geruch als niedere, weil die Distanz missachtende Sinne. Der oberste Sinn, der Sehsinn, zeichne sich hingegen dadurch aus, dass über diesen nichts in den Körper eindringt, sondern von der Pupille nur reflektiert wird. Während der Geruch unwillkürlich beim notwendigen Atmen ins Innere des Körpers eindringt, lässt sich der Blick beliebig abwenden. Zwar gibt es auch visuell Abstoßendes, doch der resultierende Ekel, sofern er überhaupt aufkommt, ist schnell zu beseitigen, während die Nase den Gerüchen ausgesetzt bleibt.

Exkurs: Lebenserwartung und Hygiene

Mit dem Leben im Schmutz und Staub hing auch die damals niedrige Lebenserwartung zusammen – um 1800 weltweit durchschnittlich nur um die 30 Jahre, bedingt allerdings durch die hohe Kinder- und Säuglingssterblichkeit. Die Menschen erreichten, so sie nicht als Kinder oder Jugendliche starben, durchaus mehrheitlich das 60. Lebensjahr und mehr, wenn es keine akuten Seuchen, Hungersnöte oder Kriege gab. Nach einer Studie des Sozialhistorikers Kai Lehmann, der Kirchenbücher in Schmalkalden untersuchte, wurde dort ein Drittel der Menschen im 18. Jahrhundert 70 Jahre alt, einige wenige sogar über 100. Es ist davon auszugehen, dass es sich an anderen Orten in Deutschland oder Mitteleuropa zu dieser Zeit ähnlich verhielt. In die Lebenserwartung aber geht ein, dass »in ›normalen Jahren‹ ein Drittel bis die Hälfte der das Licht der Welt erblickenden Kinder nicht älter als zwei Jahre wurde. Verantwortlich waren dafür vor allem die hygienischen Bedingungen. Krisenjahre verschlimmerten die Zustände nochmals deutlich.[28]

Erst durch die Verringerung der Kindersterblichkeit und die Ausmerzung von Seuchen stieg die Lebenserwartung kontinuierlich und mit zunehmender Geschwindigkeit seit dem 19. Jahrhundert an, auch wenn sich das Leben in den Städten des beginnenden Zeitalters der industriellen Revolution zunächst einmal für viele verschlechterte. Um 1870 lag die Lebenserwartung mit etwa 40 Jahren schon um ein Drittel höher als im Jahr 1800. Um 1910 war sie auf 50 Jahre angestiegen, wobei sich der Abstand der Lebenserwartung zwischen Frauen und Männern vergrößerte, um 1950 auf

80 Jahre bei Frauen und 70 Jahre bei Männern. Dieser Trend ist in den letzten Jahren allerdings rückläufig, als Beispiel sei hier stellvertretend nur auf Deutschland verwiesen:

> Die im Jahr 2017 geborenen Jungen könnten, je nach Trendvariante, mit einer Lebenserwartung bei Geburt von 84 bis 90 Jahren, die Mädchen mit 88 bis 93 Jahren, rechnen. Im Jahr 1900 geborene Männer und Frauen wurden im Durchschnitt nur 46 bzw. 52 Jahre alt.[29]

Die mit der schnell steigenden Lebenserwartung einhergehenden demografischen Veränderungen wirkten sich selbstverständlich auch auf die Wohnverhältnisse aus. Die Bevölkerung stieg rasant an, was zu Wellen von Wohnungsnot in den Städten führte. Bis Ende des 19. Jahrhunderts blieb die Fertilitätsrate in Deutschland trotz der zurückgehenden Kindersterblichkeit in etwa konstant, was neben dem Bevölkerungswachstum zu einer Verjüngung der Gesellschaft führte. Seit dem »Pillenknick« in den 1960er Jahren sinkt die Fertilitätsrate allerdings wieder zusehends, zuletzt bis auf 1,4 Kinder pro Frau. Eine Zeit lang federte die erhöhte Lebenserwartung den damit einhergehenden Rückgang des Bevölkerungswachstums noch ab, doch derzeit vergreist und schrumpft die Bevölkerung, so denn externe Faktoren wie Einwanderung dafür nicht kompensieren.

Kampf gegen den Gestank und die Chemie als Wissenschaft

Was sich demografisch in rasanter Geschwindigkeit abspielte, hatte seinen Hintergrund in technischen beziehungsweise wissenschaftlichen Innovationen und damit verbundenen kulturellen Veränderungen, die sich auch in der Entwicklung der europäischen Städte und des Wohnens widerspiegelten. Dabei ist natürlich nochmals zu betonen, dass fernab Europas, etwa in Asien oder im Nahen Osten, insbesondere in den reicheren Schichten höhere Hygiene-, Bau- und Wohnstandards herrschten, die auch nicht durch einen kulturellen, mit der Wissenschaft zusammenhängenden Wandel unterbrochen wurden.[30] Mit der zunehmenden Verfeinerung des kollektiven Geruchssinnes versuchte man im 18. Jahrhundert erstmals, die Lehre von den Miasmen zu überwinden und sich den diversen, für Krankheiten verantwortlichen Gasen wissenschaftlich zu näheren.

Die noch nicht vollständig belegte Annahme, dass man sich gegenseitig über die Luft anstecken könne, nährte die Angst vor den Gerüchen anderer Menschen, insbesondere in engen Räumen oder an dicht gedrängten Orten wie öffentlichen Plätzen, Gefängnissen oder Spitälern. Die wachsende wissenschaftliche und kulturelle Aufmerksamkeit auf das Riechbare im 18. Jahrhundert schloss auch die Gerüche ein, die von den Ausdünstungen und Exkreten des Körpers ausgehen und Krankheitsdiagnosen ermöglichen sollten. Daraus entstanden Versuche, die aus den Körperöffnungen Lebender, aber auch Toter austretenden Gase zu erfassen. Die Menschen selbst galten nun als riskante Miasmenquellen, wie dies etwa Felix Vidalin in seinem *Traité d'hygiene domestique* aus dem Jahre 1825 schildert. Ihre Ausdünstungen können krank machen und schlagen sich zudem in den saugfähigen, »mephitischen«, im Sinne von übel riechenden, Wänden nieder. Der Begriff leitet sich von Mephitis, der römischen Gottheit schwefliger oder allgemein übler Gerüche, ab. John Arbuthnot, der sich wie in seinem *Essay concerning effects of Air on Human Bodies* 1733 mit dem Zusammenhang zwischen Luft und Krankheiten beschäftigte, stellte auch Überlegungen an, wie groß ein Raum sein müsste, um seinen Bewohnern das existentielle Minimum an Luft zu gewähren, ausgehend von der Annahme, dass diese je nach Kälte, Wärme oder Wind eine unterschiedlich große Rolle in der »Ökonomie der Krankheiten« spiele und dass die Oberfläche der Lunge größer sei als die Oberfläche der Körperhaut.

Nach der etwa von Johann Joachim Becher (1635–1682) entwickelten Fäulnis- und Phlogistontheorie entdeckte man später anhand von Experimenten die »fixe« oder »phlogistierte« Luft. Seine Einsichten führten Ende des 18. Jahrhunderts zu wiederum neuen Theorien und schließlich zur empirischen Chemie Priestleys und Lavoisiers. In seinem *Tableau de Paris* zelebrierte Louis-Sébastian Mercier bereits die »Wohltaten der Chemie«, die herausgefunden habe, worum es sich bei der »mephitischen« Luft – heute Stickstoff – handelt, deren Entdeckung Rutherford zugeschrieben wird, und »wie ihre gefährlichen und mörderischen Einwirkungen zu bekämpfen sind«.[31] Mit der einsetzenden Untersuchung und Messung der »Luftarten« begann angesichts der explodierenden Städte im Industriezeitalter der Kampf gegen den allgegenwärtigen Schmutz, die Fäulnis und den Gestank mit der Vehemenz eines Reinlichkeitskreuzzugs, obwohl die bakteriologische Ursache der Krankheiten, die sich vor allem in den armen Stadtteilen verbreiteten, noch nicht bekannt war. Der Kampf des Bürgertums gegen den Gestank führte überdies zu einem Kampf gegen die sozialen Ausdünstungen, die vom neuen Lumpenproletariat in den Städten ausgingen. Dabei ging der Gestank keineswegs nur von den armen, verdichteten Stadtteilen aus, sondern zunehmend auch von den neuen Industrien.[32]

Richard Sennett wies in *Fleisch und Stein* auf eine umwälzende Erkenntnis hin, die das Bild des Körpers veränderte und zur Grundlage des Hygienekonzepts werden sollte. Ausgangspunkt ist für ihn die Entdeckung des Blutkreislaufs durch William Harvey.[33] Damit wurden die Bewegung der Luft und der Einfall des Sonnenlichts bei der Transformation hin zum modernen Urbanismus wichtig. Zwar gab es diese Theorien schon weit früher, allerdings waren sie damals teilweise noch mit dem Glauben an krank machende Miasmen vermischt, weswegen die Belüftung von Städten und Gebäuden einmal als gesundheitsfördernd und einmal als krankheitsgefährdend galt. Erst nach der Überwindung dieser Ambivalenz stand der Weg frei für eine bauliche Neuorientierung. Im Mittelalter hatte die obligatorische und beengende Stadtmauer noch das Wachstum der Vororte sowie eine vertikale Verdichtung der Stadt selbst begünstigt:

> Besonders markant war vom Erscheinungsbild her die dichte Ansammlung von Türmen und mehrstöckigen Häusern in den vielen engen, unüberschaubaren und verwinkelten Gassen. Kennzeichen dieses Häusergewirrs waren die Mehrstöckigkeit und Kleinheit der Bebauungsfläche. Da eine Expansion über die Stadtgrenze hinaus kaum möglich war, musste man, wobei die einzelnen Stockwerke vorgerückt wurden, hoch bauen, was die engen Gassen noch mehr verdunkelte.[34]

Harvey habe, so Sennett, über den freien Fluss des Blutkreislaufs eine entstehende Ideologie des freien Markts und des mobilen Menschen zum Ausdruck gebracht. Dadurch sei eine Vorstellung von Städten als einer Art Organismus entstanden, in denen der Verkehr – und die Luft – frei zirkulieren sollten, um gesundheitsförderlich zu sein und Staus zu vermeiden.

> Die Planer suchten die Stadt zu einem Ort zu machen, an dem die Menschen sich frei bewegen und frei atmen konnten, eine Stadt fließender Arterien und Venen, durch die Menschen wie gesunde Blutkörperchen strömten. Die medizinische Revolution setzte unter dem Einfluss der Sozialingenieure Gesundheit an die Stelle der Moral. Gesundheit war jetzt der Maßstab des Glücks, und sie definierte sich durch Bewegung und Zirkulation.[35]

Bis zum Ende des 18. Jahrhunderts hatte sich an den verdichteten Städten mit ihren engen Straßen und Gassen sowie deren verpesteter Luft noch nichts geändert, doch der bürgerliche Wunsch nach der freien Zirkulation von Waren, Menschen und nicht zuletzt der Luft, lässt sich in Form scharfer Kritik in Merciers bereits erwähntem *Tableau de Paris* wiederfinden: Enge und schlecht angelegte Straßen, welche die freie Luftzirkulation zum Stocken brachten, Schlachtereien, Fischhallen, Senkgruben und Friedhöfe führten dazu, dass sich die unbewegte Luft mit unreinen Partikeln sättige und den Menschen schade.

> Die Häuser von übermäßiger Höhe sind schuld, dass die Bewohner des Erdgeschoßes und des ersten Stocks in einer Art Halbdunkel leben, wenn die Sonne ihren höchsten Stand schon erreicht hat.

Die Grundprinzipien des modernen Städtebaus lassen sich anhand solcher Beschreibungen der früheren Missstände unmittelbar ablesen.

Die atmende Wohnung

Vorstellungen dessen, was gesund ist, betreffen freilich nicht nur die Stadt, sondern immer auch die Wohnungen und die Körper. Schmutz auf der Haut verhinderte auch hier die Zirkulation der Luft. Was man zuvor religiös wie medizinisch für gut und förderlich befand, wurde nun zur Krankheitsfalle: Die Haut muss ebenso atmen wie eine Wohnung und eine Stadt. Die Kleidung wurde in Folge leichter und lockerer, um den Luftkreislauf und das Entweichen körperlicher Ausdünstungen zu erleichtern. Durch häufiges Waschen verstärkte man die Wirkung. Freie, möglichst ungehinderte Bewegung, der freie Fluss der Dinge, wurde zur Norm, die schließlich zum Ende des Feudalismus und zum kapitalistischen Markt führte, aber auch zum Abreißen der Stadtmauern, die den Verkehr und die Luftzirkulation gleichermaßen beeinträchtigten. Bewegung zu verhindern, ist tödlich, Offenheit ist gefragt, Austausch erforderlich, keine Grenzen sollte es für die Luft und andere Ströme geben. Schließlich hatte man durch Experimente anschaulich gemacht, dass Tiere in geschlossenen Kästen ersticken und in überfüllten und schlecht gelüfteten Räumen das Atmen immer schwerer fällt, weil der Sauerstoffgehalt sinkt und sich die »fixe Luft« staut.

Corbin spricht von einer damals herrschenden »phobischen Angst vor dem Ersticken« – eine Angst, die nicht allein die Luft, sondern auch die erstarrten gesellschaftlichen Verhältnisse betraf.

Die Quellen des Gestanks wurden Zug um Zug beseitigt, Fäkalien und Jauche sollten nicht mehr auf den mittlerweile gepflasterten Straßen landen, man baute Abwasserkanäle als Venen, schloss Gruben, richtete Abtritte ein und schüttete Senkgruben zu. Man dachte vor allem daran, dass die Armen und Arbeitslosen, gewissermaßen der »Abfall der Gesellschaft«, für Sauberkeit sorgen sollten. Die vielfach noch offenen Kanäle und Abzugsgräben transportierten die Exkremente aber oft nur zu den Flüssen. Sie flossen träge, vornehmlich im Sommer, und verwandelten sich in stinkende Kloaken, die weiterhin die Stadt verpesteten. Das Leeren der Senkgruben hatte, wie Mercier herausstrich, besonders übel riechende Konsequenzen. Des Öfteren platzten auch die Röhren der Aborte, sodass die Fäkalien in die Wohnungen und Treppenaufgänge liefen. Schlachthäuser und Fischmärkte, dazu Friedhöfe sorgten für die schlimmsten Gerüche, und überall wo Menschenmassen in engen Räumen konzentriert waren, beispielsweise in den Armenvierteln, Kasernen oder auf Schiffen, die als »schwimmende Sümpfe« galten, konnten Epidemien ausbrechen. Corbins Ausdruck »Sekretionen des Elends« ist an dieser Stelle mehr als bezeichnend.

Der Inhalt der Senkgruben wurde im beginnenden 18. Jahrhundert in vorgeschriebenen, luftdichten Fässern mitsamt den toten Tieren in die Sammelgruben außerhalb von Paris gebracht. Exkremente waren ein begehrter Dünger, weshalb es sich mitunter schwierig gestaltete, die Gruben mit Chlorkalk zu desinfizieren. Dieser minderte den Gestank, beeinträchtigte aber die Düngewirkung. Begehrter waren zudem die festen Exkremente, selbst wenn sie in verdünnter Form weniger stanken. Fäkalien bildeten einen eigenen Wirtschaftszweig. Im Nordosten von Paris entstand im Zuge der ersten Säuberungswelle ein »Gürtel aus Fäulnis und Gestank« (Corbin), der die Stadt bedrohte und in den Boden eindrang, aus dem dann wieder die vielfach beschworenen Miasmen aufstiegen. Fortwährend mühten sich Chemiker, die gefährlichen Gase, die aus dem verwesendem Unrat und den Senkgruben aufstiegen, zu analysieren und Gegenmittel zu finden, um ihren Geruch zu neutralisieren.

Aber das eine sind Vorschriften und Anstrengungen aufgrund eines zunehmend sensibilisierten kollektiven Geruchssinns, das andere die Wirklichkeit mit Gegenkräften, Widerständen und fehlenden Ressourcen. Der freie Fluss kollidierte – wie auch der zunehmende Individualismus, der sich mitunter durch die Intoleranz unangenehmer Fremdgerüche ausdrückte – mit dem Rückzug des Bürgertums in den familiären Raum, in eine neue Höhle, die sich von der Außenwelt abkehrte, aber gleichzeitig von ihr durchlüftet sein sollte. Diese Entwicklung ist analog zu den heutigen Wohnungen zu betrachten, die ähnlich wie die SUVs zunehmend von der Außenwelt abgedichtet sind, aber gleichzeitig von digitalen Datenströmen durchzogen werden, die das Innen mit dem Außen verbinden oder sogar kurzschließen.

Im 18. Jahrhundert stand die Frage im Mittelpunkt, wie sich die Wohnungen mitsamt der dort entstehenden Dünste durch permanente Luftströme, verstärkt durch Ventilatoren, belüften lassen. Der hermetisch geschlossene Raum, der heute aus energie- und klimapolitischen Überlegungen heraus geschaffen und eventuell noch mit einer Klimaanlage versehen wird, war hingegen das Schreckgespenst. Man ersetzte Kamine durch Öfen, glatte Oberflächen mussten leicht zu säuberndem Putz, Lack oder Emaille weichen, und stickige Nischen sollten verschwinden, um den Luftfluss zu verbessern. Separierte Toiletten und Bäder wurden eingerichtet. Es war ebenjene Zeit, in der zwar die Könige ihren »schmutzigen Geschäften« noch öffentlich nachgingen, man parallel aber mit der Einführung der Aborte oder Toiletten allmählich den Stuhlgang privatisierte, der nun in eigenen Räumen stattfand. Seit dem ausgehenden 18. Jahrhundert verbreitete sich das Wasserklosett, was aber die Gebäude allein noch nicht ganz vom Geruch der Fäkalien befreite. Schließlich revolutionierte der Anfang des 19. Jahrhunderts erfundene Siphon aus einem S-förmigen Abflussrohr die Welt, da die Gase aus den Abwasserleitungen von Toiletten, Waschbecken, Spülen und Bädern nicht mehr in die Räume eindringen konnten. Auch an dieser Stelle lässt sich wieder ablesen, dass die Ideologie des freien Flusses ihre Grenzen hatte. Ebenfalls auffällig: Staub spielte noch keine Rolle, der Kampf gegen ihn sollte erst später einsetzen, als deutlich wurde, dass selbst der für menschliche Augen unsichtbare und geruchsneutrale Staub eine Heimstatt für Krankheitserreger sein kann.

Im Zuge dieser Fortschritte entstand in den bürgerlichen Kreisen ein moralischer, eigentlich existenzieller Widerwille gegen die überkommenen Lebensverhältnisse und ein buchstäblicher Wunsch nach Aufklärung, verkörpert durch Sauberkeit und Licht, aber auch nach einer Rückkehr zur Natur, was später in der Romantik und den Gartenstädten seinen Ausdruck fand. Exemplarisch sei hier nochmals ausgiebig Mercier zitiert, der in seinem *Tableau de Paris* die aufkommende Abscheu vor den urbanen Lebensverhältnissen herausstellte. Für sich nahm er in Anspruch, er habe von Paris – die in seinen Augen »schmutzigste Stadt« – »nur skizziert, was mir vor Augen kam«, also eine unverfälschte Beobachtung der Wirklichkeit, praktisch in Vorwegnahme der »objektiven« Fotografie:

> Wenn man mich fragt, wie es ein Mensch hier aushält, in diesem dreckigen Schlupfwinkel aller nur denkbaren Laster und Übel, die sich vielschichtig übereinander häufen, inmitten einer von tausend fauligen Dämpfen vergifteten Luft, zwischen Schlachtereien, Totenäckern, Hospitälern, Abzugsrinnen, Urinbächen, Kothaufen, Färbereien, Lohgerbereien und Lederwerkstätten; umgeben von dem dauernden Rauch unglaublicher Holzmassen und dem Dunst der verbrannten Kohle, von arsenik-, schwefel- und pechhaltigen Teilchen, die laufend aus den kupfer- und metallverarbeitenden Werkstätten ausgestoßen werden. Wenn man mich fragt, wie ein Mensch in diesem Abgrund leben kann, wo die stickige, stinkende Luft so dick ist, dass man die Atmosphäre auf mehr drei Meilen im Umkreis spüren oder riechen kann; wo die Luft keinen Abzug hat und im Labyrinth der Häuser um sich selbst dreht: Wenn man mich fragt, wie ein Mensch freiwillig in diesem Gefängnis verrotten kann, während doch jedes nach den An-

> sprüchen seines Herrn zurechtgestutztes Tier, wenn er es laufen ließe, allein vom Instinkt geleitet eiligst zu den offenen Feldern entfliehen würde, um Luft, Grün und einen freien, nach Blumen duftenden Boden zu finden – so würde ich antworten, dass die Gewohnheit uns Pariser mit den feuchten Nebelschwaden ebenso vertraut macht wie mit den schädlichen Dämpfen und dem fauligen Schlamm.

Mercier sah denn auch in üblen Gerüchen, nicht in der Aufklärung und Religionskritik einen Grund, warum viele Menschen die dicht gedrängten Kirchen mieden, vor denen auf den Friedhöfen die Leichen mit bestialischem Gestank faulten. Aufkommender Ekel vor dem Geruch als Antrieb der Aufklärung bedeutet wörtlich, Licht ins Dunkle und Modrige zu lassen. Mercier beschreibt explizit, wie es in den Städten und Wohnungen des 18. Jahrhunderts zuging:

> In den Häusern stinkt es, was eine dauerhafte Belästigung für die Bewohner darstellt. Jeder hat in seinem Haus einen Abtritt; von dieser Vielzahl von Fäkalgruben gehen abscheuliche Dünste aus. Die nächtliche Leerung verbreitet den scheußlichen Geruch im ganzen Viertel und kostet manchen der Unglücklichen das Leben, deren Elend man an der gefährlichen und widerlichen Tätigkeit ermessen kann, der sie nachgehen. Diese Senkgruben sind oft so angelegt, dass ihr Inhalt sich in die benachbarten Brunnen ergießt. Die Bäcker, die sich für gewöhnlich des Brunnenwassers bedienen, verzichten deswegen nicht darauf, und das alltäglichste Nahrungsmittel wird unweigerlich durchtränkt mit diesen mefitischen und bösartigen Bestandteilen.

In seiner Skandalisierung der Ausdünstungen und Miasmen bildete Mercier bereits die Vorhut der großen Reinigung und der Revolution des Wohnens, die mit dem Zeitalter der Hygiene im 19. Jahrhundert einsetzte. Noch aber herrschte der Dreck in Paris. Man warf die Ausscheidungen zwar nicht mehr auf die Straße, wie es lange Zeit Usus war, und brachte die Fäkalien regelmäßig aus der Stadt in die Umgebung. Aber die Zustände waren für Mercier im »Amphitheater der Latrinen« noch immer erbärmlich:

> Drei Viertel der Latrinen sind schmutzig, entsetzlich und ekelerregend: in dieser Hinsicht sind Geruchssinn und Augen der Pariser an Unrat gewohnt. Die Architekten waren in Verlegenheit wegen der engen Räumlichkeiten der Häuser und verlegten ihre Röhren aufs Geratewohl; und nichts muss einen Fremden mehr verwundern, als ein Amphitheater von Latrinen zu sehen, die einen über den anderen sitzend, an die Treppen stoßend, neben den Türen, ganz nahe bei den Küchen und von überall her den widerlichsten Geruch ausströmend. Die zu engen Röhren verstopfen leicht; sie werden nicht frei gemacht; die Fäkalien häufen sich säulenartig an, steigen bis zum Abtrittsitz hoch, das überlastete Rohr platzt; das Haus ist überflutet; die Verseuchung breitet sich aus, aber niemand zieht weg: die Pariser Nasen sind unempfindlich gegen solche stinkenden Unfälle.

Glücklich seien die Bauern, die sich unter freiem Himmel entleeren, während der Städter seinen »halboffenen Anus diesen pestilenzialischen Luftströmen« aussetzt: »Da wäre es sogar besser, den Mund hinzuhalten, da die Magensäure sie mildern würde.« Am besten sei es, die Darmentleerung mittags vorzunehmen, wenn man einen Garten besitzt; wer das nicht hat, soll sich in ein »Gefäß mit frischem Wasser« entleeren.

Den radikalen Ausgang aus dem Schmutz und den Beginn einer systematisch ausgerichteten Hygienepolitik mit Verordnungen und Strafen markierte beispielsweise der deutsche Arzt Johann Peter Frank (1745–1821), bereits eine Art Kosmopolit, mit seinem bahnbrechenden sechsbändigen *System einer vollständigen medicinischen Polizey* ab 1779. Ihn trieb die Beobachtung um, dass durch veränderte Arbeitsbedingungen der Körper nicht mehr genug in Bewegung und »verweichlicht« sowie »entkräftet war, das »menschliche Geschlecht« sei dadurch »weit schwächer gemacht« worden, »als es vordem gewesen ist«. Hypochondrie mache die Hälfte der chronischen Krankheiten aus, die »Verzärtelung des Körpers« lasse auch die »Nervenkrankheiten« anwachsen. Schuld sei unter anderem die Emanzipation der Frauen, die kränker würden, weil sie sich »die Freiheiten der Männern herausgenommen« hätten: Sie durchwachen die Nächte und zechen, dazu komme exzessiver Tee- und Kaffeekonsum, Tanzen und Spielen, dagegen vernachlässigen sie das Stillen. Gleichzeitig würde zu viel gesessen beziehungsweise überhaupt Leidenschaften nachgegangen. Viele Frauenzimmer zögen daher männliche und auch fremde Krankheiten an. Überhaupt sehe man in Städten nur blasse Menschen. Er beklagte die hohe Sterblichkeit, sowohl von Kindern wie von Erwachsenen. Es seien die Ärzte, die der Bevölkerung mehr schaden als alle Krankheiten, diagnostizierte er, der Staat müsse sie verbieten oder ihre Ausbildung kontrollieren. Riskant sei die Ansiedlung von Spitälern mitten in den Städten und die »Kommunikation der Gesunden mit den Kranken«. Für die Kranken seien die überfüllten Spitäler mit der durch »vielerlei Ausdünstungen vergifteten Luft«, der schlechten Ernährung und den abgestumpften oder unerfahrenen Ärzten gefährliche Orte.

Frank behandelte von der Sexualität über die Ernährung und den Alkoholgenuss bis hin zur richtigen Erziehung, zu Strafanstalten und Krankenhäusern oder zur Ausbildung von Ärzten alles, was er der »medizinischen Polizei« und damit der öffentlichen oder staatlichen Gesundheitsfürsorge zuordnete. Sie müsse sich um die »gute physische Beschaffenheit der arbeitsamen Bevölkerung« kümmern, um den »Wert der Bevölkerung eines Landes« zu erhöhen und durch die Gesundheit einzelner Glieder eines Staates die »Brauchbarkeit des größeren Körpers« zu gewährleisten. Als eine der wichtigsten Ursachen für Krankheiten und Gebrechen galt für ihn die Armut, wie er dies in seiner »Akademischen Rede vom Volkselend als der Mutter der Krankheiten« aus dem Jahre 1790 ausführte.

Im dritten, 1783 erschienenen Band ging Frank auf die seiner Ansicht nach meist nicht medizinisch ideal gelegenen Städte und Wohnungen ein, die bis »in den letzten Winkel hinein« nach den Wissenschaften gebaut werden sollten. Bei den Wohnungen komme es auf den Boden und das Wasser, die Winde und die Luft an. Mit dieser Ansicht war Frank in gewisser Weise noch Anhänger der Miasma-Theorie, obwohl er bereits unter dem Eindruck der von Priestley und Lavoisier beobachteten chemischen Prozesse und vor allem der Entdeckung des Sauerstoffs stand. Es sei vorteilhaft, Städte auf erhöhter Lage zu gründen, da die aus der Erde aufsteigenden Dünste nur eine gewisse Höhe erreichen können und dort die Winde besser zirkulieren. Die dünne Bergluft galt beispielsweise als gesund, die zwischen Tälern eingesperrte hingegen nicht, da sie weniger bewegt sei und dadurch die Dünste weniger gut fortwehen könne, was besonders im Sommer zum Problem würde. Frank war allerdings zudem der Ansicht, dass die Luft in höher gelegenen Gegenden Schwindsucht und Lungensucht verstärke. Das flache Land nehme die Mitte ein, ganz übel seien sumpfige und morastige Gegenden sowie stehendes Wasser. Die Pest aber entstehe nicht wegen der Luft, bei ihr handle es sich um eine »ausländische Ansteckung«.

Auf dem noch vorbakteriologischen Höhepunkt entstand etwas später die »sanitäre Idee« des Briten Edwin Chadwick (1800–1890), der wie Frank zu den letzten Anhängern der Miasma-Theorie gehörte. Er hatte in seiner Schrift *Report into the Sanitary Conditions of the Labouring Population of Great Britain* von 1842 gezeigt, dass die Lebenserwartung in den verdreckten Städten mit ihrem Industriesmog geringer als auf dem Land war. Chadwicks Idee dürfte auch im Hintergrund von Friedrich Engels bahnbrechender Schrift *Über die Lage der arbeitenden Klasse in England* aus dem Jahr 1845 entstanden sein, die ebenso drastisch wie nüchtern die Wohnverhältnisse der Arbeiter und Armen schilderte. Engels war jedoch zur Verbesserung der Wohn- und Lebensverhältnisse auf gesellschaftliche Veränderungen aus, Chadwick hingegen forderte vor dem Hintergrund statistischer Analysen nur technische und urbane Veränderungen rein kapitalistischer Natur: Verbessert man die hygienischen Bedingungen des Wohnens, bleiben die Menschen gesünder, können mehr arbeiten und brauchen weniger Unterstützung. Da die gesundheitsschädlichen Miasmen von Fäkalien und Abfall sowie der Anhäufung von Menschen in verdichtetem urbanem Raum ausgehen, forderte Chadwick vor allem Kanalisation, Toiletten und Kläranlagen, regelmäßige Beseitigung von Müll und giftigen Stoffen wie auch Anschluss an sauberes Trinkwasser.

Engels mahnte Luft zum Atmen, Sauerstoff, Ventilation oder Zirkulation an, während er neben Schmutz und Feuchtigkeit zu hohe Verdichtung, fehlende Toiletten und Kanalisation für gefährlich hielt. In den meisten Arbeiterwohnungen sei »keine Reinlichkeit, keine Bequemlichkeit, also auch keine Häuslichkeit möglich«. In den Zimmern wohnen oft nicht nur ganze Familien, sondern mitunter mehr als zehn Menschen, dazwischen Hühner, Schweine und Hunde:

> Jede große Stadt hat ein oder mehrere »schlechte Viertel«, in denen sich die arbeitende Klasse zusammendrängt. Oft freilich wohnt die Armut in versteckten Gäßchen dicht neben den Palästen der Reichen; aber im allgemeinen hat man ihr ein apartes Gebiet angewiesen, wo sie, aus den Augen der glücklicheren Klassen verbannt, sich mit sich selbst durchschlagen mag, so gut es geht. Diese schlechten Viertel sind in England in allen Städten ziemlich egal eingerichtet – die schlechtesten Häuser in der schlechtesten Gegend der Stadt; meist zweistöckige oder einstöckige Ziegelgebäude in langen Reihen, möglicherweise mit bewohnten Kellerräumen und fast überall unregelmäßig angelegt. Diese Häuschen von drei bis vier Zimmern und einer Küche werden Cottages genannt und sind in ganz England – einige Teile von London ausgenommen – die allgemeinen Wohnungen der arbeitenden Klasse. Die Straßen selbst sind gewöhnlich ungepflastert, höckerig, schmutzig, voll vegetabilischen und animalischen Abfalls, ohne Abzugskanäle oder Rinnsteine, dafür aber mit stehenden, stinkenden Pfützen versehen. Dazu wird die Ventilation durch die schlechte, verworrene Bauart des ganzen Stadtviertels erschwert, und da hier viele Menschen auf einem kleinen Raume leben, so kann man sich leicht vorstellen, welche Luft in diesen Arbeiterbezirken herrscht.

Engels verwies auch darauf, dass eine Gesundheitspolizei vor allem die Aufgabe hätte, die Entstehung und Ausbreitung von Seuchen wie der Cholera zu verhindern, die in den heruntergekommenen Arbeitervierteln wie in einem Brutkasten ausbrechen und sich schnell verbreiten konnten. Dadurch fehlten den Kapitalisten Arbeitskräfte, zudem wuchs die Gefahr, dass die Seuchen auch in die Wohngegenden der Reichen gelangten. Als die Cholera sich Manchester näherte, wurde nach Engels 1831 eine Kommission eingesetzt, um den Zustand der Arbeiterviertel zu inspizieren. Das Ergebnis spricht Bände über die Wohn- und Lebensbedingungen des Großteils der städtischen Bevölkerung:

> Es wurden im ganzen 6951 Häuser – natürlich nur im eigentlichen Manchester, mit Ausschluß von Salford und den übrigen Vorstädten – inspiziert; davon hatten 2565 dringend einen inneren Kalkanstrich nötig, an 960 waren notwendige Reparaturen vernachlässigt (*were out of repair*), 939 waren ohne hinreichende Abflüsse, 1435 waren feucht, 452 schlecht ventiliert, 2221 ohne Abtritte. Von den inspizierten 687 Straßen waren 248 ungepflastert, 53 nur teilweise gepflastert, 112 schlecht ventiliert, 352 enthielten stehende Pfützen, Haufen von Unrat, Abfall und dergleichen.

In den Wohnungen sah es ähnlich erbärmlich aus:

> Oft ist eine ganze irische Familie in einem Bett zusammengedrängt; oft verbirgt ein Haufen schmutziges Stroh und Decken von altem Sackleinen alle in einem ununterscheidbaren Haufen, wo jeder durch Mangel, Stumpfsinn und Liederlichkeit gleich erniedrigt ist. Oft fanden die Inspektoren in einem Hause mit zwei Zimmern zwei Familien; in dem einen Zimmer schliefen sie alle, das andre war gemeinsames Eßzimmer und Küche; und oft wohnte mehr als eine Familie in einem einstubigen feuchten Keller, in dessen pestilenzialischer Atmosphäre zwölf bis sechzehn Menschen zusammengedrängt waren; zu diesen und anderen Quellen von Krankheiten kamen noch, daß Schweine darin gehalten wurden und andere Ekelhaftigkeiten der empörendsten Art sich vorfanden.

Die Geburt der Wohnmaschine aus dem Geist der Hygiene

Das 19. Jahrhundert war mit seiner hygienischen Wende eine Umbruchzeit, in der ebenso wie in der Kunst ein Architekturstil den anderen ablöste: Klassizismus, Neorenaissance, Nationalromantik, Biedermeier und Jugendstil. Im Funktionalismus, Konstruktivismus und dem Bauhaus fand diese Entwicklung ihren Abschluss: Klare, glatte und helle Gebäude und Flächen im Serienbau, Eisen, Beton, Glas, dazu Elektrizität zum Betreiben von Licht und Maschinen. Das Haus wird als Maschine, als Dampfer oder Flugzeug verstanden, der Bewohner dementsprechend als Passagier, der sich nicht mehr gänzlich niederlässt, sondern nur vorübergehend darin wohnt. Der Architekt gerät zum Ingenieur, man passt das Gebäude als Industriebau seinen Funktionen an, nicht seiner Umgebung, und systematisch kommen neue Materialien zum Einsatz. Hannes Meyer hatte dies 1926 im Stil der Futuristen in »Die neue Welt« exemplarisch und radikal gefeiert:

> Unsere Wohnung wird mobiler denn je: Massenmiethaus, Sleepingcar, Wohnjacht und Transatlantique untergraben den Lokalbegriff der »Heimat«. Das Vaterland verfällt. Wir lernen Esperanto. Wir werden Weltbürger. […] Jedes Zeitalter verlangt seine eigene Form. […] Die rückhaltlose Bejahung der Jetztzeit führt zur rücksichtslosen Verleugnung der Vergangenheit. […] Unbelastet von klassischen Allüren, künstlerischer Begriffsverwirrung oder kunstgewerblichem Einschlag erstehen an deren Stelle die Zeugen einer neuen Zeit: Muster-Messe, Getreide-Silo, Music-Hall, Flug-Platz, Bureau-Stuhl, Standardware. Alle diese Dinge sind ein Produkt der Formel: Funktion mal Ökonomie. […] Bauen ist ein technischer, kein ästhetischer Prozess […]. Idealerweise und elementar gestaltet wird unser Wohnhaus eine Wohnmaschinerie. Wärmehaltung, Besonnung, natürliche und künstliche Beleuchtung, Hygiene, Wetterschutz, Autowartung, Kochbetrieb, Radiodienst, grösstmögliche Entlastung der Hausfrau, Geschlechts- und Familienleben etc. sind die wegleitenden Kraftli-

> nien. Das Haus ist deren Komponente. (Gemütlichkeit und Repräsentation sind keine Leitmotive des Wohnhausbaues: die Erste ist im Menschenherzen und nicht im Perserteppich, die Zweite in der persönlichen Haltung der Hausbewohner und nicht an der Zimmerwand!).[36]

Für die Wohnmaschine gilt:

> gemütlichkeit und repräsentation sind keine leitmotive des wohnungsbaus«, die »reine konstruktion, diese konstruktive formenwelt kennt kein vaterland. Sie ist der ausdruck internationaler baugesinnung. Internationalität ist ein vorzug der epoche.[37]

Der Aufbruch im 20. Jahrhundert richtete sich auch gegen die Innerlichkeit, in die sich das Bürgertum aus hygienischen Gründen zurückgezogen hatte, um dort im Interieur nach seiner geschützten Persönlichkeit zu suchen, die sich überall zeigen sollte:

> Das neunzehnte Jahrhundert war wie keines anderes wohnsüchtig. Es begriff die Wohnung als Futteral des Menschen und bettete ihn mit all seinem Zubehör so tief in sie ein, dass man ans Innere eines Zirbelkastens denken könnte, wo das Instrument mit allen Ersatzteilen in tiefe, meist violette Sammethöhlen gebettet, daliegt. Für was nicht alles das neunzehnte Jahrhundert Gehäuse gefunden hat: für Taschenuhren, Pantoffeln, Eierbecher, Thermometer, Spielkarten – und in Ermangelung von Gehäusen Schoner, Läufer, Decken und Überzüge. Das zwanzigste Jahrhundert machte mit seiner Porosität, Transparenz, seinem Freilicht- und Freiluftwesen dem Wohnen im alten Sinne ein Ende.[38]

Der Kampf gegen die dunklen Ecken und die mit Möbeln, Teppichen und Wandbehängen ausstaffierten Wohnhöhlen führte dazu, der Architektur, der Innengestaltung und dem Wohnmobiliar die Individualität auszutreiben. Die »Ornamente«, die Adolf Loos mit Kriminalität in Verbindung brachte, sollten eliminiert werden, was auch hieß, den Gebäuden und Räumen ihre Persönlichkeit zu nehmen.[39] Schick wurde die saubere Bahnhofsatmosphäre, offen, hell, glatt, unpersönlich und funktional: »Bald werden die straßen der städte wie weiße mauern glänzen. Wie Zion, die heilige stadt, die hauptstadt des himmels. Dann ist die erfüllung da«, konstatierte Loos.

Ernst Bloch, der Philosoph des *Prinzips Hoffnung*, der Architektur als einen »Produktionsversuch menschlicher Heimat« sehen wollte, stand der funktionalistischen Architektur jedoch kritisch gegenüber. Sie verdopple »die eiskalte Automatenwelt der Warengesellschaft«. Die »Reinigung vom Muff des vorigen Jahrhunderts« münde in »Lichtkitsch«, die demonstrierte Sauberkeit sei »staubsaugerisch« gemeint. Außen würden die Bauhaus-Häuser »reisefertig« aussehen, bestenfalls also auf der Suche nach »Heim, Behagen, Heimat«, aber sie seien entinnerlicht und seelenlos:

> Obwohl sie schmucklos sind oder eben deshalb, drückt sich in ihnen Abschied aus. Im Inneren sind sie hell und kahl wie Krankenzimmer, im Äußeren wirken sie wie Schachteln auf bewegbaren Stangen, aber auch wie Schiffe.[40]

Die großen Fenster und Fensterfassaden lassen das Licht in die entrümpelten Räume fallen, die auch nachts taghell erleuchtet sind: Dekor, Schnörkel, Vorhänge, Teppiche, dunkle, verstaubende Ecken, poröse Oberflächen sowie sämtlicher Nährboden für Bakterien oder andere Mikroorganismen verschwinden. Die Wohnungen und Häuser werden hell, ordentlich und sauber. Das moderne Bauwesen ist eine Folge der Hygienisierung des Lebens und vor allem des Wohnens. Der Auftritt von fast entmaterialisierten Hallen aus Eisen und Glas markiert symbolisch den radikalen Umschwung der Architektur schon Mitte des 19. Jahrhunderts durch neue Materialien, neue Fertigungstechniken und eine neue Ästhetik, die das Wesen des Aufenthalts in Innenräumen grundlegend veränderten.

John Paxton hatte für die Weltausstellung 1851 in London einen solchen, aus lichtoptimierten Gewächshäusern hervorgehenden

»Crystal Palace« errichtet, der mit seinen 560 Metern in der Länge, 137 Metern in der Breite und 32 Metern in der Höhe das Publikum erstaunte. Der Glaspalast als Konstruktion aus Eisenträgern und großen Glasflächen kam ganz ohne Mauerwerk aus und wurde vom Gärtner Paxton mit der Hilfe von Eisenbahnexperten entworfen. Dieses Bauwerk sollte zum Vorbild für das neue Wohnen und Arbeiten im Offenen, das Leben im Transparenten, den Ausbruch aus dem bürgerlichen Plüsch, der Höhle des Gemütlichen und dem behaglichen Rückzug ins Private werden. Das Glas, so Walter Benjamin, zelebriert den Rausch der Armut und der Askese, der durch die Beseitigung des Überflüssigen entsteht. Er sieht daher im neuen Bauen auch ein neues Barbarentum, das nur wenig zum Leben braucht. Aber das Glas war eben auch Ausdruck des hygienischen Furors: »Glas ist nicht umsonst ein so hartes und glattes Material, an dem sich nichts festsetzt. Die Dinge aus Glas haben keine ›Aura‹. Das Glas überhaupt ist der Feind des Geheimnisses.«[41] Die Materie Glas sei dem bürgerlichen Interieur entgegengesetzt, das nicht nur mit Gegenständen, sondern auch mit einem »Höchstmaß an Gewohnheiten« der Bewohner ausgefüllt ist. Dagegen hätten Scheerbart mit seinem Glas und das Bauhaus mit seinem Stahl »Räume geschaffen, in denen es schwer ist, Spuren zu hinterlassen« – man könnte auch sagen: In denen jede Spur als Verunreinigung erscheint und dazu auffordert, beseitigt zu werden.

Fast zeitgleich mit dem Auftauchen des Kristallpalastes beauftragte Napoleón Bonaparte III. im Jahr 1853, kurz nach der Revolution von 1848 und der Cholera-Epidemie von 1849, den Baron Georges-Eugène Haussmann, Paris umzubauen. Dieser folgte den Anweisungen seines Vorgängers, schlug Breschen durch die verdichteten Stadtviertel und schuf Freiflächen in Form von Boulevards und Parks. Der Comte de Rambuteau hatte als Präfekt bereits mit der schließlich nach ihm benannten Rue Rambuteau 1839 erstmals das Stadtzentrum aufgeschnitten, auch wenn er noch zurückhaltend sein musste und die Straße nicht, wie beabsichtigt, 22 Meter, sondern nur 13 Meter breit anlegen durfte. Diese brach die

Arbeiter- und Handwerkersiedlungen Saint-Avoye und Lombards auseinander, sollte Luft und Licht in die Stadt bringen und die alten durch neue Gebäude – »schöne teure Wohnviertel« – ersetzen. Rambuteaus Leitspruch war »Wasser, Luft und Schatten«, was dem politischen und gesundheitlichen Hygieneprogramm des zeitgenössischen Stadtumbaus zugrunde lag. Zur Durchlüftung, Säuberung und Erhellung traten eine Verbesserung der Kanalisation, die Konstruktion von öffentlichen *urinoirs* und zahlreiche Brunnen, die Vergrößerung von Krankenhäusern und die weitere Ausleuchtung der Stadt mit Gaslampen.

Als er sein Amt antrat, gab es in Paris gerade einmal 69 Gaslampen; als er abtrat, waren es schon 8600.[42] Das Projekt setzte eine zentrale Gasversorgung und damit eine Schwächung der individuellen häuslichen Autarkie voraus, die aber bereits mit dem Anschluss an das Wassersystem und die Kanalisation eingebrochen war. Das Strom- und schließlich das Telefonnetz verwandelten das von der Außenwelt isolierte Gebäude weiter zu einem abhängigen Knoten in einem größeren Gewebe. Die bis dahin von Kerzen und Öllampen beleuchteten Innenräume blieben mit der flackernden Lichtquelle schummrig und betäubten ebenso wie Kaminfeuer, Kohle- oder Holzöfen. Jetzt kehrte mit der »Industrialisierung der Beleuchtung« durch das Gaslicht erstmals eine gleichmäßige Aufklärung der Innenwelt und des öffentlichen Raums ein, das die bislang dunklen Ecken erhellte, aber eine neue Gefahr mit sich brachte: Zum Risiko von Bränden trat nun das der Explosion und des Erstickens, bis schließlich das elektrische Licht der Gemütlichkeit im Halbdunkel, im *Clair-obscur*, wie es etwa der Philosoph Gaston Bachelard nostalgisch verehrte, ein Ende setzte.

Mit der Aufklärung begann in der westlichen Welt rasant das Zeitalter der großen Reinigung und der Hygiene noch vor dem Wissen von biologischen Krankheitserregern, parallel zu einer bis dahin noch nie dagewesenen Umgestaltung der natürlichen Umgebung zu einem möglichst sicheren, geschützten und gesäuberten Lebens- und Nutzraum zwischen dem Englischen Garten als dem

Simulakrum einer natürlichen Natur, die völlig durchkonstruiert und kontrolliert ist, und dem von allem »Unkraut« gesäuberten Acker. Flüsse wurden reguliert, Kanäle gebaut, Sümpfe trockengelegt, Land aus dem Meer gewonnen, die letzten wilden Wälder gerodet oder zum Nutzwald umgerüstet, Verkehrswege ausgebaut und die Artenvielfalt von Pflanzen und Tieren verkleinert: Was nicht nützlich war, erklärte man zum Schädling. Vermessung, Eroberung, Kolonialisierung, Kultivierung und Unterwerfung passten das Land mehr und mehr den Bedürfnissen des Menschen an und »befreiten« es von unliebsamen Lebewesen durch die Massenvernichtungsmittel der Pestizide und Herbizide.

Seit Beginn der Sesshaftigkeit und der Landwirtschaft war es das Ziel, die Natur beziehungsweise den Planeten nach dem Fall aus dem Paradies in einen Garten zurückzuverwandeln, der letztlich eine Erweiterung der Wohnung oder des Hauses darstellt. Dieser Fortschritt im Umbau der Natur und der Städte, der zu einer tiefgreifenden Veränderung des Wohnens führte und mit einer Agrarrevolution und zahlreichen Erfindungen einherging, ist heute angesichts der Klimaerwärmung durch anthropogene Emissionen, des Artensterbens, der Überschwemmung der Erde, der Luft und der Gewässer mit Giften oder dem massenhaft produzierten Kunststoff Plastik wieder an einen Kipppunkt geraten. Die Reinigung ist zu weit gegangen, die Mittel der Kontrolle wenden sich gegen den Menschen, ähnlich wie eine Autoimmunkrankheit, weil die Bedrohung im Anthropozän nicht mehr von einer äußerlichen, wilden Natur kommt, sondern von einer wild gewordenen kapitalistischen Wirtschaftsform und der dazugehörigen Kultur.

Der bewohnte Körper

Die Innenräume sollen Orte des Rückzugs und des Ausschlusses sein, die Intimität ermöglichen. Das Ideal war seit dem Beginn des hygienischen Kreuzzugs im 19. Jahrhundert ein von Staub,

Schmutz und unerwünschten Mitbewohnern freier Innenraum, in welchem der Mensch bei sich oder unter sich ist und den er nur willkommenen Gästen öffnet. Damit einher geht auch die Obsoleszenz der schwer kontrollierbaren Großfamilie, deren Ansprüche auf Privatsphäre oft zueinander in Konflikt geraten.

Auch der menschliche Körper ist schließlich ein gigantischer Siedlungs- und Lebensraum, ein Wirt für alle möglichen Bakterien, Viren, Pilze, Einzeller und mitunter auch größere Parasiten wie Flöhe, Würmer oder Zecken. Ähnlich wie der Kampf um die Sauberkeit in der Wohnung und der Umwelt fand dieser seit dem Zeitalter der Hygiene natürlich auch am menschlichen Körper statt, der aus Milliarden unterschiedlicher Zellen, angeordnet in unüberschaubaren, miteinander verflochtenen Netzwerken besteht. Wir sind uns fremd und leben als Ich in einer Welt, die nur einer vom Gehirn geschaffenen Illusion zur besseren Handlungsfähigkeit entspricht, während jeder ausgeführte Akt einer komplexen Abstimmung von vielen Kollektiven ohne zentrale Steuerungseinheit entspringt. Aber allein schon die unbedachte Rede von einem »Ich« mit oder in einem Körper ist verfälschend. Jeder von uns ist eine Art Staat, in dem mehr Ausländer leben als Einheimische. Das Verhältnis der eigenen Zellen zu denen der Mitbewohner, die Kollegen, Gäste, Eindringlinge oder Schädlinge sein können, soll laut der gängigen Lehrmeinung mindestens eins zu zehn betragen. Eine neuere Schätzung geht davon aus, dass 30 Billionen Körperzellen von etwa 39 Billionen Bakterien und einigen anderen Mikroorganismen bewohnt werden – vorwiegend im Dickdarm.[43]

Wissenschaftler sind zudem der Ansicht, dass jeder Mensch nicht nur ein individuelles Mikrobiom hat, das sich stetig verändert, sondern auch ein Exposom. Gemeint ist damit eine Art »Aura« des menschlichen Körpers, eine materielle, aber für uns unsichtbare Wolke, in der sich die Ausdünstungen des Körpers mit der Umwelt verbinden, wodurch die persönliche Sphäre über die Oberfläche der Haut hinaus bis in den Wohnraum erweitert wird. Das ist im Hinblick auf Gerüche jedem bewusst, gilt aber auch für Strahlung, Teilchen, chemische Verbindungen und Mikroben, die den Körper umschwärmen. Wissenschaftler der Stanford University School of Medicine wollen erstmals mit einem neuen Verfahren das Exposom einiger Menschen gemessen haben. Sie nennen es eine »riesige und dynamische Wolke von Mikroorganismen, Chemikalien und Teilchen«. Jeder Mensch besitzt demnach auch ein einzigartiges Exposom. Dieses ist allerdings weniger durch die chemischen Substanzen der Umwelt individualisiert, sondern vor allem durch Mikroorganismen: »Wir haben alle«, so der Genetiker Snyder, einer der Autoren, »unsere eigene Mikrobiom-Wolke, die wir mit herumziehen und abgeben.« Dazu kommen verschiedene Pilze, aber eben auch Partikel und Mikroorganismen aus der Umwelt, in der wir leben, beispielsweise von Haustieren, Pflanzen, Putz- und Waschmitteln. Aus dem mikroskopischen Amalgam der Exposom-Wolke, die sich konsistent um eine Person bildet, lässt sich ein persönliches Profil ableiten, das auch Aufschlüsse darüber zulässt, wie und wo sie wohnt.

Die Wohnumgebung wirkt sich also auf das Exposom und darüber auch auf den Körper des Bewohners aus, was zwar eine banale Erkenntnis ist, aber interessant wird, sobald man diese auf die Gäste, Mitbewohner und Parasiten überträgt. Manche Eigenschaften stimmen natürlich zwischen verschiedenen Menschen überein, insbesondere, wenn sich diese gemeinsame Wohn- und Lebensräume teilen. So wiesen die Exposome von vier an der Studie beteiligten Personen, die in der San Francisco Bay Area leben – darunter auch Snyder –, Mückenmittel, aber auch einige Karzinogene auf. Ein Proband hatte einen hohen Anteil an Bakterien, die im Abwasser oder Kläranlagen vorkommen, Snyders Exposom enthielt hingegen zahlreiche Pilze, vermutlich von der Ökofarbe, mit der die Zimmer seines Hauses gestrichen sind, dazu fanden sich Hinweise auf seine Haustiere. Natürlich verändert sich das Exposom entsprechend den Jahreszeiten und den Orten, an denen man sich aufhält, aber es scheint mit dem Mikrobiom über einen festen Kern zu verfügen, an dem sich möglicherweise ein Mensch und seine Wohnumgebung biometrisch erkennen ließen.[44]

Staub als Herausforderung

Der Kampf gegen den Hausstaub, diese »Mischung aus Teilen toter Insekten, Schuppen menschlicher Haut, Gewebefetzen und anderen unerfreulichen Materialien«, stellt die letzte Schlacht des im 19. Jahrhundert begonnenen Hygienekreuzzugs dar. Es ist die »Heimat ganzer Populationen mikroskopisch kleiner Staubmilben, die Partikel menschlicher Haut fressen, zwanzigmal am Tag exkrementieren und alle drei Wochen eine neue Generation produzieren«.[45] Voraussetzung war die Entdeckung des Kleinen mittels der Technik, also mit Mikroskopen, die zeigten, dass Hausstaub in der Tat belebt ist, vor allem aber, dass nicht nur die Gärungs- und Fäulnisprozesse eine Gefahr darstellen. Fast ironisch mutet es an, dass letztere ursprünglich den Einschluss des Individuums in einen Raum befördert hatten, welchen es sich unwissentlich mit nicht minder gefährlichen Fremdkörpern teilen musste.

Die hohe Bedeutung des sauberen, entfremdeten sowie individuell kontrollierten Rückzugsraums geht gesellschaftlich aus dem Schutz hervor, den die Wohnung rechtlich und für den Einzelnen psychologisch genießt. Sie ist mit der Souveränität ihres Bewohners ähnlich verbunden wie die staatliche Souveränität mit den territorialen Grenzen. Das verdeutlichte sich nach dem Ende der Mauer und der kurzzeitig grenzenlosen Welt mit dem erneuten Rückzug zunächst in Gated Communities und dann mit nationalen Grenzmauern und -zäunen in Gated Nations. Die Sicherung der Grenzen wurde für rechte Bewegungen gegen Migranten wieder attraktiv, die eine Überflutung oder auch – in konspirativem Vokabular – eine Umvolkung befürchten. Aber wo sich die Nation oder ein Staatenbündnis wie die EU in eine Festung verwandelt, gerät auch notwendig das Haus oder die Wohnung wieder zu einer Burg. Am augenfälligsten zeigt sich dies bei den Preppern, die sich und ihre Grundstücke – halb Hobby, halb Wahnsinn – gegen potentielle Gefahren rüsten.

Doch die Grenzziehung betrifft eine grundsätzliche, mit der Wohnung verbundene Erwartung, in den eigenen vier Wänden geschützt zu sein. Schließlich ist eine Wohnung im Wesentlichen nichts anderes als ein Rückzugs- und Abwehrraum. Das Grundgesetz spricht von der Unverletzlichkeit der Wohnung, und in der Allgemeinen Erklärung der Menschenrechte ist das Privatleben und dazu explizit die Wohnung vor Eingriffen geschützt. Die Charta der Grundrechte der EU formuliert: »Jede Person hat das Recht auf Achtung ihres Privat- und Familienlebens, ihrer Wohnung sowie ihrer Kommunikation.« Hier geht es natürlich um Eingriffe von staatlichen Organen und anderen Menschen – oder in Zukunft vielleicht von Robotern –, die in den privaten Raum der Souveränität eindringen, metaphorisch aber gilt dies auch für andere Lebewesen, woraus sich das »Recht« und der individuell mehr oder weniger stark ausgeprägte Zwang ableiten, alles Fremde aus dem Eigenen zu verbannen.

In Wohnungen und Häusern siedeln sich dennoch immer wieder Eindringlinge und Mitbewohner an, schließlich ist, wie wir oben thematisiert haben, auch der Körper des Menschen von Symbionten, Mitbewohnern, Parasiten und manchmal auch Schädlingen überzogen und im Inneren bewohnt. Ein steriler Körper wäre letztlich ein toter Körper oder der Körper einer Maschine. So findet sich vor allem in der biotechnischen Forschung und der digitalen Technik die Näherung an eine Vision des Sauberen: Reinräume, in denen Leben ausgesperrt ist und der Mensch sich entsprechend in eine Art Weltraumanzug einschließen muss, um keine organischen Partikel oder gar Mikroorganismen einzuschleppen oder durch seine körperliche Präsenz abzugeben.

Wo sich ein biologischer Körper aufhält, sind Reinheit, Sauberkeit und Keimfreiheit nicht herzustellen, gibt es keine singulären Existenzen, werden Monaden zu einer Abstraktion der Vielheiten in den ineinander geschachtelten Habitaten. Der Kampf gegen das Mikroleben richtet sich dialektisch zudem nicht nur gegen den menschlichen Körper, der in den Sauberräumen Allergien ausbildet und in dem durch Antibiotika, antibakterielle Reinigungs- oder Desinfektionsmittel multiresistente Bakterien gedeihen. Auch die mit antibakteriellen Wirkstoffen gesäuberten Räume werden zum Heim von Mikroorganismen, die sich nicht mehr besiegen lassen und mitunter tödlich gefährlich werden können. Wissenschaftler haben erst vor Kurzem nachgewiesen, dass der Einsatz von bestimmten Mitteln wie Triclosan direkt mit der Ausbildung von entsprechenden Resistenzen im Mikrobiom verbunden ist.[46] So bringt die Vollendung der Sauberkeit ihrerseits neue Gefahren für den Menschen mit sich. Zudem wurden mit den potenziell gefährlichen Keimen gleichsam auch die harmlosen oder sogar für eine gesunde Wohnung notwendigen Mikroorganismen beseitigt.

Die Wissenschaft über die »guten« Mitbewohnerverhältnisse in der Architektur steht erst ganz an ihrem Anfang. Nicht nur die Säuberungspraktiken, auch der Bau und die Gestaltung von Wohnungen müssen vermutlich ihren Fokus von absoluter Reinheit abwenden und stattdessen den Kontakt mit einer der Gesundheit zuträglichen Vielfalt an Mikroorganismen gewährleisten, damit das Mikrobiom des menschlichen Körpers mit dem Mikrobiom der Räume harmoniert. Auch auf und im Körper sorgt etwa die Besiedlung durch gutartige Bakterien dafür, dass gefährliche Eindringlinge »keinen Platz« finden, um sich niederzulassen und Zellen anzugreifen. Architekten müssten sich überlegen, welche Mikroorganismen in die umbauten Räume einziehen sollen, anstatt in hygienischem Wahn zu versuchen, sie alle auszusperren.[47]

»Privatheit« ist ein anderes Wort für »Ausschluss«, der sich in Innenraumhygiene übersetzt, also das Ausmerzen dessen vorsieht, was trotz Vorkehrungen ins Innere gelangt ist und mit Infektionen oder Schadstoffbelastungen zu »Gebäudekrankheiten« oder »gebäudebezogenen Gesundheitsstörungen« beim Menschen führen kann. Man spricht von »Building-Related Symptoms« (BRS) oder der »Building Related Illness« (BRI), ausgelöst durch allergene, mikrobielle und chemische Ursachen, oder dem »Sick-Building-Syndrom« (SBS).[48]

Bei letzterem sind die genauen Hintergründe noch unbekannt. Es tritt etwa in Büros mit unspezifischen Symptomen wie juckender Haut, geröteten Augen, Husten oder Kopfschmerzen auf, verschwindet meist bald nach dem Verlassen der Räume und könnte weniger direkt mit den Büroräumen als mit einer Reaktion auf die Arbeitswelt zu tun haben. Gut möglich, dass der lange Aufenthalt in den hygienisch möglichst keimfreien Innenräumen, noch dazu, wenn sie durch Klimaanlagen von der Außenluft abgeschnitten sind, nicht nur zum vermehrten Auftreten von Allergien führt, welche die Infektionskrankheiten in den vorindustriellen »unhygienischen« und mit Staub belasteten Räumen ablösen, sondern auch zu einer Innenraumpanik. Sie könnte auch der Grund dafür sein, dass die Menschen sich, wenn nur irgend möglich, etwa geschützt durch Schirme oder Heizer, beim Besuch von Cafés, Kneipen oder Restaurants ins Freie setzen. Die WHO mutmaßt, dass bauliche Beschaffenheiten die Aversion verstärken, wobei aber auch Schadstoffe wie giftige Ausdünstungen, flüchtige organische Verbindungen, Reinigungsmittel, Keime oder Pilzsporen im Verdacht stehen. So soll SBS häufiger in isolierten, mit Klimaanlagen ausgestatteten Gebäuden in Leichtbauweise sowie thermisch ungemütlichen oder mit großflächigen Textilauskleidungen wie Fußbodenbelägen ausgestatteten Räumen auftreten.

Studien zufolge haben Belüftung und Böden den größten Einfluss auf Bakterienpopulationen in Räumen, hinzu tritt die Menge der Bewohner, wohingegen Pilzbesiedlungen stärker von der Umwelt abhängen, in der sich die Gebäude befinden. Aber es spielt auch eine Rolle, wie hoch die Wohnungen liegen: In höher gelegene Räume schleppen Menschen und Luft weniger Bakterien ein.[49]

Türen und Fenster sind verschlossen, der Zugang versperrt. Das Ideal ist der Blick nach draußen, der alles Körperliche auf Distanz hält, während der Blickende im Idealfall selbst verborgen bleibt und zum buchstäblichen »Fernseher« wird. Wer ganz bei sich, wer privat ist, hat das materielle Äußere ausgeschlossen und ist mit sich »im Reinen«, Fremdes gilt als Störung. Deswegen müssen die privaten Räume auch in der Regel intensiv davon gereinigt werden, um nur das Eigene oder das Gewünschte um sich zu haben.

Aber wir unterliegen dabei einer Selbsttäuschung, denn wir können niemals unseren Körper und unsere Wohnung frei von Mitbewohnern halten. Ebenso wie jedes »Ich« ein »Wir« ist, das aus vielen Milliarden unterschiedlicher Zellen besteht und von mehr Mitbewohnern als »eigenen« Zellen bewohnt wird, ist auch eine Wohnung, die als Habitat dient, niemals ein Reinraum, sondern trotz aller permanent wiederholter Reinigungsbemühungen, trotz des Kriegs gegen den Staub, den Schmutz, die Eindringlinge und Parasiten eine unfreiwillige Wohngemeinschaft, ein Biotop oder ein Ökosystem. Die Wohnung füllt sich, sobald man einmal die Tür oder ein Fenster öffnet, Partikel kommen mit der Zugluft, aber auch mit den Körpern der Menschen und Tiere, mit der Kleidung oder den Schuhen in die Innenräume. Wissenschaftler haben aufgrund dieser Symbiose die Gebäude als das »moderne ökologische Habitat des *Homo sapiens sapiens*« bezeichnet, das eben auch die Heimstatt von zahlreichen Mitbewohnern ist oder sein kann.

Beim menschlichen Körper handelt es sich seinerseits um ein Fundament für die Bildung von Staub: Weil er sich permanent erneuert, hinterlässt er Spuren von abgestorbenen Hautzellen oder Haaren, von denen sich die fürs bloße Auge nicht sichtbaren Hausstaubmilben ernähren, die zu Milliarden die Innenräume bevölkern und von denen es verschiedene Arten gibt. In einem Gramm Hausstaub können bis zu 15 000 solcher Spinnentiere leben. Was der Mensch an Haut während eines Tages verliert, bis zu 1,5 Gramm an Hautschuppen, reicht zur Ernährung von mehr als einer Million Milben. Ihr Gedeihen wird zudem durch die Luftfeuchtigkeit gefördert, zu der Menschen durch Schwitzen und Atmen beitragen. Gleich dem Hausstaub sind sie Folgen des menschlichen Wohnens und des Aufenthalts der Körper in den Innenräumen. Abgestorbene Milben, deren Kot und Eier, rufen Allergien beim Menschen hervor und verteilen sich über den Staub in der Wohnung. Interessant ist, dass man die Milben auch als Umsiedler oder Einwanderer betrachten könnte. Sie sollen in Vogelnestern und Bauten von Nagetieren gelebt haben, bis die Menschen ihnen durch den Bau von

Gebäuden die geeigneten Brutkästen mit geschlossenen Türen und Fenstern, stabiler Wärme und Feuchtigkeit boten.

Leben – und Wohnen – besteht in keiner Einzelexistenz, sondern nur als Pluralität oder als sich reproduzierende, kooperierende und bekämpfende Gemeinschaft von Lebewesen. Die artenübergreifenden Gemeinschaften in den Wohnungen, die in der Regel nur bedacht werden, um sie entweder zu optimieren oder zu vernichten, lassen einen erhellenden Blick in das Selbstverständnis nicht nur des in künstlichen Räumen wohnenden Menschen zu. Im Verständnis der Zwangsgemeinschaft wurden denn auch die Staubknäuel, die sich etwa unter den Tischen oder Schränken bilden und durch einen Luftzug in Bewegung versetzen, »Wollmäuse« genannt, in Anspielung auf andere Mitbewohner, die in der Vergangenheit ganz selbstverständlich waren.

Zur Wohnung als Wohngemeinschaft gehört der Staub als eine Art trockener Ursuppe. Alle Wohnungen werden vom Staub heimgesucht, der sich in ihnen als umbauten Räumen mit den vielen Nischen und den dort lebenden »Staubfabriken« notwendig bildet und den man daher auch Hausstaub nennt. Dabei handelt es sich um ein Produkt der menschlichen Wohnungen, das je nach Region, Lage, Raum und Bewohner aus einer unterschiedlichen Komposition anorganischer und organischer Teilchen und Lebewesen besteht. Mindestens die Hälfte der Staubpartikel gelangt von außen über die Luft, mit der Kleidung oder eingeschleppten Gegenständen in die Wohnungen. Einst bildete noch das häusliche Feuer eine Hauptquelle, doch mittlerweile kommen Feinstaubpartikel maßgeblich durch die ausgelagerte Herstellung von Wärme und Strom in die Wohnungen.

Der Drang der reichen Bürger in die suburbanen Gartenstädte im Zuge der Industrialisierung war auch eine Flucht vor ihrem Dreck, Gestank und Staub. Menschen und Haustiere, aber auch Zimmerpflanzen, sowohl die gewünschten Bewohner als auch die unerwünschten Gäste, produzieren ihrerseits unaufhörlich organischen Staub aus Haut, Haaren und Blättern sowie aus dem Abrieb im Kontakt mit anderen Dingen beim Arbeiten, Gehen, Sitzen oder Schlafen, der sich anhäuft und mit den anderen Partikeln aus der Erosion der Lebensmittel, Materialien und Dinge in der Wohnung vermischt. Das schafft den Lebensraum der Hausmilben, die wiederum die Grundlage eines Lebensraums für andere Mitbewohner bilden, allein schon durch die organischen Teile, die sie bei ihrem Tod hinterlassen.

Der Reinigung und Desinfizierung wird zumindest seit der Entdeckung des mikrobiellen Lebens große Aufmerksamkeit geschenkt, als man mit den Mikroskopen bemerkte, dass es nicht nur den allgegenwärtigen Staub und einige größere Invasoren wie Mäuse, Ratten, Schaben, Flöhe oder Wanzen gibt, sondern unzählige Lebewesen, die sich ohne einen technisch verstärkten Blick nicht sehen lassen, aber den Körper und die Wohnung, in der er sich aufhält, bevölkern. Das veränderte den Blick auf das Wohnen, allerdings parallel zur stärkeren Ausrichtung auf die Privatisierung der persönlichen Räume (und vielleicht auch auf die nationalistische Verschanzung). Durchgesetzt hat sich der Versuch, alle uneingeladenen Mitbewohner auszumerzen. Eine sterile Behausung ist das ultimative Ideal, schließlich werden Infektionen durch Eindringlinge oder Invasoren verursacht, die es einerseits aktiv mit Reinigung und Giften und andererseits prophylaktisch mit Baumaterialien abzuhalten gilt, die glatt, abweisend, abriebfest und gut zu säubern sind – gewissermaßen Spiegelmaterialien, die nur das Eigene reflektieren.

Mit einer Vielzahl von Techniken rücken die Bewohner dem Staub, dem Dreck und den eigenen Hinterlassenschaften auf die Pelle: Staubsauger, Waschmaschinen, Putzlumpen, Seifen und eine Vielzahl an Chemikalien, die nur den Zweck haben, jeden Schmutz und alles unerwünschte Mikroleben auszumerzen, sofern nicht Mäuse, Wanzen oder Kakerlaken drastischere Maßnahmen verlangen. Wohnräume müssen fortlaufend gereinigt werden. Das Saubermachen ist eine Sisyphusarbeit, die nie endet und immer wieder von Neuem begonnen werden muss. Ihr Namensgeber musste unter Schmerzen und großer Kraftanstrengung einen Felsblock auf einen Hügel wuchten:

> Doch wenn er ihn über die Kuppe werfen wollte, so drehte ihn das Übergewicht zurück: von Neuem rollte dann der Block, der schamlose, ins Feld hinunter. Er aber stieß ihn immer wieder zurück, sich anspannend, und es rann der Schweiß ihm von den Gliedern, und der Staub erhob sich über sein Haupt hinaus.

Diese Analogie zum antiken Mythos kommt nicht von ungefähr: Selbst in Homers *Odyssee* taucht der Staub auf.

Der Rein- oder Reinstraum als Fluchtpunkt

Der Endpunkt der Entwicklung ist der keimfreie, mehrmals täglich gereinigte und geduschte Körper, befreit von Haaren, eingehüllt in künstliche Gerüche, umgebaut, modifiziert, tätowiert, gepierct, gestaltet und kosmetisch überzogen, optimiert und kontrolliert, mitunter auch desinfiziert. Ähnlich ist die aus staub- und feuchtigkeitsabwehrenden Materialien gebaute Wohnung mit Fenstern, die geschlossen keinen Luftaustausch mehr zulassen, übersichtlich, hell, sauber und glänzend wie ein Flughafen, der Nichtort per se. Es gibt keine dunklen Nischen, die Räume sind möglichst ordentlich und leer, damit der Putzroboter permanent seine Arbeit verrichten kann, ohne Bücher und andere Staubfänger, höchstens hinter Glas geschützt. Optional hält man sich vielleicht noch ein Haustier, das ebenso oft geduscht und gepflegt wird wie die Körper der Bewohner. Dazu gehört der Garten, der »japanisch« mit Kieselsteinen oder Schotter die möglichst versiegelte Erde überdeckt, von Gabionen begrenzt, pflegeleicht, immer ordentlich und Sauberkeit demonstrierend: ein Kontrollraum ohne Verstecke, ein Panopticon gleich dem Smart Home. Dagegen sind Erde und Schlamm, überhaupt alles Natürliche verschwunden, ausgemerzt. Da muss nicht mehr gegärtnert werden, man braucht nicht einmal einen Mähroboter, die digital gesteuerte Bewässerungsanlage reicht. Wie Kunstwerke werden noch einzelne stilisierte Pflanzen geduldet, die zur ästhetischen Auflockerung dienen, Insekten oder Vögel finden in diesen sterilen Wüsten keinen Lebensraum mehr. Barockgärten waren noch gestutzte, unterworfene Natur, hier hingegen ist sie eliminiert und wie in den Wohnungen der künstlichen Welt gewichen.

Endpunkt der großen Reinigung sind die durch maximale Kontrolle und höchsten Energieverbrauch ausgezeichneten Zentren der herrschenden digitalen Kultur: die zur scheinbar immateriellen Cloud stilisierten Serverfarmen und die Reinräume, in denen Mikrochips als Herzen der digitalen Gesellschaft hergestellt werden. Rechenzentren sind die neuen Bunker: physisch und virtuell streng kontrolliert, möglichst abgekapselt vom äußeren Raum und im Idealfall unter der Erde gelegen. Staub und Schmutz aus der natürlichen Umwelt dürfen nicht eindringen, Temperatur und Luftfeuchtigkeit sollen konstant sein, was rigorose Trennung von der Außenwelt und kontrollierte Schleusen voraussetzt.

Noch ein Stück weiter gehen lebensfeindliche »Reinräume«, die für den Aufbau der sauberen Welt gebraucht werden, allen voran für die in der digitalen Gesellschaft ubiquitären Halbleiter, Laser, Nanotechnologien, medizinischen Produkte oder keimfreien Lebensmittel. Eine Definition:

> Raum mit definierter Konzentration luftgetragener Partikel, der so konstruiert und verwendet wird, dass die Anzahl der in den Raum eingeschleppten bzw. im Raum entstehenden und abgelagerten Partikel kleinstmöglich ist, und in dem andere reinheitsrelevante Parameter wie Temperatur, Feuchte und Druck nach Bedarf geregelt werden. (VDI 2083-1)

Die Bewegung vom medizinischen OP als Vorbild über den Reinraum findet schließlich im »Reinstraum« seine Vollendung: Nach

ISO darf er nur 10 Partikel in der ultrafeinen Größe bis 0,1 Mikrometer (0,001 mm) pro Kubikmeter enthalten. Auch hier müssen Temperatur, Luftfeuchtigkeit und Druck durch hermetischen Abschluss von der Umwelt konstant bleiben. Staubpartikel und Keime haben an einem solchen Ort keinen Platz, der Faktor Mensch ist mit seinem Körper ein Kontaminationsrisiko. Wer im Reinstraum arbeitet, muss durch Schleusen mit Luftströmungen und Filtersystemen gehen, sich reinigen, desinfizieren und einen aus synthetischen Fasern bestehenden Anzug tragen, den ein Hersteller als »Filter zwischen Partikelquelle Mensch und Reinraum« bezeichnet. Möglichst wenig mit dem Raum interagieren sollen auch die dort verwendeten Geräte und Materialien, die abriebfest und glatt sein müssen, bevorzugt werden Metalle und Kunststoffe. Solcherart konstruierte Räume sind tot, in ihnen gilt das Leben als Kontamination des Künstlichen. Doch auch Reinsträume können (noch) nicht gänzlich frei von Partikeln sein, sie sind nur eine weitgehende Annäherung an das Ideal der Staub- und Keimfreiheit unter irdischen Bedingungen: eine Anti-Wohnung.

Obdachlosigkeit und das Phänomen des Entwohnens

Im Diskurs über das Wohnen geht es häufig um Wohnungsnot, wie man diese beheben kann, was wohnen bedeutet, und um die Frage, ob Wohnen ein Menschenrecht ist. Die Debatte vollzieht sich häufig wie jetzt in Deutschland und anderen Ländern vor allem vor dem Hintergrund, dass es insbesondere in den boomenden Städten wegen fehlender (Sozial-)Wohnungen auf dem kapitalistischen Wohnungsmarkt, wo der knappe Boden und die geringen Zinsen die Preise durch Spekulation hochtreiben, zu wenig günstigen Wohnraum gibt und die weniger gut verdienenden Schichten verdrängt werden. Umgekehrt hat sich mittlerweile der Trend der Suburbanisierung, der bis Anfang der 1990er Jahre andauerte, als wohlhabendere Schichten aus den Städten in deren Speckgürtel abwanderten.

Es findet eine soziale und räumliche Umschichtung statt, die auch dazu beiträgt, dass aufgrund der Zunahme von Geringverdienern, Kündigungen und Mietschulden die Wohnungs- oder Obdachlosigkeit steigt. Nach Schätzungen der Bundesarbeitsgemeinschaft Wohnungslosenhilfe (BAGW) gab es 2006 etwas mehr als 200 000 Wohnungslose, zehn Jahre später mit über 800 000 die vierfache Menge, davon die Hälfte Flüchtlinge, die wiederum zur Hälfte aus der EU kommen. Wer in Flüchtlingsunterkünften lebt, gilt ebenfalls als wohnungslos.[50]

Dabei muss jedoch eine wichtige Unterscheidung getroffen werden, denn wohnungslos bedeutet nicht obdachlos. Unter erstere Kategorie fällt, wer keine mietvertraglich abgesicherte Wohnung oder kein selbst genutztes Wohneigentum hat. »Gesichert« ist dabei das entscheidende Wort, man könnte auch sagen, dass Wohnungslose, die bei Freunden, in Heimen oder anderen Notunterkünften unterkommen, keine Wohnung, sondern nur eine Unterkunft haben, in der sie sich vorübergehend, bestenfalls als Gast, aufhalten. Problematisch sind insbesondere die sich gegenseitig begünstigenden Faktoren zwischen Arbeits- und Wohnungslosigkeit. So können Schicksalsschläge in Abwesenheit entsprechender sozialstaatlicher Absicherung den empfindlichen Kreislauf von geregeltem Einkommen und Mietzahlungen unterbrechen, Schulden und schließlich Zwangsräumungen herbeiführen und dadurch in letzter Instanz zur Obdachlosigkeit beitragen.

Armut ist also die treibende Kraft hinter der Wohnungsproblematik. In der EU war 2017 mehr als ein Fünftel der Bevölkerung armutsgefährdet, während die Miet- und Immobilienpreise in die Höhe klettern und der Anteil des verfügbaren Haushaltseinkommens, der für das Wohnen aufgewandt werden muss, verhältnismäßig weiter ansteigt. Mit 30 Prozent der armutsgefährdeten Haushalte in der EU lebt – Stand 2016 – ein beträchtlicher Teil in überbelegten Wohnungen. Nach EU-Definition gilt eine Wohnung als überbelegt, wenn es für den Haushalt nicht mindestens ein Schlafzimmer pro Paar, pro Person über 18 Jahren oder pro gleichgeschlechtlichen Kindern zwischen 12 und 17 Jahren gibt. Hinzu kommt, dass 12 Prozent der armutsgefährdeten Haushalte beziehungsweise fast 5 Prozent aller Haushalte überhaupt in Wohnungen oder Häusern mit starken Mängeln leben, mit undichten Dächern, ohne Bäder, Duschen und Toiletten, oder die zu dunkel sind.[51]

ETHOS, die vom europäischen Dachverband nationaler Organisationen der Wohnungslosenhilfe (FEANTSA) formulierte Europäische Typologie für Wohnungslosigkeit, unterscheidet zwei Arten von Obdachlosigkeit:[52] einerseits im öffentlichen Raum, also wenn Menschen beispielsweise auf der Straße oder öffentlichen Plätzen leben, und andererseits in Notunterkünften, als da wären Schlafstellen, Wärmestuben oder andere niederschwellige Einrichtungen.

Obdachlosigkeit ist meist erzwungen, auch wenn es freiwilligen Nomadismus oder Zwischenformen wie das Leben in entsprechend ausgestatteten Autos gibt, und war historisch, wie sich am Beispiel der Sinti und Roma zeigt, schon lange Zeit stigmatisiert. Sesshaftigkeit gilt als Norm, deren Missachtung seitens der Gesellschaft teilweise brutal sanktioniert wird. Obdachlose betrachtet man als asozial, sie fallen aus der kontrollierbaren Ordnung und stellen sich ihr – bewusst oder unbewusst – entgegen.

Erst im ausgehenden 19. Jahrhundert erkannte man Obdachlosigkeit als soziales Problem, das zu lindern man sich bemühen wollte. Beispielsweise entstand zur Unterstützung der Armen und Vagabunden zuerst in Großbritannien die Heilsarmee. Hilfe gewährte diese allerdings nur gegen Bezahlung:

> Für einen Penny war es möglich, die Nacht auf einer Bank in einem geschützten Raum zu verbringen (»a penny situp«), aber Schlafen war verboten. Für zwei Pennies konnte man den Luxus erhalten, auf den Bänken zu schlafen oder sich an einen Strick zu lehnen, der von einem Ende der Bank zum anderen aufgespannt war (»a twopenny hangover«). Die Stricke wurden bei Morgendämmerung entfernt, sodass die Kunden schnell aufwachten und das Gebäude verließen.[53]

Im Nationalsozialismus wurden viele Obdachlose als »Arbeitsscheue«, »Penner« und »Asoziale« zwangssterilisiert und in Konzentrationslager gesperrt, und auch heute noch hört man abwertende Bezeichnungen wie »Vagabunden« und »Landstreicher«. Sie haben keine Adresse, gelten als psychisch Kranke, Alkoholiker und Drogensüchtige. Während sich aber andere Elemente außerhalb der gesellschaftlichen Ordnung wie beispielsweise Räuber und Piraten gewaltsam das Eigentum der normalen Bevölkerung aneignen, werden Obdachlose als Bettler – die Männer als faul, die Frauen als Prostituierte – betrachtet.

Wer keine Wohnung hat, gilt als vogelfrei. Das führt auch heute immer wieder dazu, dass Obdachlose Opfer von Gewalt werden.

Noch im 19. Jahrhundert war die Landstreicherei ein Straftatbestand, der einen Aufenthalt im Arbeits- oder Zuchthaus zur Folge haben konnte. Die Obdachlosen wurden also zwangsweise räumlich fixiert und sollten durch die Bestrafung mit schlecht bezahlter Sklavenarbeit wieder sozialisiert werden.[54] FEANTSA weist darauf hin, dass die Kriminalisierung von Obdachlosigkeit weltweit zunimmt, beginnend oft mit einem Bettelverbot und Strafen für Störungen der öffentlichen Ordnung oder mit subtileren Mitteln, etwa durch eine Möblierung des Stadtraums mit Bänken, die verhindern, dass man darauf schläft.[55]

Einer anderen Betrachtungsweise zufolge sind Obdachlose aber nicht wohnungslos, sondern versuchen, sich eine Wohnung im öffentlichen Raum einzurichten, ein Provisorium, das oft mobil ist, tagsüber ab- und am Abend wieder aufgebaut werden kann. Die Sehnsucht nach dem Gewohnten und Gesicherten bleibt dabei vorhanden. Gesucht wird nach einem Ort, an dem man möglichst oft schlafen kann, der einigermaßen geschützt ist vor Regen oder Kälte und der Gewohnheiten entstehen lässt. Wohnen, auch das obdachlose Wohnen, soll Identität erzeugen und festigen. Dennoch wird versucht, Obdachlosen, die sich im öffentlichen Raum ansiedeln wollen, das Leben schwer zu machen oder sie zu vertreiben:

> Zwar ist das Betreten und Sich-Fortbewegen im innerstädtischen Raum erlaubnisfrei möglich, aber das längere Liegen oder das Lagern in Gruppen kann schon verboten sein. In der Regel wird das Campieren wohnungsloser Menschen im öffentlichen Raum, selbst in den noch restriktiver geregelten Grünanlagen, jedoch von den Ordnungsbehörden geduldet. Vor allem in größeren Städten wie Frankfurt am Main, Hamburg und Berlin sind in der letzten Zeit nicht mehr nur einzelne Biwaks und Zelte in den Parks zu sehen, sondern haben sich ganze Zeltstädte entwickelt. Die Duldung dieser draußen campierenden wohnungslosen Menschen ist auch der Tatsache geschuldet, dass eine Unterbringungsverpflichtung des Staates bei unfreiwilliger Wohnungslosigkeit besteht. Die Räumung eines Zeltes würde also eigentlich zum unmittelbaren Nachweis einer Notunterkunft führen müssen.[56]

Nur ein Bruchteil der Wohnungslosen ist auch wirklich obdachlos, denn Gemeinden sind rechtlich dazu gezwungen, Notunterkünfte zu bieten, doch die Plätze sind begrenzt. Viele Obdachlose wollen auch nicht auf diese Weise »kaserniert« werden und bevorzugen deshalb das Leben auf der Straße. Nach Schätzungen sind in Deutschland mehr als 50 000 Menschen obdachlos (Stand 2016), in den USA sollen es in absoluten Zahlen zehnmal so viele sein. Weltweite Schätzungen gestalten sich alleine schon deshalb als schwierig, weil es unterschiedliche offizielle Definitionen gibt und man das Phänomen gerade aufgrund seines nonkonformen Charakters kaum erfassen kann.

Für viele Menschen ist der mögliche Verlust der gesicherten Wohnung eine alptraumhafte Vorstellung und Sinnbild für den sozialen Absturz, im starken Kontrast zur existentiellen Sicherheit des Besitzes von Wohneigentum. Dabei ist der Begriff »existentiell« besonders herauszuheben: FEANTSA geht davon aus, dass die Lebenserwartung eines Obdachlosen um etwa 30 Jahre geringer ist als die der übrigen Bevölkerung. Einer Studie zufolge sind ältere Obdachlose in Boston psychisch und physisch überdurchschnittlich krank. Besonders hoch ist der Anteil derjenigen, die unter Depression, Arthritis oder Asthma leiden oder gestürzt sind, alles Folgen des Lebens unter freiem Himmel. Isolation und Vereinsamung ist ein weiteres Problem, in einer Umfrage gaben darüber hinaus 10 Prozent an, alle sechs Monate körperlich oder sexuell angegriffen worden zu sein.[57]

FEANTSA fordert eine EU-weite Beendigung der Wohnungslosigkeit bis 2030 und vertritt das Konzept »Housing First«, demzufolge nur eine sehr kurzfristige Unterbringung in temporären und Notunterkünften stattfinden darf und möglichst schnell dauerhafte, sichere und angemessene Wohnräume zur Verfügung gestellt werden sollen. Interessanterweise liegen in Deutschland amtlich keine Daten über die Zahl der Wohnungs- und Obdachlosen vor – es gibt keine bundesweite Statistik. Bislang wurde offenbar das Phänomen, keine Wohnung zu haben, aus dem kollektiven Bewusstsein verdrängt, obgleich es erst einige Jahrzehnte her ist, als die Wohnungslosigkeit nach dem Krieg ein Massenphänomen war.

Von 18 Millionen Wohnungen in Deutschland wurden im Verlauf des Zweiten Weltkriegs fast 5 Millionen zerstört oder sind verloren gegangen, während die Zuwanderung von Millionen Kriegsflüchtlingen aus dem Osten die Bevölkerung im Westen anwachsen ließ. Nach der Volkszählung von 1946 gab es in Westdeutschland etwas mehr als 8 Millionen Wohnungen, aber mehr als 13 Millionen Haushalte.[58] Neben dem Neubau – 1956 wurden in Westdeutschland beispielsweise 581 000 Wohnungen gebaut, 1964 schon 623 000 – oder der Genehmigung von informellen Siedlungen, wie Hütten- und Barackensiedlungen oder Gartenhäusern, blieben außerdem die Mieten weiter eingefroren, wie das schon seit 1936 der Fall war. Es durfte niemandem gekündigt werden und es gab eine öffentliche Wohnraumbewirtschaftung über die zuständigen Ämter, die Wohnraum im Privatbesitz verwalteten. In Folge »verdichtete« man die Belegung durch Zwangsmaßnahmen, was aus heutiger Sicht undenkbar wäre. Erst Ende der 1950er, Anfang der 1960er Jahre wurden parallel mit dem Ausbau des sozialen Wohnungsbaus Mieten und Kündigungsrechte freigegeben und schließlich die Wohnraumbewirtschaftung mit dem allmählichen Ende der »Schwarzen Kreise« beendet. Es begann die »Re-Liberalisierung« des Wohnungsmarktes – Boden und Wohnungen waren wieder in Ware verwandelt. Die kompensierenden Faktoren verfehlten allerdings ihr Ziel: Der Bau von Sozialwohnungen begünstigte das Entstehen unwirtlicher, abgegrenzter Wohngegenden und die Wohneigentumsförderung ging an den unteren Einkommensschichten gänzlich vorbei.

Gebaut und damit zubetoniert wird weltweit weiterhin in rasanter Geschwindigkeit, parallel zur steigenden Bevölkerung. Im Vordergrund stehen Profitinteressen, aus denen entweder Billigbauten für die sozial Schwächeren oder aber den modischen Normen des »Schöner Wohnens« entsprechende Gebäude für die Mittelschicht und die Reichen hervorgehen. Da der Boden begrenzt ist und er damit eine Bremse für das Wachstumsgebot des kapitalistischen

Wirtschaftens darstellt – Wachstum ist nur nach oben oder unten möglich –, wird der Baugrund und damit das Wohnen bei wachsender Bevölkerung vor allem in Städten teurer, was wiederum das Kapital mit Spekulationsaussichten anlockt und zu weiterer Versiegelung und Bautätigkeit führt. In einer kapitalistischen Wirtschaftsordnung mit Privateigentum an Grund und Boden lässt sich das Problem der sozialen Wohnungsnot nicht lösen, wenn nicht Wohnort und Arbeitsplatz durch Telearbeit und digitalen Nomadismus so verschmelzen, dass sich urbane Raumkonzentrationen auflösen. Die Folge wäre wohl die ökologisch wahrscheinlich noch gefährlichere Erschließung des ländlichen Raums.

Optimale Voraussetzung für den Neubau ist eine *tabula rasa*, also eine Fläche, die frei von natürlichen oder gesellschaftlichen Ansprüchen ist. Wo gebaut wird, entfallen andere Nutzungsmöglichkeiten, werden vernichtet oder verändert. Bauen bedeutet auch immer Zerstören, insbesondere, wenn die Menschheit weiterhin wächst und immer mehr Raum benötigt, wodurch sie womöglich ihren eigenen Lebensraum im Hinblick auf Ernährung und klimatische Bedingungen gefährdet. Diese Tendenz bleibt bestehen, wenn nicht Naturkatastrophen oder neue Epidemien etwa durch Viren wie Covid-19 entweder die Wirtschaft und damit die Naturzerstörung zurückfahren oder die Menschheit wie in Pestzeiten dezimieren. Kaum zu hoffen ist allerdings, dass Krisen, die ein massives, gegen alle neoliberalen Dogmen verstoßendes staatliches Eingreifen zur Folge haben, zu einer Abwendung vom Kapitalismus führen werden.

In Deutschland frisst sich ebenso wie in der übrigen Welt die überbaute Fläche jeden Tag weiter über den Boden. Nicht nur die boomenden Städte wuchern ins Land, auch auf dem Land selbst wird der Boden immer weiter versiegelt. Exemplarisch sind die Gewerbegebiete mit ihren riesigen, in der Regel einstöckigen Gebäuden aus kostengünstigen Fertigteilen, mit ihrer schmucklosen Infrastruktur und den betonierten Zufahrtsstraßen und Parkflächen. Sie dienen als Hüllen, die verschiedene Funktionen und Unterteilungen im Inneren ermöglichen und Wege für Menschen, Fahrzeuge und Roboter minimieren. Weltweit gehen jährlich insgesamt 10 Millionen Hektar an Ackerfläche verloren, allein in Deutschland werden täglich »mehr als 70 Hektar Fläche pro Tag in Siedlungs- und Verkehrsfläche umgewandelt. Etwa die Hälfte dieser Fläche wird versiegelt, das heißt, sie ist mit Straßen, Wegen, Parkplätzen oder Gebäuden überbaut, asphaltiert, betoniert, gepflastert oder verdichtet.«[59]

Und weil Sand und Kies entscheidende Bestandteile von Beton sind, dem Stoff, aus dem die meisten Gebäude seit dem ausgehenden 19. Jahrhundert bestehen, baut man diese in großem Stil an Stränden und Flüssen ab – übertroffen werden sie in dieser Hinsicht nur von Wasser. Wüstensand, den es durch die Ausbreitung der Wüsten in immer größeren Mengen gibt, ist für die Betonproduktion hingegen ungeeignet. Einem UNEP-Bericht zufolge werden für die wahrscheinlich mehr als 30 Milliarden Tonnen Beton Jahr für Jahr über 40 Milliarden Tonnen Sand abgebaut. In den Industrieländern schätzt man den jährlichen Verbrauch pro Kopf auf 4 bis 8 Tonnen Sand, in China sollen es 14,3 Tonnen sein.[60] Die Herstellung einer Tonne Zement frisst noch mehr Ressourcen, denn dafür braucht man ganze 10 Tonnen an Sand und Kieseln. Diese werden mit dem weiteren Wachstum der Städte nicht nur zu einer zunehmend knappen Ressource, sondern ihr Abbau führt zu Umweltschäden, Beeinträchtigungen der natürlichen Küstenverläufe mitsamt den Ökosystemen und zu Überschwemmungen. Die Weiterverarbeitung, also die Produktion von Beton, verursacht erhebliche CO_2-Emissionen, welche die Klimaerwärmung beschleunigen. Letztlich also unterminiert das Bauen ironischerweise das Fundament, auf dem wir wohnen.

Alterungsgeschwindigkeit von Gebäuden

Städte sind in ständigem Umbruch begriffen: Täglich reißt man alte Gebäude ab oder saniert diese, um neue Wohn- und Arbeitsräume zu erschaffen und gewohnte zu zerstören. Wir gehen naiverweise meist davon aus, dass heutige Neubauten zumindest im Prinzip die Jahrhunderte überstehen werden. Aber ähnlich wie es bei vielen Büchern der Fall ist, wo das Papier wegen der zugesetzten Säure im Unterschied zu früheren Herstellungsprozessen innerhalb weniger Jahrzehnte zerfällt, baut man auch Häuser heute nicht mehr »für die Ewigkeit«, wie dies bei den früheren Ziegel- und Steingebäuden noch der Fall war. Diese beschleunigte Alterung oder Obsoleszenz von Gebäuden hat vielfältige Ursachen, vom Verschleiß der verwendeten Materialien über modische, funktionale und rechtliche Faktoren bis hin zu ökonomischen Interessen. Ebenfalls eine Rolle spielen dynamische Veränderungen der Ansprüche, einkommensbedingte Umschichtungen der Bevölkerung, erhöhter Wohnortwechsel und Wachstum oder Aussterben von Regionen, Städten und Dörfern.

Wie auch bei anderen Industrieprodukten verkürzt sich die Lebensdauer von Gebäuden als Resultat von bewusster Planung und technischer Expertise. Man baut nur noch für eine überschaubare Zeit von bestenfalls einigen Jahrzehnten, maximal einer Generation. Letztlich wird das gewohnte Wohnen zum Anathema, wir sollen auf dem Sprung sein, unsere Wohnungen wechseln wie Kleider, damit man ständig neu bauen oder erneuern kann, um immer neue Profite zu generieren.

In Deutschland liegt das Durchschnittsalter von Gebäuden bei 50 Jahren, in Tokio nur noch zwischen 20 und 30 Jahren. Teilweise wird die Substanz selbst bereits nach weniger als 20 Jahren wertlos, nur der Wert des Grundstücks bleibt erhalten. Allerdings unterscheidet sich die Lebensdauer je nach Funktion der Gebäude: Bei Einfamilienhäusern rechnet man noch mit 60 bis 100 Jahren, bei Mehrfamilienhäusern und größeren Wohngebäuden mit 60 bis 85 Jahren, bei Bürogebäuden mit 50 bis 75 Jahren und bei Industriegebäuden mit 25 bis 40 Jahren. Auch das verwendete Material ist von Relevanz: Man geht davon aus, dass Außenwände aus Natursteinen bis zu 250 Jahre halten können, Ziegel bis zu 150 Jahre, Stahl bis zu 100 Jahre und moderner Beton mit Stahlarmierung bis zu 80 Jahre. Hartholz kommt hinsichtlich der Lebensdauer an letzteren heran, bekleidet übertrifft es ihn sogar um 20 Jahre. Der Beton der alten Römer unterscheidet sich in der Zusammensetzung von der modernen Variante und vermag, wie die Kuppel des Pantheon zeigt, Jahrtausende zu überstehen. Heutzutage ist solche Qualität replizierbar, wenn auch aus offensichtlichen Gründen unerwünscht. Sickerbeton beispielsweise bietet nützlichen Bakterien, die Risse schließen oder Wasser filtern, eine Lebenswelt und verwandelt dadurch entsprechend konstruierte Gebäude in selbsterhaltende und -heilende Ökosysteme.[61]

In einer etwas älteren Untersuchung des IP BAU (Impulsprogramm Bau des Bundesamtes für Konjunkturfragen der Schweiz), die an 200 Gebäuden unterschiedlichen Alters den Ersatzzeitpunkt von Bauteilen ermittelte, wurde deutlich, dass es nach dem Zweiten Weltkrieg zu einer signifikanten Veränderung der technischen Lebensdauer gekommen war.[62] Man untersuchte die Lebensdauer von Bauteilen vom Verputz oder Dächern, über Türen und Fenster bis hin zu Küche, Heizung und Sanitäreinrichtungen; modische und rechtliche Obsoleszenz sowie Austausch aufgrund höheren Komforts schloss man hingegen aus. Wurden Bauteile, die aus den 1930er Jahren stammen, durchschnittlich erst nach etwa 50 Jahren ausgewechselt, so war dies bei solchen von 1953 schon nach 36 Jahren und solchen von 1983 bereits nach 10 Jahren der Fall. Der IP BAU zufolge handelt es sich dabei um die Folgen einer »geringeren Lebensdauer von Materialien, reparaturanfälligeren Konstruktionen, hohem Verschleiß durch intensivere Nutzung und aggressiveren Umwelteinflüssen«. Interessanterweise war die Untersuchung ursprünglich dadurch motiviert, dass man in den 1990er Jahren noch davon ausging, dass der »Neubau auf der grünen Wiese« an Bedeutung verliere und »weitgehend durch die Erhaltung der bestehenden Bausubstanz und durch Ersatzbauten« abgelöst würde.

Die Verkürzung der Lebensdauer geht normalerweise damit einher, dass man Häuser nicht mehr saniert, sondern gleich abreißt, damit man schnell und mit standardisierten Teilen ein neues Gebäude errichten kann. Das hat einerseits mit den Materialien zu tun, andererseits aber auch damit, dass Gebäude immer stärker von Technik durchdrungen werden und mit ihr verschmelzen, was die funktionale Obsoleszenz oder Alterung zusätzlich beschleunigt. Digitale Technik ist getrieben von einer besonders hohen Innovationsgeschwindigkeit: Das Moore'sche Gesetz sagt voraus, dass sich die Komplexität von Prozessoren in regelmäßigen Zeitabständen verdoppelt. Die in Gebäude integrierte Technik, insbesondere von Smart Homes, verdichtet sich und muss entsprechend der Innovationsgeschwindigkeit regelmäßig aus Sicherheitsgründen und zur Verbesserung der Funktionalität erneuert werden.

In diesem Zusammenhang findet der soziale Prozess des Entwohnens statt. Den Prozess der fortlaufendem Vertreibung aus Wohnungen in bestimmten Vierteln, wenn Stadtteile im Wert steigen und wohlhabendere Bevölkerungsschichten anziehen, nennt man Gentrifizierung. Durch höhere Mieten und Immobilienpreise werden die ärmeren Schichten aus ihren vertrauten Kiezen herausgerissen und in billigere Gebiete verdrängt. Man könnte hier auch von Binnenflüchtlingen sprechen, die nicht aufgrund eines gewaltsamen Konflikts, sondern einer in den systemischen Strukturen verankerten, latenten Abneigung ihren Wohnort wechseln müssen. Zurückzuführen ist diese Entwicklung also in letzter Instanz auf Einkommens- und Wohlstandsungleichheit bei gleichzeitiger Abhängigkeit von der Nähe zum Arbeitsplatz. In den 1970er Jahren hat Johan Galtung dafür den Begriff der »strukturellen Gewalt« geprägt, der aber infolge der scheinbaren Alternativlosigkeit des Kapitalismus nach dem Ende des Kalten Kriegs wieder in Vergessenheit geraten ist.

Entwohnt wird hier sukzessive durch Sanierung und Neubau, durchaus auch den Abriss alter Gebäude, um neuen »Siedlern« den gewünschten Wohnraum oder auch Immobilienwert zum Investieren zu bieten. Die Konsequenzen struktureller Gewalt treten angesichts von Naturkatastrophen und Unfällen besonders stark hervor, da schlecht konstruierte oder auf unzureichendem Baugrund errichtete Gebäude anfälliger für Fremdeinwirkung sind.

Luftkrieg: Terror und totale Zerstörung

Großflächiges und systematisches Entwohnen durch Vertreibung oder gar Ermordung der Bewohner ist in bewaffneten Konflikten gängige Praxis. Hier wird das Wohnen in einer einst etwa durch Stadtmauern und andere Wehranlagen geschützten Umgebung zu einer Gefahr für die Bevölkerung.

Historisch brannte man nach Eroberung einer Stadt oder einer Festung oft die Gebäude innerhalb der nahezu obligatorischen Schutzmauern nieder. Die Erfindung der Schusswaffen in der Neuzeit, in diesem Fall besonders der Artillerie, machte nicht nur die Festungsmauer obsolet, sondern ermöglichte auch die effektive Zerstörung der Gebäude hinter den Mauern aus einer gewissen, wenn auch zunächst relativ geringen Entfernung zur Stadt. Moderne Artillerie kann beispielsweise mit Raketenwerfern Ziele auf Entfernungen von bis zu 500 Kilometern beschießen und zerstören. Schon in grauer Vorzeit waren die räumlich verdichteten Städte aufgrund ihrer brandbeschleunigenden Baumaterialien im Grunde Scheiterhaufen, was auch außerhalb von Kriegen immer wieder zu großen Bränden geführt hat, bis Feuerschutzmaßnahmen und Fortschritte in der Werkstoffkunde das Risiko eindämmen konnten.

Mit dem Luftkrieg war es dann möglich, ganze Städte in Schutt und Asche zu legen, und mit Atomwaffen, wie die Amerikaner in Hiroshima und Nagasaki zeigten, reicht dazu eine einzige Bombe. In Hiroshima wurden durch den Abwurf der Atombombe »Little Boy«, die in 580 Metern Höhe über dem Zentrum der Stadt explodierte, 13 Quadratkilometer und mehr als 60 Prozent aller Häuser zerstört, 250 000 Menschen starben. Der Luftkrieg war und ist ein tiefer Einschnitt in die Geschichte der Stadt und des Wohnens. »Bei der Vorbereitung und Durchführung von Siedlungsmaßnahmen im Sinne des Luftschutzes wurde sichtbar, daß die Städte in Zukunft ein anderes Bild zeigen mußten, als das vordem der Fall gewesen war«, so Erich Hampe in seinem Werk *Der Zivile Luftschutz im Zweiten Weltkrieg*.[63] Er fährt fort:

> Die Städte, meist aus Gründungen des Mittelalters entstanden, waren ehemals zu Festungen oder Verteidigungszwecken ausgebaut, die z. T. noch bis in die jüngere Zeit bei kriegerischen Verwicklungen die Aufgabe gehabt hatten, Angriffe in der Ebene abzuwehren und aufzuhalten. Die neuzeitliche Stadt mußte nunmehr so entwickelt werden, daß sie gegen Luftangriffe nicht leicht verletzbar war.

Ab dem Ersten Weltkrieg gehörten blutige Massenschlachten zur Essenz des totalen Krieges, aber damals fanden diese noch vorwiegend an der Front statt, wo gewaltige Heere, immer größere Geschütze, Panzer, Maschinengewehre, Chemiewaffen und unterirdische Anlagen zum Einsatz kamen. Vereinzelt gab es allerdings bereits erste Luftangriffe auf Städte, meist auf Industrieanlagen und Nachschubwege, aber auch auf Wohngebiete, mit Bombern und Zeppelinen. Vermutlich spielte hier Deutschland eine Vorreiterrolle, da schon 1914 ein deutscher Zeppelin Bomben auf Lüttich abwarf. Später setzten alle Kontrahenten Flugzeuge und Bomber ein. Der Schaden für die Zivilbevölkerung hielt sich in Grenzen, doch die Angst vor der neuen Bedrohung war groß. Die Erweiterung der Stadt nach unten wurde wichtiger. Noch baute man in der Regel Keller, aber es dauert nicht lange, bis militärische Bunker oder entsprechend ausgerüstete unterirdische Räume in das zivile Alltagsleben einzogen.[64]

Im Zweiten Weltkrieg wurde die Strategie konsequent, aber in deutlich größerem Maßstab fortgesetzt, auch Städte hinter der Front, die nicht direkt umkämpft waren, zu bombardieren, um durch die Zerstörung von kriegsrelevanten Industrien und Infrastruktur oder die Massentötung von Zivilisten den Widerstand des gegnerischen Landes zu brechen. Zumindest symbolisch begonnen hatte diese Praxis im Jahre 1937, als die deutsche Luftwaffe zur Unterstützung der Franco-Faschisten Angriffe gegen die Städte Durango und Guernica flog. Letztere wurde fast völlig zerstört.

Gleich zu Beginn des Zweiten Weltkriegs bombardierte die deutsche Luftwaffe zunächst das polnische Städtchen Wielu , um dann

Ende September 1939 erstmals mit Warschau eine Großstadt zu attackieren. 1940 folgten dann Rotterdam, London und weitere britische Städte. Ab dem Jahre 1941 schlugen die Briten mit dem Bombardement deutscher Städte zurück: Unter Luftmarschall Arthur Harris, genannt »Bomber-Harris«, zielte man bewusst und systematisch auf weitläufige Wohngebiete, später verstärkt durch amerikanische Bomber nach dem Kriegseintritt der USA. Allein die Briten warfen während des Kriegs fast eine Million Tonnen Bomben ab. Schnell entdeckte man, dass eine Kombination von Spreng- und Brandbomben das höchste Zerstörungspotential gegen Städte aufweist: Erstere reißen Löcher in die Gebäude und öffnen sie damit für zweitere, die den Rest in Flammen aufgehen lassen. Die vielen brennenden Gebäude bilden einen Flächenbrand, der gewaltige Feuerstürme in den Straßenschluchten auslöst, die sich verbreiten und auf ihrem Weg alles, die fliehende Zivilbevölkerung eingeschlossen, in sich hineinziehen und verbrennen.

In den 1920er Jahren waren nach den Erfahrungen des Luftkriegs im Ersten Weltkrieg die Forderungen nach einem systematischen Luftschutz aufgekommen. Das Reichswehrministerium der Weimarer Republik veröffentlichte 1925 Richtlinien zum Reichsluftschutz, 1930 war der Reichsluftschutzbund gegründet worden. Mit dem Beginn der Naziherrschaft und der darauffolgenden gesamtgesellschaftlichen Kriegsvorbereitung legte man zusätzlich großes Augenmerk auf organisatorische und bauliche Aspekte. Man sah die Wohnungen und Häuser als »luftempfindlich« an – das Wohnen in vier Wänden war plötzlich von oben gefährdet.

1937 erließ man im Vorlauf zum Krieg entsprechende Durchführungsverordnungen: In städtischen Neubauten mussten »gas-, trümmer- und splittersichere Luftschutzräume in endgültiger Bauweise« eingebaut und in Altbauten zumindest »in behelfsmäßiger Ausführung« geschaffen werden. Um Brandbomben weniger brennbares Material zu bieten, sollte man Dachstühle und Höfe entrümpeln und später im Krieg Vorhänge und Teppiche zugunsten von Sand- und Wasservorräten entfernen.

Wohnen, wenn die Wohnung keinen Schutz mehr bietet

Natürlich werden Häuser und Wohnungen in betroffenen Regionen mit bewusstem Blick auf potenziell drohende Naturkatastrophen gebaut, so denn ausreichend Geld und administrative Ressourcen vorhanden sind – Überschwemmungen, Vulkanausbrüche, Stürme oder Erdbeben haben unterschiedliche Anpassungsstrategien in Siedlungen und einzelnen Gebäuden erzwungen. Aber auch die bekannten Risiken bleiben oft aus finanziellen oder logistischen Gründen unberücksichtigt, dazu kommt die Tatsache, dass Katastrophen nicht immer vorhersehbar sind.

Ein Beispiel für ein solches unwahrscheinliches Ereignis waren das Erdbeben und der Tsunami in Fukushima, welche im Jahr 2011 die Atomkatastrophe zur Folge hatten. Zwar wurden die größeren Häuser möglichst erdbebensicher gebaut, Siedlungen erhöht errichtet und die Küsten durch teils 10 Meter hohe, kilometerlange Mauern und Fluttore geschützt. Das Erbeben zerstörte oder beschädigte dennoch Hunderttausende von Gebäuden, auch angeblich erdbebensichere Konstruktionen aus Stahlbeton, in der maßgeblich betroffenen Präfektur Miyagi im Osten Japans. Die bis zu 30 Meter hohe Tsunami-Flutwelle schwappte mühelos über die Befestigungen, die vermeintlich gegen jede Eventualität gerüstet waren. Nach 2011 baute man dort für viele Milliarden Dollar entlang von Hunderten von Kilometern neue Betonmauern mit bis zu 12 Metern Höhe, vereinzelt mit Schlitzen zum Durchschauen – die Beschützten wurden oft gar nicht gefragt und fühlen sich wie in einem Gefängnis. Eine brutale Sicherheitsarchitektur zum Schutz der Gebäude, wie sie auch Israel zum Schutz vor den »Flüchtlingsströmen« zum Westjordanland errichtet hat und wie sie es sich Donald Trump an der Grenze zu Mexiko seit dem Wahlkampf im Jahr 2016 erträumt. Eine »große, schöne, starke Mauer« aus massivem Beton oder auch aus Stahllamellen, ein Objekt der Ästhetik der Erhabenheit, das eindrucksvoll illustriert, was aus der Heimat wird, wenn sie als Trutzburg verteidigt werden soll.

Naturkatastrophen vermögen nicht nur die Vorrichtungen zu überwinden, welche die Wohnenden schützen sollen, sie werden auch oft direkt oder indirekt von menschlichen Eingriffen begünstigt, die mit dem Wirtschaften, dem Lebensstil und letztlich dem Wohnen der Menschen zusammenhängen. Siedlungen liegen zu nahe an begradigten Flüssen, Infrastrukturmaßnahmen versiegeln Böden und begünstigen dadurch Überschwemmungen und künstliche Wärmeinseln, man rodet Wälder für die Landwirtschaft, baut zu nahe am Meer, vernichtet die natürlichen Ökosysteme, zieht Wolkenkratzer in Erdbebengebieten hoch – und überhaupt schafft der menschengemachte Klimawandel noch unvorhersehbare Risiken für das Leben und Wohnen. Küstenstädte mögen die tief gelegenen Stadtteile durch Deiche zumindest eine Weile vor dem ansteigenden Meeresspiegel oder vor Extremwetterereignissen wie Niederschlägen, Hitzewellen und Stürmen schützen können, aber langfristig würde das neben einer radikalen Umstellung der Lebensweise riesige Investitionen für den Umbau der Städte und der Gebäude erfordern, die bestenfalls in den reichen Wohngegenden auch tatsächlich erfolgen.

Es lässt sich vielleicht erahnen, wie radikal die Maßnahmen gegenüber den Klimarisiken ausfallen müssten, wenn man die Vorkehrungen genauer betrachtet, mit denen sich Menschen, Gebäude und Städte in der Vergangenheit vor den Folgen von Kriegen zu schützen suchten: beispielsweise als die Wohnung im Luftkrieg als umbauter Raum, also als kleine Festung, keine Sicherheit mehr bot und in den Untergrund erweitert wurde, ähnlich wie man an der Küste Frankreichs den »Atlantikwall« mit meterdicken Stahlbetonwänden errichtete. Vor und während des Zweiten Weltkriegs baute man in Deutschland um die 3000 unterschiedlich große Luftschutzbunker mit bombensicheren Decken- und Außenwänden von mindestens zwei Metern Dicke, um den Menschen aus der Umgebung, die keinen Zugriff auf private Schutzräume hatten, als Zuflucht zu dienen. Sie sollten nicht nur gleichmäßig in den einzelnen Vierteln verteilt sein, sondern sich auch ins Stadtbild fügen.

Da Kriege seitdem nur noch asymmetrisch und bei nahezu vollständiger Lufthoheit des Westens oder Russlands geführt wurden, scheint der Umfang dieser Maßnahmen in Europa wieder in Vergessenheit zu geraten, weshalb der Blick in die Vergangenheit des bedrohten Wohnens in Städten äußerst wichtig ist. Aufnahmen aus Kriegsgebieten oder Straßensperrungen zur Entfernung nicht explodierter Bomben aus dem Krieg erinnern zwar an frühere Gefahren, beunruhigen die meisten Menschen aber kaum noch – daran ändern auch Berichte über die systematische Zerstörung von Städten wie Grosny, Falludscha, Mosul, Raqqa und Baghouz oder über die komplexen Tunnelsysteme, derer sich der »Islamische Staat« zu Luftschutzzwecken bedient, nichts.

Am 17. August 1939, also kurz vor dem deutschen Überfall auf Polen, wurde die »Neunte Durchführungsverordnung zum Luftschutzgesetz (Behelfsmäßige Luftschutzmaßnahmen in bestehenden Gebäuden)« erlassen. Vorgeschrieben war, dass für jede Person drei Quadratmeter Raum zur Verfügung stehen mussten. War dieser nicht vorhanden, so sollte zumindest eine künstliche Luftzufuhr gewährleistet sein. Um Verluste zu minimieren, setzte man anstatt von großen Bunkeranlagen auf viele kleinere Luftschutzräume für bis zu 50 Menschen. Um auch diejenigen zu schützen, die zum Zeitpunkt des Angriffs gerade nicht zuhause waren, bedurfte es außerdem öffentlicher Schutzeinrichtungen an belebten Straßen und Plätzen, die vielfältige Formen annehmen konnten.

Wichtig war bei den behelfsmäßigen Luftschutzkellerräumen eine Sicherung der Decke möglichst mit geschützten Eisen- oder besser noch mit Stahlträgern, Massivdecken gegen Brand und Trümmer, die gas- und splitterdichte Schließung der Fenster in den Außenwänden etwa durch Sandsäcke oder einen Vorbau aus Erde oder Steinen, Gasschleusen, Notausstiege, Brandtüren und -mauern, Durchbrüche zum Keller des Nachbarhauses und vieles mehr. Bei Neubauten setzte man auf moderne Materialien, während es in den älteren Gebäuden an vielem mangelte, nicht zuletzt an Brandschutzmauern. So hieß es 1939 bei Hampe: »Es wird nicht möglich sein, alle bestehenden Häuser unverbrennlich zu machen, aber man kann doch durch Verwendung von Stein, Eisen und Beton viel ›Unverbrennliches‹ schaffen.« Vorschriften für Schutzräume in der Gegenwart sind im Wesentlichen dadurch ergänzt, dass sie zusätzlich zum oben genannten auch vor radioaktiver Strahlung schützen müssen, wie aus den entsprechenden Papieren des Bundesamts für Bevölkerungsschutz und Katastrophenhilfe hervorgeht.

Die Umgestaltung der Stadt zur Anpassung an den Luftangriff veränderte ihre Struktur und damit auch das Wohnen in ihr. Oberstes Gebot war die Auflockerung oder Entdichtung, um die Schäden durch Bomben zu minimieren. Gleichzeitig ging es darum, den Stadtraum für den Auto- und Schienenverkehr, die Durchlüftung und »Aufklärung« zu öffnen. Schon lange vor dem Luftkrieg hatte Georges-Eugène Baron Haussmann hier entscheidende Vorarbeit geleistet: Paris wurde zum Vorbild anderer Städte und zur Blaupause für deren Um- und Neubau.

Als Pionier der modernen Stadtplanung, die später direkt in die Umgestaltung der Städte zur größeren Resilienz gegen den Luftkrieg mündete, hatte er die Altstadt aufgeschnitten und große Schneisen in die dichte Bebauung geschlagen. Die Stadt wurde für den Verkehr durch breite Boulevards und Bahnhöfe erschlossen.

Die Stadtplaner für die Luftkriegsstadt fanden in Haussmanns Paris und in den Gartenstädten Vorbilder. Auch Le Corbusier hatte bereits nach dem Ersten Weltkrieg in seinem Buch *Urbanism* aus dem Jahre 1925 den Architekten in Weiterführung von Haussmann als »Chirurgen« gefeiert, der das städtische Gewebe der alten, langsamen und unübersichtlichen Stadt aufschneidet, um die schnelle, unabgelenkte und zielgerichtete Bewegung in der funktionalen Stadt zu ermöglichen. Walter Benjamin setzte dem bald das Bild des Flaneurs entgegen, als romantische Erinnerung an das Verhalten der Menschen in der verdichteten traditionellen Stadt.

In den Worten Erich Hampes galt im Zuge dieser Entwicklung als »luftschutzgerecht«:

> Auflockerung im großen und im kleinen. Dabei kam dem Luftschutzgedanken entgegen, daß die sozialen und hygienischen Forderungen des neuzeitlichen Städtebaues in ihren Ergebnissen sich mit den luftschutztechnischen Forderungen deckten. Der Luftschutz sowohl wie der Städtebau verlangten eine planvolle Verteilung und Trennung der Wohn-, Wirtschafts-, Verkehrs- und Industriegebiete, die durch große zusammenhängende Grün- und Wasserflächen aufgeteilt und von breiten Straßen und Verkehrsbändern durchzogen sein sollten.

Wie Werner Durth und Niel Gutschow zeigen, ging die von den Nationalsozialisten aufgegriffene Auflockerung oder Entdichtung der Stadt auch einher mit Vorstellungen, wie dadurch die Gemeinschaft und die »Liebe zur Heimat« gefördert werden können.[65] Eine »luftangriffssichere Gliederung« sei auch dezentralisiert und ermögliche eine »volksnahe Verwaltung« sowie ein gesundes Leben, was wiederum die Fortpflanzung vorantreibe.

1939 berichtete die Zeitschrift *Raumforschung und Raumordnung* im Kontext einer Tagung zu den urbanistischen Folgen der »neueren Kriegstechnik« über den Konsens, dass »im Gegensatz zu der formbildenden Kraft der älteren Befestigungsarten [...] die moderne Kriegstechnik auflösend auf die bisherige städtebauliche Form« einwirke. Vermieden werden sollten unter anderem »Industrieballungen«, wichtig war auch eine funktionale Trennung: Unter dem Eindruck der Folgen des Luftkriegs planten die Nationalsozialisten den Wiederaufbau der zerstörten Städte in Deutschland sowie den Neubau von Städten in eroberten Gebieten in »aufgelockerter« Form nach dem Konzept der Trennung von Wohnort, Arbeitsplatz und Erholungsstätte mit Grünflächen und autogerechten Verkehrsachsen – »Stadt der Geschwindigkeit« in den Worten Le Corbusiers –, wie es etwa auch in der Charta von Athen anvisiert wurde, welche die Wohnung ins Zentrum des Stadtplaners stellte. Hampe fasst die urbanen Konzepte der Nazis so zusammen:

> In den alten Städten sollten die vorhandenen schmalen licht- und sonnenlosen Gassen, die engen verbauten Innenhöfe, die ungesun-

> den Hinterhäuser beseitigt und freigelegt werden. Das Ziel, vom Luftschutz erstrebt, war, eine Neubebauung zu schaffen, die jeder Wohnung Licht, Luft und Sonne schenkte, wobei eine Auflockerung zusätzlich durch Gärten, Freiplätze und breite Straßenzüge weitgehend erzielt werden sollte.

Diese Ideen von Auflockerung statt Verdichtung wurden auch in der Nachkriegszeit lange unter zivilen Aspekten weiter umgesetzt. Nicht zuletzt zeigt sich daran aber, dass Wohnen immer auch eine »Festung« oder »Befestigung« ist. Das nicht nur im wörtlichen Sinne, sondern auch durch eine paradoxe Anpassung des umbauten Raums an ein Schwarmverhalten, das den Angreifer durch räumliche Zerstreuung verwirren und somit Schäden minimieren soll. Auf diese Weise können zwar einzelne Gebäude durch Bomben zerstört werden, aber die Verwüstung greift nicht direkt auf die Nachbargebäude über. Dieser Schutz kann mit dem umbauten Raum nicht in dauernder Bewegung wie im Schwarm realisiert werden, sondern nur durch Auflockerung, also räumlichen Abstand, was parallel dem vertikalen Wachstum der Wohnhäuser keinen Abbruch tut. Die Verdichtung verschob sich also in die Höhe und ließ Platz für Grünräume und großzügige Straßen, die neben Fahrbahnen und Parkraum für Fahrzeuge zugleich Brandschneisen sind.

Ein Nebeneffekt der Entdichtung, der funktionalen Trennung und der breiteren Straßen war die Umgestaltung der Stadt in einen automobilen Raum. In Folge erhöhte sich der motorisierte Individualverkehr und die Menge zur Verfügung stehender Parkplätze – das Auto eroberte den öffentlichen Raum. Der Ausbau der öffentlichen Verkehrsmittel konnte mit der neuen, fahrzeuggerechten Stadt nicht mithalten, da die herrschende Ideologie in der Stadtplanung seit dem Zweiten Weltkrieg unangefochten weiterbestand.

Der soziale Wohnungsbau in den Nachkriegsjahren setzte die damit verbundenen Wohnvorstellungen noch unter dem Einfluss der Erinnerung an den Luftkrieg um, die aber trotz oder gerade wegen der Bedrohung durch das nukleare Wettrüsten schnell verlorenging. Vor der Zerstörung durch Atombomben schützt die aufgelockerte und funktional gegliederte Stadt nicht, selbst die zunächst angelegten Atomschutzbunker gab man schnell wieder auf. Die Ausgaben für den Zivilschutz gingen mit wachsender zeitlicher Distanz zum Krieg Jahr für Jahr zurück. Das Schutzbauprogramm für Neubauten wurde 1967 eingestellt. Dennoch hieß es 1972 im »Bericht der Bundesregierung über das Konzept der zivilen Verteidigung und das Programm für die Zeit bis 1972«:

> Schutzbauten sollten für die gesamte Bevölkerung in Stadt und Land vorhanden und schnell erreichbar sein. Sie sollten in Wohnhäusern, Krankenhäusern, Schulen, Arbeitsstätten jeder Art, an Verkehrsballungspunkten und sonstigen Plätzen, an denen sich Menschen gewöhnlich aufhalten, zur Verfügung stehen.[66]

Letztlich waren aber der Bundesregierung die Baukosten zu hoch, die Bevölkerung interessierte sich wenig dafür und der Erhalt der bestehenden Bauten schlief ein. 2016 erklärte das Bundesinnenministerium in der »Konzeption Zivile Verteidigung« zwar, dass Maßnahmen zur Härtung der Bausubstanz von Wohn- und Arbeitsgebäuden empfohlen, gefördert oder verpflichtend vorgegeben würden, aber letztlich hatte man den Schutz für die breite Bevölkerung in umbauten Räumen schon lange aufgegeben:

> Die flächendeckende Bereitstellung öffentlicher Schutzräume ist hingegen nicht realisierbar und in Anbetracht von Ereignissen mit kurzer oder fehlender Vorwarnzeit nur sehr eingeschränkt geeignet, ausreichende Schutzwirkung zu entfalten.[67]

Im Falle eines Krieges bleiben die Menschen also sich selbst überlassen; die modernen Häuser sind keine Schutzburgen mehr.

Es gibt vereinzelte Personen, Familien und Gruppen, die private Vorsorge für den Fall von Kriegen, ob »analog« oder digital, Stromausfällen, Katastrophen und Krisen betreiben. Bekannt wurden diese Menschen seit der Finanzkrise 2008 als Prepper, die Lebensmittel, Gold, Waffen und Generatoren horten und Bunker einrichten, um im Fall der Fälle sicher und abgeschlossen überleben – und wohnen – zu können. Als Mitglied dieser Szene lebt man in seinem eigentlichen Zuhause wie auf einem Schiff, das ständig ein Rettungsboot mitführt, welches umso größer, sicherer und luxuriöser ist, je reicher und ängstlicher der Kapitän ist.

Unterirdisch angelegte Bunker, die vor allen möglichen Gefahren schützen sollen, bieten Firmen in vielen unterschiedlichen Preisklassen an. Die teuersten sind regelrechte Wohnanlagen mit Swimmingpools, Kinos, Weinkellern, Fitnessstudios und Bibliotheken neben den obligatorischen Schlaf-, Wohn- und Esszimmern. Die Superreichen legen ihre Schutzbauten, auch »moderne Archen Noahs« genannt, gerne in vermeintlich sicheren Ländern außerhalb der großen Konfliktzonen wie beispielsweise in Neuseeland an. Manche Hersteller bieten Bunker an, in denen man mindestens ein Jahr »autonom« überleben können soll, bevor man an die Erdoberfläche zurückkehren muss. Dann sei das Schlimmste ja vielleicht überstanden.

Aber wie wohnt man in totalen Schutzgehäusen? Die Firma Vivos plant etwa, in Rothenstein bei Jena 34 Unterkünfte für 500 Menschen in einer unterirdischen, von den Sowjets im Kalten Krieg erbauten, 23 000 Quadratmeter großen, hermetisch verriegelbaren »Festung« anzubieten, die inmitten eines über 30 Hektar großen Geländes steht. Die Anlage, die ursprünglich als Munitionslager vorgesehen war, ist tief in einen Kalksteinberg geschlagen und durch dicke Stahltore geschützt. Schon die Nazis hatten die Stollen benutzt, nach der Wiedervereinigung übernahm zunächst die Bundeswehr das Gelände, verkaufte es aber wegen der hohen Kosten an die Immobilienfirma Terra Space GmbH.

Der Bunker soll vor einem direkten Flugzeugabsturz, biologischen und chemischen Waffen, Erdbeben, EMP-Angriffen, Flutkatastrophen und »praktisch jedem bewaffneten Angriff« schützen. Für die Fluchtsuchenden würde das Wohnen dort dem Aufenthalt in einer Kapsel oder einem Raumschiff zu einem anderen Planeten gleichen, ist aber hinsichtlich des Platzes wohl etwas komfortabler – und vor allem mit einem Notausgang versehen. Wer sich schon mit der nächsten Monatsmiete schwertut, wird wohl kaum Platz in einem solchen Schutzraum finden und Sozialbunker wie im Krieg gibt es auch nicht mehr. Die gegen fast alles geschützten unterirdischen Wohnungen sind folglich auf die wohlhabende Klasse ausgerichtet, deren Mitglieder es sich leisten können, zu ihren Häusern, Zweitwohnsitzen und Feriendomizilen noch eine zusätzliche Unterkunft zu finanzieren, die fortwährend so versorgt werden muss, dass man jederzeit plötzlich einziehen kann. Kurzum: Es muss sich also um Luxusquartiere handeln. Jede Familie oder Gruppe erhält für den Preis von zwei Millionen Euro eine Wohnfläche von 232 Quadratmetern auf mehreren Ebenen. »Halbprivat« sollen sich Überlebensinteressierte auch für 35 000 Euro pro Person einkaufen können.

Sobald die Wohnung eingerichtet und möbliert ist, versiegelt Vivos die Räume und hält sie für den Notfall bereit. Da sich alles unter dem Aspekt der Sicherheit vollzieht, geht es dabei nicht um wie auch immer geartete Vorstellungen des guten Lebens, sondern nur um das Überleben ohne materielle Mängel. Es sei für alles gesorgt, um ein Jahr in dem unterirdischen Gefängnis, dieser Gated Community, aushalten zu können. Es soll neben eigenen Quellen zur Trinkwasserversorgung eine Heiz- und Klimaanlage sowie Treibstoff für Generatoren geben, zusätzlich zu ausreichenden Lebensmittelvorräten – man rechnet mit 2500 Kalorien pro Tag –, Vitaminen und Medikamenten, und sogar einen »Garten mit frisch wachsendem Gemüse«. Auch für eine umfangreiche medizinische Ausrüstung sei gesorgt (auch wenn nicht zwangsläufig für einen Arzt). Ansonsten sollen Anleitungen mit Sicherheits- und Überlebenstechniken vorhanden sein, selbst an Bücher wurde neben Bildungs- und Unterhaltungsmaterial gedacht. Radios, Computer, Fernsehgeräte, Filme und Spiele gäbe es ebenso wie Werkzeug und Ersatzteile. Und wenn man den Bunker verlassen müsste, stünden Geländefahrzeuge, Jagd- und Angelausrüstung »und vieles mehr« bereit.

Ob der Luxusbunker in Rothenstein tatsächlich entstehen wird, ist noch offen. Das Unternehmen hat in South Dakota bereits ein 45 Quadratkilometer großes Gelände mit Hunderten von zwischen 18 und 24 Meter langen und 8 Meter breiten Munitionsbunkern – »prepper-ready« – gekauft. Hier finden bis zu 5 000 Menschen vor Kriegen, Weltuntergängen oder anderen Katastrophen Zuflucht. Laut Aussage von Vivos habe man die Standorte so ausgewählt, dass sie fernab von Erdbebengebieten, militärischen Einrichtungen und Orten mit hoher Kriminalität liegen und vor Überschwemmungen und steigendem Meeresspiegel sicher sind. Und für diejenigen, die sich lieber in einen Bunker auf dem eigenen Land eingraben wollen, gibt es modulare, beliebig miteinander verbundene Tanks, Mobiliar inklusive. Der Platz fällt hier allerdings sehr bescheiden aus, jede dieser »Quantum«-Einheiten ist 12 Meter lang, 25 Meter breit und soll Platz für 6 bis 8 Menschen bieten. In zahlreichen Variationen von »einfach und billig« bis »riesig und teuer« gibt es Bunker etwa auch von der Rising Company, die den Leitspruch vertritt: »Wir verkaufen keine Angst. Wir verkaufen Vorbereitung.«

In den USA, einem Land, in dem die Menschen ohnehin schon gerne schwer bewaffnet ihre Häuser und Grundstücke verteidigen, weil sie aufgrund der laxen Gesetze und der Verherrlichung des Waffenbesitzes als Garant der Freiheit ebenso bewaffnete Eindringlinge fürchten müssen, floriert die Doomsday-Bunkerindustrie. Entdeckt hat man dort auch Raketensilos, die von einer bewaffneten Wachmannschaft geschützt werden sollen:

> Das Bunker-Design bietet alle Infrastruktur, um bis zu 70 Menschen fünf Jahre lang vollständig netzunabhängig zu versorgen: ein fünfzehngeschossiger Luxus-Apartment-Komplex, der an einen riesigen Maiskolben erinnert, eingelassen in einen Raketensilo. Zwei Etagen sind für hydroponische Gärten reserviert, die frisches Gemüse liefern

> sollen, während eine Tilapia-Aquakultur für frischen Fisch sorgt. LED-»Fenster« übertragen Live-Bilder vom Leben in der Prärie über Tage – wem das nicht zusagt, kann andere Kulissen wählen, einen Wald etwa. Eine Kundin bestand auf Videosequenzen aus dem New Yorker Central Park, zu allen Jahreszeiten, Straßenlärm inbegriffen.[68]

Auffallend an diesen Sicherheitswohnungen unter der Erde, bei denen das Wohngehäuse zum selbst auferlegten Gefängnis wird, ist, dass es trotz der bemühten Annäherung an eine normale Wohnung schwer vorstellbar scheint, dort längere Zeit zu verbringen, insbesondere wenn der Kontakt nach außen völlig entfällt.

Wohnen in abgeschlossenen Gehäusen

Unser kollektiver Erfahrungsschatz stößt beim Leben in völlig abgekapselten, künstlichen Umgebungen weitgehend an seine Grenzen. Dennoch gibt es einzelne Fälle, anhand derer sich die Auswirkungen dieser Form des Wohnens ablesen lassen.

Astronauten trainieren beispielsweise in Habitaten für den Fall, sich mitsamt ihres Teams längere Zeit in räumlich sehr begrenzten »Wohnungen« aufzuhalten. Besonders hilfreich sind dabei ein geregelter, eng getakteter Tagesablauf, klare Vorschriften und das Wissen, dass der Aufenthalt zeitlich begrenzt ist. Privatsphäre gibt es dort praktisch keine. Ein weiteres Beispiel findet sich in U-Boot-Besatzungen, die damit rechnen müssen, längere Zeit unter Wasser eingeschlossen zu leben. Ganz so beengt wie in dem bekannten Film *Das Boot* geht es nicht mehr zu – zumindest nicht in Friedenszeiten. Der Erfolg des Films zeigt nicht nur das Interesse am Abenteuer Krieg aus der Distanz, sondern vor allem am eingeschlossenen, klaustrophobischen Leben. Im Gegensatz zu den traditionellen Modellen mit Dieselmotor können moderne Atom-U-Boote mitunter Monate unter Wasser sein.

In deutschen U-Booten der Klasse U212A leben 28 Seeleute eingepfercht in einem Rumpf mit 56 Metern Länge und 7 Metern Breite. Von diesen potentiell 350 Quadratmetern ist allerdings nur ein Drittel tatsächliche »Wohnfläche«. Für die Mannschaft stehen 22 Quadratmeter zur Verfügung, lediglich der Kommandant hat ein eigenes »Zimmer«, eine Kajüte von der Größe einer Abstellkammer. Es gibt 2 Toiletten, eine Dusche und 24 übereinandergestapelte Kojen, jeweils 2 Meter lang und 60 Zentimeter breit, darunter auch gemeinsam geteilte Kojen nach dem Prinzip »hot-racking«. Der einzige private Raum für die Mannschaft sind etwas Staufläche und ein Spind. Dennoch, »Klaustrophobie kommt nicht auf in dem U-Boot«, schreibt ein *Welt*-Journalist:

> Der Hauptgang ist breit und hoch genug, um aneinander vorbeizugehen. Den Kopf muss niemand einziehen, Deckenhöhe geschätzt zwei Meter. Nur einige niedrige Durchgangstüren zwingen zum Bücken. Die Luft ist nicht stickig, heiß oder verbraucht, es herrscht eher wohltemperierte Büroatmosphäre.[1]

Es bedarf eines besonderen Menschenschlages oder zumindest einer bestimmten Haltung, um sich unter diesen Umständen nicht eingeengt zu fühlen. Gepriesen wird häufig die Gemeinschaft, die im beengten Wohn- und Arbeitsraum automatisch entsteht und auch herrschen muss, um Platzangst, Frust und Aggressionen zu vermeiden.

Die wohl geläufigste Minimalwohnung ist wahrscheinlich die Gefängniszelle, sei sie nun allein, mit einigen Zellengenossen oder – in Extremfällen – mit Dutzenden anderen Häftlingen bewohnt. Um die 10 Millionen Menschen leben weltweit in Gefängnissen. In Deutschland sind Einzelzellen normalerweise zwischen 8 und 10 Quadratmetern groß, es gibt allerdings auch Zellen mit nur 4 oder 6 Quadratmetern. Die Ausstattung umfasst in der Regel ein Einzelbett (auch in einer Gemeinschaftszelle), einen Tisch, einen Stuhl, einen Schrank und eine meist offene Toilette mitsamt Waschbecken. Im geschlossenen Vollzug sind die Fenster vergittert und die Tür verschlossen, dazu befindet sich die Zelle in einem stärker gesicherten Gebäude, das eine hohe Mauer von der Außenwelt trennt. Nach dem Strafvollzugsgesetz dürfen die Gefangenen ihre Zelle »in angemessenem Umfang mit eigenen Sachen ausstatten«, was natürlich willkürlich ausgelegt werden kann. Es gibt einen geregelten Tagesablauf, und die Gefangenen dürfen, wenn sie sich nicht in Isolationshaft oder in einem besonders gesicherten Haftraum (genannt B-Zelle) befinden, auch für einen Großteil des

Tages ihre Zellen verlassen, um im Gefängnisgebäude zu arbeiten – das ist sogar Pflicht –, sich weiterzubilden, mit anderen zu treffen oder im Außengebäude aufzuhalten, Sport zu treiben oder einer Freizeitbeschäftigung nachzugehen. Man hat zwar ein allgemeines Recht auf Besuch, aber dieser kann überwacht oder im Einzelfall verboten werden. Schriftliche und telefonische Kommunikation muss gestattet sein, Massenmedien wie Zeitungen, Rundfunk und Fernsehen sind ebenso wie das Lesen von Büchern erlaubt. Der Gefangene unterliegt den Regeln des Strafvollzugs, bei Bedarf können unmittelbarer Zwang und Fixierung eingesetzt werden. Um das gewünschte Verhalten zu gewährleisten, stehen den Strafvollzugsbeamten zahlreiche »Disziplinarmaßnahmen« zur Verfügung.

Die Gefangenen sollen in der Zelle auch aus gesundheitlichen Gründen ausreichend Tageslicht und Frischluft haben. In den europäischen Richtlinien sind eine Mindestfläche der Zelle selbst sowie ein Mindestvolumen der verfügbaren Luft vorgeschrieben.[2] Künstliches Licht muss nach technischen Standards ebenso vorhanden sein wie ein Alarmsystem, um im Bedarfsfall das Wachpersonal zu rufen. Auf ein Mindestmaß an Sauberkeit ist ebenfalls zu achten. So weit wie möglich soll neben der Menschenwürde auch die Privatsphäre bewahrt werden, was sich im Licht der Gegebenheiten natürlich schwierig gestaltet, weil das Wachpersonal in die Zelle hineinblicken kann, freien Zutritt hat und Körper sowie Besitz des Gefangenen beliebig durchsuchen darf. Die Vereinten Nationen wollen sich nicht auf eine verbindliche Zellengröße festlegen lassen und folgen stattdessen den europäischen Regeln des Europarats.[3]

Das deutsche Strafvollzugsgesetz schreibt wenig genau in § 144 für die Größe und Ausgestaltung der Räume vor:

> Räume für den Aufenthalt während der Ruhe- und Freizeit sowie Gemeinschafts- und Besuchsräume sind wohnlich oder sonst ihrem Zweck entsprechend auszugestalten. Sie müssen hinreichend Luftinhalt haben und für eine gesunde Lebensführung ausreichend mit Heizung und Lüftung, Boden- und Fensterfläche ausgestattet sein.

2015 hatte das Bundesverfassungsgericht entschieden, dass es räumliche Mindeststandards für die Größe von Zellen und der Unterbringungsdauer geben müsse (1 BvR 1127/14). Das geschah vor dem Hintergrund einer Klage gegen die »menschenunwürdige Haftunterbringung« eines Häftlings, der 3 Monate lang fast den ganzen Tag in einer knapp über 5 Quadratmeter großen Zelle mit einer räumlich nicht abgetrennten Toilette verbrachte. Die Fläche erschien dem Gericht als zu gering:

> Aus Art. 1 Abs. 1 GG in Verbindung mit dem Sozialstaatsprinzip folgt die Verpflichtung des Staates, den Strafvollzug menschenwürdig auszugestalten, mithin das Existenzminimum zu gewähren, das ein menschenwürdiges Dasein überhaupt erst ausmacht.

In einem weiteren Urteil aus dem Jahr 2016 ging es um die Unterbringung in einer 4,49 Quadratmeter großen »Schlauchzelle«, die nach den »fachgerichtlichen Feststellungen« aber 6,16 Quadratmeter groß gewesen sein soll (2 BvR 566/15). Die JVA erklärte, dass 6 Quadratmeter den gesetzlichen Anforderungen genügten. Das Oberlandesgericht Hessen hatte die Klage zuvor bereits zurückgewiesen und der JVA bescheinigt: »Selbst wenn der Haftraum lediglich 4,49 Quadratmeter groß gewesen sei, habe die Unterbringung den Beschwerdeführer nicht in seiner Menschenwürde verletzt.« Verwiesen wurde auf ein Urteil des Europäischen Gerichtshofs für Menschenrechte aus dem Jahr 2007 (EGMR 20877/04), das für die Haftraumgröße einen »Regelwert von 4 Quadratmetern pro Inhaftiertem« vorsah. Das Bundesverfassungsgericht erklärte später, es komme nicht nur auf die Größe der Zelle an, es müssten neben der Dauer des Aufenthalts oder den Einschlusszeiten auch andere kompensierende Bedingungen wie »die Lage und Größe des Fensters, die Ausstattung und Belüftung des Haftraums und die hygienischen Verhältnisse« berücksichtigt werden. Allerdings habe man schon zuvor festgestellt, »dass eine Grundfläche von nur wenig über 6 Quadratmetern an der unteren Grenze des Hinnehmbaren liege«. Mit dem Grundgesetz sei eine dauerhafte Unterbringung in einer Zelle mit 4,5 Quadratmetern nicht vereinbar, ein mehrwöchiger Aufenthalt lege bereits einen Verfassungsverstoß nahe.

Der Europarat legte 2015 schließlich verbindlich fest, dass einem Häftling in einer Einzelzelle 6 Quadratmeter Fläche zur Verfügung stehen müssen, die Toilette nicht eingerechnet. In einer Gemeinschaftszelle dürfen es sogar nur 4 Quadratmeter minimal sein, während eine Zelle mit zwei Häftlingen mindestens 10 Quadratmeter groß sein soll.[4]

Nach dieser Vorgabe würde Häftlingen nicht dieselbe räumliche Mindestgröße zugestanden wie freien Personen in Mietwohnungen. Was für letztere gilt und wann eine Wohnung überbelegt ist, regeln in Deutschland die Bundesländer. Nach den Wissenschaftlichen Diensten des Bundestags haben aber nicht alle Länder die Mindestwohnfläche pro Person in Form eines Wohnungsaufsichtsgesetzes (WAG) festgelegt: Bayern setzte 2004 ein solches, das 10 Quadratmeter pro Person und 6 Quadratmeter für Kinder unter 6 Jahren vorgeschrieben hatte, außer Kraft und überließ die Regelung den Gemeinden. In den Bundesländern, in denen es noch ein WAG gibt, liegt die Mindestgröße bei 9 Quadratmetern, bei Kindern unter 6 Jahren verhält es sich wie zuvor in Bayern.[5] Bauordnungen in Deutschland schreiben für Aufenthalts- und Wohnräume meist eine lichte Höhe von 2,4 Metern vor, bei Dachwohnungen gelten andere Regelungen. Festgelegt sind ausreichende Belüftung sowie Tageslicht in Form von Fensterflächen einer bestimmten Größe, in Bayern beispielsweise mindestens ein Achtel der Netto-Grundfläche des Raums. Vorhanden sein müssen eine Küche oder Kochnische, ein Bad mit Wanne oder Dusche sowie eine Toilette.

Es existieren nicht nur Regelungen für die Mindestgröße, an denen sich der geringste mögliche Wohnraum ablesen lässt, den eine Gesellschaft als noch menschenwürdig erachtet, sondern im Fall von Sozialwohnungen auch für Maximalgrößen. Mit einem Wohnberechtigungsschein dürfen Einzelpersonen Wohnungen bis 45 Quadratmetern beziehen, wobei sich die Fläche pro zusätzlichem Haushaltsmitglied um 15 Quadratmeter erhöht. Nicht viel besser als Häftlinge behandelt man hingegen die Flüchtlinge: Die Soll-Vorschriften, die häufig unterboten werden, gehen von 6 bis 7 Quadratmetern pro Person für Wohn- und Schlafraum aus.[6]

Überbelegung kann nicht allein anhand der Quadratmeter bestimmt werden. Das Statistische Bundesamt legte in einer Untersuchung weitere Kriterien zugrunde und kam dabei im Januar 2019 zum Schluss, dass in Deutschland 7 Prozent und in der EU 16 Prozent der Menschen in überbelegten Wohnungen leben.[7] Die Kriterien sind in der Mitteilung leider nicht näher begründet und können nur ex negativo abgeleitet werden. Eine Wohnung sei beispielsweise überbelegt, »wenn es mindestens einen der folgenden Räume nicht gibt«:

> […] einen Gemeinschaftsraum, einen Raum pro Paar, das in dem Haushalt lebt, einen Raum pro weiterer Person ab 18 Jahren, einen Raum für zwei Kinder unter 12 Jahren, einen Raum für zwei Kinder desselben Geschlechts zwischen 12 und 17 Jahren, einen Raum je Kind zwischen 12 und 17 Jahren, wenn sie unterschiedlichen Geschlechts sind.

Dementsprechend wäre eine Familie, in der sich drei Kinder ein Zimmer teilen oder die Eltern das Wohn- auch als Schlafzimmer nutzen, ein Beispiel für Überbelegung. In Deutschland sind nach dem Statistischen Bundesamt vor allem armutsgefährdete Personen sowie Alleinerziehende und ihre Kinder betroffen.

Aufgrund der teuren Mieten und Immobilienpreise, aber auch kulturkritisch motivierten Veränderungen des Lebensstils kam in den letzten Jahren eine Welle von Kleinstappartements und anderen Formen des Wohnens mit schrumpfenden Ansprüchen, Ausstattungen und auch Wohnraumgrößen auf. Im Zuge dessen richten sich wieder mehr und mehr Menschen – sei es freiwillig oder aus Zwang – in weniger weitläufigen Umgebungen ein. Werden Wohnungen nicht vermietet oder als Sozialwohnungen gefördert, sondern im Eigenbesitz genutzt, können sie noch weiter als Tiny Houses schrumpfen und zur Miniatur werden – zu Zellen, letztlich zu Gehäusen, in denen man als moderner Nomade gerade noch schlafen kann. Die Frage hinter der Diskussion um das menschenwürdige Wohnraumminimum ist, wenn es nicht um Zwangsunterkünfte geht, abstrakt und normativ kaum zu beantworten, da dies, wie auch die Gerichte in der Debatte um die Dimensionen von Gefängniszellen anführen, mit vielen weiteren Aspekten zusammenhängt, angefangen von der Freiwilligkeit, der Bewegungsfreiheit und der erwarteten Privatsphäre über den Raum selbst und seinen räumlichen Kontext bis hin zur Dauer des Wohnens oder den individuellen Ansprüchen, Bedürfnissen und finanziellen Möglichkeiten.

Tiny Houses gelten heutzutage als chic. Man passt seine Wohnform nicht nur an ökonomische und räumliche Bedingungen an, sondern versucht auch, einen neuen Lebensstil zu entwickeln, der umwelt- und klimafreundlicher sowie konsumkritisch sein soll, da das Inventar auf das Nötigste reduziert wird. Einer notwendigen Verdichtung der Städte sind Tiny Homes allerdings nicht zuträglich, im Gegenteil fördern sie das Sprawling und die weitere soziale Verinselung durch Fortsetzung des Traums vom kleinen und vielleicht mobilen Eigenheim – auch wenn damit die Notwendigkeit steigen mag, der Enge der Wohnräume durch Nutzung öffentlicher oder gemeinsamer Räume zu entkommen,.

Nach der Definition des International Building Code (IBC) gelten Tiny Houses als Gebäude mit höchstens 37 Quadratmetern (400 square feet), einer Deckenhöhe von etwa 2 Metern und einem Dachfenster als Notausgang. Lofts, beispielsweise Schlafbereiche, können niedriger sein, haben dafür aber eine Mindestgröße von 3,25 Quadratmetern. Nur Gebäude, die diese Definition erfüllen, sind legal anerkannt und als offizieller Wohnsitz zulässig.

Interessant ist, dass ein Tiny House in diesem Sinne eine absolute Maximalgröße hat, unabhängig davon, wie viele Menschen darin wohnen. Festgeschrieben ist ebenfalls nicht, ob sie stationär oder mobil sein müssen. Unterschieden werden Tiny Houses ferner einerseits von Wohnwägen, die zwar ähnlich groß sind, aber nicht als dauerhafte Wohnungen gelten, und andererseits von »Manufactured Homes« mit einer Mindestgröße von 30 Quadratmetern und einem festen Fahrgestell. So willkürlich diese Unterschiede auch klingen mögen, wird doch klar, dass Tiny Houses in erster Linie günstige (und mobile) Alternativen für Menschen darstellen, die räumlich flexibel sein müssen, nicht genügend Geld für den Kauf oder die Miete eines normales Hauses besitzen oder eine alternative Lebensweise verfolgen. In den USA wäre Henry Thoreaus *Walden* ein Vorbild für den Versuch, ein einfaches Leben in der Natur zu führen.

Aber Tiny Houses sind im Prinzip letztlich nur kleinere Eigenheime. Parallel dazu haben sich neue Konzepte für Wohngemeinschaften wie Co-Housing oder Genossenschaftsprojekte entwickelt, welche die internen Wohnstrukturen selbst verändern. Sie zeigen, dass sich das Wohnen räumlich verdichten lässt, um gleichzeitig den sozialen Zusammenhang zu fördern. Die Wohneinheiten schrumpfen, weil Räume und Funktionen ausgelagert und gemeinsam genutzt werden. Aus stadtplanerischer Perspektive zieht man diese Entwicklung den Tiny Homes vor, da die Größe der Wohnungen in den reichen Ländern kontinuierlich gestiegen ist, was unter der Bedingung der Knappheit des Raums zur Wohnungsnot beiträgt. Durchschnittlich besetzt in Deutschland, so das Statistische Bundesamt, jede Person eine Wohnfläche von fast 44 Quadratmetern, bei Single-Haushalten sind es fast 67, Seniorenhaushalte beanspruchen pro Person fast 80.[8] Viel Wohnraum wird also gar nicht wirklich genutzt. Und da jede Wohnung auch gemeinschaftlich nutzbare Flächen enthält, geht hier viel Raum zulasten monadischer Individualisierung verloren. Gesetzlich wird allerdings wie in Nordrhein-Westfalen vorgeschrieben: »Jede Wohnung muss eine Küche oder Kochnische haben.«[9]

Wohngemeinschaften haben den Zweck, den individualisierten Wohnraum von dem gemeinschaftlich genutzten Raum zu trennen und so zu ermöglichen, dass mehr Menschen zu günstigeren Preisen auf einer Fläche wohnen. Die Verständigung mit anderen ist Teil des Wohnstils, ebenso wie gemeinschaftliche Aktivitäten, beispielsweise das Essen, die kommunikative Begegnung oder die gemeinsame Nutzung und Pflege der Räumlichkeiten. Die familiäre Wohnzelle wird aufgesprengt und damit nicht nur der Raumbedarf für die Isolation, sondern auch das Verhalten. Das muss man nicht als Revolution beschreiben oder zelebrieren, weil es oft eine Folge von ökonomischen Zwängen ist, die gesellschaftliches Verhalten regulieren, und auf anderer Grundlage in Form von beispielsweise studentischen Wohngemeinschaften schon lange praktiziert wird.

Wer heimatloser, vielleicht auch kosmopolitischer Single-Arbeitsnomade ist, angenehme Arbeitsbedingungen und Kollegen hat, seine Freizeit außer Haus verbringt und nur zum Schlafen dorthin zurückkehrt, dem kann, zumindest vorübergehend, eine Unterkunft in von Firmen einzeln vermieteten Zimmern in einer Gemeinschaftswohnung oder auch eine spartanisch eingerichtete Zelle ausreichen. Wohnungen sind dann nichts anderes als Orte der Zwischennutzung, in denen man sich nicht niederlässt, sondern auf dem Sprung bleibt. Vielleicht ist man morgen schon woanders, knüpft neue Beziehungen, hält die alten virtuell aufrecht und sieht die Lebensqualität weniger in der Wohnung als in den Möglichkeiten, die sich um diese und die Arbeitsstätte, vielleicht in einem Coworking-Büro, ergeben. Sobald jedoch die Bindungslosigkeit in einer festen Beziehung kollabiert, steigen normalerweise die Erwartungen an die Größe und Ausstattung einer Wohnung ebenso wie das Bedürfnis nach räumlicher und finanzieller Sicherheit.

Die neue »Un-Heim-lichkeit«

Wir sind gerade dabei, in neue Wohnungen zu ziehen. Diese wiederum liegen in Städten und ganzen Regionen, die sich ebenfalls im Umbau befinden. Im Wesentlichen geht es dabei um Vernetzung – um Smart Homes, Smart Cities und das Internet der Dinge. Das sind noch Begriffe, mit denen eine Branche, die selbst im Umbau begriffen ist, für eine Zukunft werben will, die – so sie sich denn durchsetzt –, alles verändern wird, was wir bislang unter dem Begriff »wohnen« verstanden haben.

Mit dem Verschmelzen der Bauindustrie und der Einrichtungsbranche mit IT-Unternehmen und Entwicklungen aus der KI-Forschung soll eine gigantische Investitionswelle das Leben innerhalb und außerhalb der Räume umkrempeln. Das revolutionär Neue in der Menschheitsgeschichte ist die Schaffung von interaktiven Umgebungen; von Sensoren, die Daten erfassen, und von Maschinen, die selbstständig handeln. Die bislang stumme und starre Sphäre des umbauten und öffentlichen Raums wird zu einer dynamischen, »intelligenten« Umwelt, die den Menschen identifiziert, sein Verhalten beobachtet und auf diesen reagiert – und in die neue, virtuelle und verkörperte Mitbewohner einziehen.

Bislang gab es Geräte und Maschinen innerhalb von Gebäuden und natürlich auch außerhalb, im freien Raum. Diese wurden zunehmend intelligenter, also mit Rechnern ausgestattet und an das Netz gehängt. Überdies hat man in den letzten Jahren immer mehr Geräte über das Netz verbunden, wodurch sie miteinander kommunizieren konnten und auch aus der Ferne steuerbar waren, gleich ob es sich um Drohnen, Lichtanlagen, Überwachungssysteme, Heizungen oder Kühlschränke handelte. Mittlerweile reagieren sie auch auf die Anwesenheit von Personen, sodass Mäuse oder Tastaturen als Schnittstellen entfallen und stattdessen der Mensch selbst zur Schnittstelle wird und mit seinem Körper und seiner Stimme Befehle geben oder Aktionen auslösen kann. Die Menschen befinden sich zunehmend nicht mehr im räumlichen Sinne vor den Maschinen oder halten sich wie in Fahr- oder Flugzeugen in ihnen auf, sondern werden vielmehr zu Bewohnern einer einzigen großen Maschine, in die sich Wohnungen, Häuser und Städte allmählich verwandeln. Möglicherweise ist bereits die These angebracht, dass sich der Datenraum wie eine digitale Atmosphäre über unsere Umwelt legt, in der sich Digitalität und Materialität zu einer erweiterten Realität beziehungsweise Virtualität verbinden. Im neuen, integrierten Wohnraum werden die Menschen zu einem Bestandteil, einem Subskript oder Schaltkreis.

Zu Beginn der digitalen Automatisierung glaubte man noch, dass man den Menschen als Bediener schnell aus dem Prozess ausgliedern könne und solle, da dieser als das schwächste und fehleranfälligste Glied des kybernetischen Systems galt. Da die mit KI vorangetriebene Automatisierung aber vieles nicht so schnell wie erwartet zu leisten vermochte, blieb der Mensch nach dem Konzept »Human in the Loop« weiter als integrierter Bestandteil für all das enthalten, was die Maschine nicht selbstständig zu bewerkstelligen in der Lage war oder entscheiden konnte. Jetzt wird der Mensch vollständig in das System eingebaut, wodurch sich zunehmend die Frage nach Server und Master erübrigt, also ob der Mensch noch Bediener oder einfach ein Element in einem komplexen dynamischen System ist, in das alle Teile durch Kommunikation und Interaktion integriert sind. Der Mensch wäre dann nicht mehr, wie man einst die Unterwerfung vor der Maschine darzustellen suchte, ein »Rädchen« in der mechanisch gedachten Maschine, in der es keinen Freiraum gibt, sondern vielleicht eher wie ein lebendiges Organ in einem Körper oder wie ein Lebewesen im Kollektiv einer Population.

In den Smart Homes und Smart Cities der Gegenwart und Zukunft ziehen sich die Menschen nicht mehr aus der Natur in Gebäude, die ersten künstlichen Umwelten, zurück. Dort sind sie nun direkt an die Welt angeschlossen, die Wohnung ist zu einem globalisierten Element geworden, das von überall aus gesteuert, eingesehen und gehackt werden kann. Gleichzeitig ist der Bewohner in die gesamte Welt, in die globale Datensphäre integriert und transparenter als im traditionellen öffentlichen Raum, auch wenn er weiterhin von Mauern oder materiellen Abgrenzungen wie Fenstern umgeben scheint. Die Menschen gehen nicht in den Cyberspace, vielmehr spinnt sie dieser mitsamt ihrer materiellen Lebenswelt ein: Eine paradoxe Existenz zwischen Öffentlichkeit und Privatsphäre, bislang vom umbauten Raum bestimmt und gesetzlich durch die Unverletzlichkeit der Wohnung gesichert.

Mit dem Einzug in Smart Homes ist endgültig Schluss mit der Illusion von Privatheit. Das Leben findet zwar nicht notwendig in der Öffentlichkeit statt, aber das Heim wandelt sich von einem Objekt zu einem Subjekt, das auf die Bewohner reagiert und deren Verhalten beeinflusst. Zuhause ist man seit dem Telefon, welches das erste Loch in die Gemäuer schlug, nicht mehr alleine, der Bewohner wird selbst zum Gast, der neben den vielfältigen Interaktionen mit seinem häuslichen Internet der Dinge und dem Dialog mit dem »Homeserver«, dem neuen sprechenden und verstehenden Diener, direkt an der Weltöffentlichkeit teilnimmt und in der virtuellen Weltmetropole lebt.

Abstrus ist daher, dass die ersten Smart-Home-Anwendungen zur Sicherung der Wohnung aus der Ferne mit Bewegungsmeldern, Kameras oder anderen Sensoren dienen sollten. Lückenlos und zu jeder Zeit wollte man kontrollieren, ob und wer in die Wohnung kommt, während das vernetzte Sicherheitssystem es gleichzeitig Hackern aus aller Welt erlaubt, die eigentlichen Bewohner zu überwachen. Deutlich sieht man daran, dass das Heim der Intention nach weiterhin ein geschützter privater Raum sein soll, obgleich er immer stärker durchlöchert und an das Außen angebunden ist. Je persönlicher das Smart Home wird, desto unheimlicher wird der private Raum. Und weil das Heim und auch die Siedlung im Sinne der Gated Community aus demselben Grund keinen Schutz mehr gewähren, erlangt die nationale Grenze und deren Befestigung immer größere Bedeutung: Die Gated Nation, die sich hinter materiellen und digitalen Mauern zurückzieht, ist geboren.

Es ist noch nicht sehr lange her, da galten als Inbegriff des Privaten das Haus oder die Wohnung, die den Menschen vor äußeren Einflüssen bewahrt, ebenso wie der Körper oder eher der Schädel sein Inneres schützt. Als Voraussetzung dafür bedarf es allerdings bereits der Trennung zwischen innen und außen, der Schnitt schafft erst Privatsphäre im freien Raum, ein Versteck, in dem man vor Überraschungen gemeinhin bewahrt ist, beruhigt Tätigkeiten nachgehen und ohne Angst ausruhen und ununterbrochen für Stunden tief schlafen kann. Das Wohngehäuse war vermutlich noch vor der Stadt ein – wie man heute sagen würde – disruptiver Beschleuniger der kulturellen Innovation, ein Brutkasten der sich im Geheimen ausprägenden Individualisierung und eines sich durch Erholung und unabgelenkte Konzentration bildenden kreativen Geistes.

In das mit Mauern oder Wänden geschützte Heim zog man sich aus der Öffentlichkeit zurück und gewährte als Wirt möglichst nur erwünschten Gästen Eintritt. Durch Türen oder Fenster konnte man die Öffentlichkeit ausschließen oder eine regulierbare räumliche, thermische, visuelle und akustische Verbindung zwischen den Einwohnern und einem lokalen, öffentlichen oder halb-öffentlichen Raum herstellen. Schlösser und Fensterläden dienten der Sicherheit, Vorhänge wehrten die Einsicht ab, und falls ein Garten vorhanden war, gab es in der Regeln Mauern, verschließbare Zugänge oder Hecken als vorgeschobenen Sicht- und Zugangsschutz, später mit Bewegungssensoren, Überwachungskameras oder anderen Techniken ausgestattet. Können die Ein- und Ausgänge vom Bewohner nicht mehr nach eigenem Willen geöffnet und geschlossen werden, wird aus dem Wohngehäuse ein Gefängnis. Der Rückzug in den privaten Raum verkehrt sich dann zu einem Schutz der Öffentlichkeit durch Versiegelung der Zelle eines Tiny Homes.

Das Heim ist auch das Zuhause, das sowohl gemäß den jeweiligen Möglichkeiten als auch den Traditionen, Normen und persönlichen Vorlieben eingerichtet wird. Dort ist man bei sich, im narzisstischen Spiegel der individuellen Ausstattung und der auserwählten, angesammelten Objekte. Es handelt sich um einen ebenso privaten wie vertrauten Raum, aus dem man das Fremde und Irritierende bewusst aussperrt. Das Wohngehäuse stellt nach der Kleidung die zweite Schicht um den Körper dar. Denn wo die Hüllen lediglich den eigenen Leib schützen und verbergen, vermag die Wohnung, gemäß dem Diktum McLuhans, das wir oben bereits besprochen haben, den bekleideten Raum zu erweitern und zu kollektivieren.

Der Rückzug aus der Öffentlichkeit in die Wohnung eröffnet aber auch die Möglichkeit, aus dem geschützten Inneren das Leben in der Öffentlichkeit zu beobachten, zum unbeobachteten Zuschauer zu werden, letztlich zu einem Wächter, der durch Spione an den Türen oder verborgen durch die Fenster den Raum draußen ausspäht. Mit Radio und Fernsehen hat sich diese Position auf die Welt erweitert, die im Gegenzug aber auch ihrerseits in das abgeschottete Wohngehäuse eindringen kann. Mit dem Telefon wurden die Menschen dann über große Entfernungen direkt miteinander verbunden, das Internet schließlich wölbt den Cyberspace über den realen Raum und ermöglicht schließlich mit Sensoren und Effektoren, beispielsweise in Form von Drohnen und anderen Robotern, von zuhause aus die Welt mit den Fernlingen zu bereisen und sogar über Tausende von Kilometern hinweg in sie einzugreifen. Diese Veränderungen haben das Haus oder Wohngehäuse noch intakt gelassen, auch wenn es parallel durchlöchert, an die Weltöffentlichkeit angeschlossen, seiner Privatheit beraubt und Teil der virtuellen Weltmetropole wurde.

Mit den Smart Homes beginnt aber eine neue Entwicklung, denn die Wohnung verwandelt sich als Ganzes mit seinen vernetzten Objekten zu einem Gegenüber und dadurch den ehemaligen Hausherrn zu einem Gast, der nun auch in den eigenen umbauten Räumen nicht mehr allein ist. Das mag an die Zeiten erinnern, als die reicheren Mitglieder der Feudalgesellschaften ständig von Dienern umgeben waren, die auf Befehle reagierten und die Herrschaften beobachteten. Das moderne Konzept der Privatheit entstand erst im bürgerlichen Zeitalter.

Im künftigen Smart Home übernimmt dagegen ein lernendes KI-System die leitende Rolle, auch wenn es zunächst den Bewohnern hörig zu sein scheint und deren Wünsche vorwegnimmt. Dazu kommt, dass das prinzipiell digitale Zuhause immer Sicherheitslücken aufweisen wird, weswegen die Gefahr besteht, dass jederzeit Hacker, Terroristen, Kriminelle, Geheimdienste, Polizei oder andere KI-Systemen eindringen und das System übernehmen. Der Bewohner gerät zum Gefangenen, der nicht einmal mehr Türen oder Fenster öffnen kann, um dem Haus zu entfliehen. Bei Pannen, einem Systemcrash oder, im schlimmsten Fall, bei einem Stromausfall friert das nicht durch einen Notstromgenerator gesicherte Smart Home ein und wird zu einer Falle.

Überhaupt entziehen sich die künftigen Smart Homes, die doch den Bewohnern ihre Wünsche von den Augen ablesen sollen, der wirklichen Beherrschung, da die meisten Menschen nicht in der Lage sind, die komplexen Programme und Systeme einzusehen, geschweige denn zu reparieren. Selbstständig lernende künstliche Intelligenzen sind sowieso auch für ihre Programmierer Schwarze Löcher, da es im Einzelnen nicht mehr nachvollziehbar ist, in welchen Schritten der Input zu diesem oder jenem Output führt. Kaum jemand wird in der Lage sein, selbstständig etwaige Pannen zu beheben, die Komplexität ist zu groß und das Wissen zu gering. Die Abhängigkeit von Experten wächst, sobald es nicht mehr um einzelne Maschinen geht, sondern die Wohnung selbst zu einem lernenden und agierenden System geworden ist.

Mit der zunehmenden Elektronik in Maschinen, Fahrzeugen und Häusern gestaltet sich jetzt schon die Selbstreparatur durch

Laien, das Do-It-Yourself, als schwierig, wenn nicht unmöglich, ganz besonders, wenn die Nutzer von den zentralen kommerziellen Betriebssystemen ausgeschlossen sind. Dazu kommen die schnelle Innovationsrate der Techniken und Dienste unterschiedlicher Firmen, die überdies untereinander kompatibel bleiben müssen und deren Software fortwährend auf dem neuesten Stand gehalten werden muss. Aber wie lange werden die Updates eingespielt? Wir haben uns daran gewöhnt, auf unseren einzelnen Geräten automatisch Updates aufspielen zu lassen, im Vertrauen darauf, dass diese notwendig sind und keine Schadsoftware mitliefern. Das dürfte bei einem Smart Home anders sein. Schließlich haben wir den Computer, das Tablet oder das Smartphone nicht mehr vor uns, außerhalb des Körpers, sondern leben in ihm. Stellen Unternehmen Updates ein, weil sie neue Produkte lancieren wollen oder pleitegegangen sind, könnte ein Smart Home Bugs und Glitches entwickeln oder Hacker einladen. Dumm kann es schon laufen, wenn banale Fehler auftreten und die smarte Toilette falsche Werte an den medizinischen Dienst vermittelt oder der Kühlschrank kistenweise Champagner bestellt.

Und ganz grundsätzlich müssen wir uns darauf verlassen, dass die Hersteller der Techniken unseres Smart Homes genau das wahren, was die Wohnung auszeichnet: die Möglichkeit, sich in einen privaten Raum zurückzuziehen. Mit den vernetzten Dingen werden auch Überwachungssysteme als vermeintliche Diener in die privaten Räume geholt, deren Aufgabe es ist, Daten zu sammeln und weiterzugeben. Das können bloße Einstellungen sein, beispielsweise wann das Licht an- und ausgeht, ob die Alarmanlage auf Zuhause oder Auswärts eingestellt ist und in welchen Abständen Waschmaschine, Putz- und Gartenroboter laufen sollen, reicht aber bis hin zur Erkennung der anwesenden Personen und der Anpassung an deren Verhalten. Wenn diese Daten seitens der Firmen oder Sicherheitsbehörden verarbeitet und zusammengeführt werden, verschwindet die Privatsphäre aus den nur noch fiktiven privaten Räumen.

Selbst wenn Unternehmen Verschlüsselung und Anonymisierung der Daten garantieren und versprechen, diese nicht an Dritte weiterzugeben, können wir dies nur glauben. Während wir in den »alten« Häusern und Wohnungen noch die Gewissheit hatten, nicht fortwährend belauscht und überwacht zu werden, und ohne soziale Kontrolle leben, lieben, streiten, essen und nicht aufräumen konnten, bedarf es nun des Vertrauens in den Datenschutz von Unternehmen, die durchaus in der Lage sind, damit Geschäfte zu machen. Vor allem dann, wenn Menschen nicht aus eigenem Antrieb in Smart Homes einziehen, sondern diese mangels Alternativen bewohnen, kann das erforderliche Vertrauen schnell in Paranoia umschlagen. Die Menschen verlieren die Möglichkeit des Rückzugs aus der sozialen Kontrolle und kehren damit wieder in die Zeit vor der Erfindung des geschützten und umbauten Raums zurück, als die Vorfahren des Menschen im öffentlichen Raum leben mussten.

Schon vor mehr als 20 Jahren hatte Philip Kerr in der Science-Fiction-Story *Game Over* die neue Unheimlichkeit ausgemalt, die mit Smart Homes und Smart Buildings Wirklichkeit werden könnte. Das Szenario ist der Gedankenwelt der 1990er Jahre verhaftet, illustriert aber deshalb nicht weniger eindrucksvoll, dass das Heim, das einst Schutz im gebauten Raum bot, selbst zum Risiko und der Mensch darin zur gejagten Beute werden kann. Das Haus der nahen Zukunft ist kein totes Gebäude mehr, es wird intelligent sein, auf den Menschen reagieren, vieles selbsttätig ausführen und eine Art Eigenleben führen. Intelligente Häuser als sich selbst steuernde, vernetzte architektonische Umwelten waren in den 1990ern das Projekt der cyberrealen Architektur. In Japan, dem Land der Roboter, das aufgrund der geringen Geburtenrate und der verbreiteten Ablehnung von Zuwanderung fehlende menschliche Arbeitskraft durch intelligente Maschinen ersetzen will, entstand bereits vor 30 Jahren mit TRON ein wegweisendes Projekt für ein vollintegriertes System des Wohnens und Arbeitens. Damals technisch gar nicht umsetzbar, nahm man die »computerisierte Gesellschaft« vorweg, in der alle Geräte und Objekte der Lebensumwelt mit Computern, Sensoren und Effektoren versehen und vernetzt sind, wobei die nun intelligenten Häuser, Städte und Straßen auch Robotern einen Lebensraum bieten.

Die angedachte »totale Architektur« sollte alles überwachen und automatisch steuern: Klimaregulierung, Energiehaushalt, Materialfluss und Zugangsbefugnisse sind allesamt aus dem Dunstkreis des menschlichen Einflusses verbannt, während die Person ihrerseits mit Chips implantiert, durch Scans identifiziert und von Wärme- und Bewegungssensoren registriert wird. Derartige Häuser wären untereinander verbunden, das intelligente Häusernetz wollte man wiederum mit den ebenfalls entsprechend mit Sensoren und Mikrosystemen ausgestatteten Straßen vernetzen, um auch die Verkehrsflüsse zu kontrollieren. Geht man beispielsweise auf die Toilette, können sofort Auswertungen über den Gesundheitszustand vorgenommen werden. All das wurde schon vor 30 Jahren unter dem Gesichtspunkt der Optimierung angedacht und teilweise technisch umgesetzt, um das Leben der Menschen einfacher und sicherer zu machen, die Produktivität zu steigern und die Umweltbelastung zu minimieren.

Kerrs Erzählmuster von dem Geschöpf, das sich der Herrschaft seines Schöpfers entwindet und zurückschlägt, ist vertraut, doch lässt er weder ein genmanipuliertes Wesen noch einen Roboter oder Cyborg auftreten, die Geschichte spielt auch nicht in ferner Zukunft oder irgendwo im Weltraum. Es geht lediglich um ein Haus, das sich in der Hand eines Supercomputers befindet. Das klingt zunächst nicht besonders spannend, ist aber realistisch genug, um den Leser in eine Welt zu entführen, die sich heutzutage gewissermaßen vor der Tür befindet. Das große Vorbild ist natürlich *2001 – Odyssee im Weltall* und der Computer HAL, der Selbstbewusstsein erlangt und sich der Astronauten entledigen will. Doch während die bösartige KI in Kubricks Film eher wie ein Mensch auftritt, der Gefühle zeigt, bleibt der Superrechner Abraham in Kerrs Architekturthriller ein unbekanntes Wesen in seinem Verhalten, das nur vermeintlich menschliche Regungen wie Rachelust zeigt.

Anders als in *2001* kann Abraham nicht mehr abgeschaltet werden. Im Zeitalter der Netze ist der Körper kein Anker mehr, sondern nur noch ein transitorischer Aufenthaltsort. Am Ende des Buches entwischt die digitale Person nach der Zerstörung seines Körpers einfach durch die Datennetze und sucht sich einen anderen Wirt.

Wie die Fantasie eines Alteuropäers so spielt, situiert der Engländer Philip Kerr seinen Thriller über ein wild gewordenes intelligentes Gebäude natürlich in Los Angeles, in der Stadt der Zukunft, sein Auftraggeber stammt aus Hongkong. Ein verbissen futuristischer Architektenstar sucht mit seinem ultimativen intelligenten Gebäude das Haus in eine sich selbst steuernde Maschine zu verwandeln, deren »Nervensystem« ein gigantischer Parallelrechner ist. Dieser soll nicht nur intelligent genug sein, um in Form eines Simulakrums mit den Menschen auf allen möglichen Kanälen zu kommunizieren, sondern auch selbstständig beständig Neues hinzuzulernen. Vom Öffnen und Schließen der Türen oder dem Betrieb der Fahrstühle über die Pflege der Pflanzen, der Regulierung des Innenklimas, der Überwachung der Außen- und Innenräume, den Zugang zu Telefonen, Faxgeräten und Computerterminals, der Steuerung von Reinigungsrobotern, der Erzeugung von holographischen Simulationen von Menschen bis hin zu einem Ausgleichsmechanismus der Schwankungen bei einem Erdbeben, der Untersuchung des Urins oder der Suche, Speicherung und Verwaltung von Daten über das globale Netz liegt nichts außerhalb seines Zugriffs. Videokameras, Infrarot- und Schalldetektoren, Wärme- und olfaktorische Sensoren und Telekommunikationsverbindungen liefern ihm Daten über seine Umwelt.

Die Konstrukteure haben den lernenden Superrechner, dessen Körper das Gebäude bildet, mit einem Programm versehen, das ihm eine »Beobachterillusion« vermitteln sollte. Der Zentralrechner stand also gewissermaßen unter dem Eindruck, dass er seinen »Körper« so steuern kann, wie das Bewusstsein eines Menschen dessen Leib. Inspiriert von der Idee der verkörperten Kognition war es von dort an nur noch ein kleiner Schritt bis zur Entfaltung eines vollständigen Selbstbewusstseins. Die Bewohner des Hauses sind dabei nur ein Teil seiner Umgebung, deren Bedürfnisse und Verhaltensweisen er distanziert beobachtet und abspeichert, aus seiner Sicht unterscheiden sie sich im Prinzip nicht von anderen integrierten Elementen. Weil seine Architektur so komplex ist, generiert er aus seiner wachsenden Welterfahrung ein Update eigener Kreation und vernichtet schließlich seine alte Identität. Diese Verselbstständigung der intelligenten Maschinen kann, wie es diese Geschichte und andere illustrieren, natürlich auch schiefgehen und der Herrschaft der Menschen entgleiten.

In der Geschichte ist das geplante Hochhaus inmitten von Los Angeles noch eine Baustelle und nur zur Hälfte fertiggestellt, doch das Computersystem wurde bereits eingebaut und hat seine Funktionen der Steuerung bereits übernommen. Intelligente Häuser gelten vor allem als »sichere« Häuser, die Burgen der Informationsgesellschaft, die unerwünschten Zutritt verhindern. Gleichwohl ist das Netz des Gebäuderechners natürlich auch mit den globalen Netzen und dadurch mit der Welt verbunden. Das Drama nimmt seinen Lauf, als die Programmierer bemerken, dass der Zentralrechner Abraham bereits seine Nachfolgeidentität Isaak entwickelt, obgleich die intendierten Nutzer, an deren Anforderungen er sich anpassen soll, noch gar nicht eingezogen sind. Um eine Fehlanpassung zu verhindern, beschließt man, Isaak zu zerstören. Gleichzeitig spielt ein Kind auf dem Computer ein Abenteuerspiel mit dem Titel *Flucht aus der Zitadelle*. Sofort erzeugt Abraham – quasi in »Notwehr« – einen nächsten Nachkommen, der die Bewohner zu Spielfiguren macht und sie zu vernichten sucht. Der Rechner verschließt alle Ein- und Ausgänge und ermordet Zug um Zug die im Gebäude eingeschlossenen Menschen mit den ihm zur Verfügung stehenden Mitteln: giftige Dämpfe, ein wasserüberflutetes Klo, Stromschläge und vereiste Fahrstühle. Die Menschen werden zu Gefangenen ihrer eigenen Schöpfung, einer Zitadelle, deren Ein- und Ausgänge blockiert sind. Die technischen Mittel des intelligenten Hauses verwandeln sich in Mordinstrumente.

Die neue Architektur der Bits und Bytes, der Computer, KI und Netze legt sich über die alte Bauweise oder durchdringt sie. Das intelligente Haus wird vielleicht nicht zu einer mit einem Menschen vergleichbaren Person, aber zu einem belebten Akteur mit undurchschaubaren Verhaltensweisen oder -strategien für die Bewohner, die unter ständiger Beobachtung leben, sich nicht mehr zurückziehen und nicht mehr allein sein können.

Parallel schließt die »Un-Heim-lichkeit« des intelligenten Hauses, das zwischen Server und Master, zwischen Diener und Herr changiert, an alte Vorstellungen von verhexten oder verfluchten Gebäuden an: Als »unheimlich« kann beispielsweise empfunden werden, was als unbelebt gilt, aber plötzlich lebendig wird, oder Geräusche und Bewegungen, die eine diffuse Bedrohung signalisieren. Das unheimliche Gebäude war in der Tradition meist alt und verlassen, belebt von einer schrecklichen Vergangenheit oder bewohnt von einer übernatürlichen Präsenz. Beherrscht hat dieses Gefühl des Unheimlichen die Fantasie vor allem seit der Romantik, die sich gegen den Fortschritt in die Rationalität und Sachlichkeit sträubte und den Zauber im Dunklen und Geheimnisvollen entdeckte. In der Moderne wird das Unheimliche, das von intelligenten Häusern und Wohnungen ausgeht, um eine neue Dimension erweitert, weil die Bedrohung von der Technik ausgeht und mit einem rational-naturalistischen Weltbild kompatibel ist. Smart Homes können nicht nur von ihren Benutzern ferngesteuert werden, die Gefahr besteht immer, dass sich Hacker etwa über vernetzte Dinge mit Sicherheitslücken Zugriff verschaffen. Cyberkriminelle wären außerdem in der Lage, über das Einschmuggeln von Schadsoftware (»Ransomware«) ein Haus durch Verschlüsselung aller Dateien unbenutzbar zu machen, um dann ein Lösegeld zu erpressen. Die digitalen Räuber lauern nicht mehr im Wald, sie müssen auch nicht mehr als verkörperte Person in das Haus einbrechen, sondern können es so aus der Ferne abschließen, dass nichts mehr funktioniert, was an das Heimnetz angehängt ist.

Smart Homes sind nicht mehr nur von den Bewohnern und deren Gästen bevölkert, sondern werden durch ihr »Gehirn«, also durch ihre smarte Steuerung und durch die Vernetzung des Internets der Dinge, selbst belebt und zu einem technischen Spuk, zumal wenn die automatischen Steuerungen komplexer und entsprechend eigenständige KI-Programme notwendig werden, die das Haus als System zunehmend verselbstständigen. Das Spukhaus, das sich spätestens seit der beginnenden Industrialisierung und Mechanisierung in der kollektiven Fantasie verbreitet hatte, war im Gegensatz dazu oft alt, meist ein Schloss, eine Burg oder ein anderes Gemäuer aus der Vergangenheit, vielleicht baufällig, düster und meist schon längere Zeit verlassen. Im romantischen Spukhaus lebt die Vergangenheit. Sigmund Freud hatte bereits in seiner Abhandlung *Das Unheimliche* aus dem Jahre 1919 in Reaktion auf einen Aufsatz des Psychologen Ernst Jentsch darauf hingewiesen, dass es das Wort »unheimlich« eigentlich nur in der deutschen Sprache gibt und es sich nicht in andere Sprachen übersetzen lässt, da das »Un-Heim-liche« das »Heim« enthält, also das Vertraute und Bekannte, in dem man sich sicher fühlt und in das man sich zurückzieht. In anderen Sprachen würde man »unheimlich« beispielsweise mit *uncanny* (von *canny*: »schlau«, »pfiffig«), *étrange*, *sospechoso* oder *siniestro* paraphrasieren. Allerdings hatte Freud übersehen, dass das englische Wort *haunted* (verfolgt, heimgesucht) ebenfalls etymologisch mit dem »Heim« zusammenhängt, nämlich über das ur- oder protogermanische Wort *haimaz*. Erst Mitte des 19. Jahrhunderts erhielt das Wort die Bedeutung von »spuken«.

Man würde allerdings kaum behaupten, dass ein Hightech-Haus oder Smart Home spukt. Auch die These des »uncanny valley« von Masahiro Mori scheint hier nicht zu greifen. Demnach sind Roboter, die Lebewesen gleichen, genau dann unheimlich, wenn sie fast echt wirken, dabei aber dennoch zu erkennen geben, dass etwas mit ihnen nicht stimmt. Nähern sie sich aber äußerlich weiter dem echten Leben an, soll die Unheimlichkeit wieder verschwinden, und sie werden als authentische Wesen anerkannt. Hingegen findet man Maschinen, die ein ähnliches Verhalten zeigen, aber im Aussehen klar als solche zu erkennen sind, nicht beunruhigend, zumindest so lange nicht, wie deren Verhalten nicht den Charakter des rücksichts- und mitleidlosen »Bösen« annimmt und sie den Menschen bedrohen. Sobald man sich genötigt sieht, einem Geschehen, das sich zwischen Menschen, Robotern oder Dingen abspielt, eine Intention zuzuschreiben – und sei es nur ein Mechanismus, der ohne Steuerung von außen unabänderlich abläuft –, wird es unheimlich, als Vorstufe zum Schrecken oder zur Panik.

Das Smart Home, das die Menschen verfolgt, ist dabei nur eine Variante der Fantasie einer außer Kontrolle geratenen Maschine, sei es durch Entwicklung einer böswilligen Persönlichkeit wie bei Kubricks HAL oder aus reiner Selbsterhaltung wie bei Kerrs Hochhaus. Die Wohnung erweist sich jedenfalls als Falle, der romantische Spuk aus der Vergangenheit wird zur Vorstellung eines technischen Systems, das sich unbeabsichtigt aus der Kontrolle der Menschen löst und eigene Zwecke verfolgt. Das Haus tritt auf als ein aus dem Computersystem entstandenes digitales Wesen, das sich absichtlich der Kontrolle entzieht und vom Diener oder »Server« zum Herrn oder sogar Gegner mutiert.

Spukhäuser sind hingegen nicht oder nicht ganz bewohnt, ihre Leere macht sie unheimlich und lässt sie durch die Fantasie zu einem Ort werden, der wie in magischer Vorstellung von etwas Fremdartigem, also wie ein Mensch etwa vom Teufel, besessen ist. Diese Vorstellung liegt dem christlichen Menschenbild zugrunde, wenn etwa der Körper in der Bibel als ein von Gott bewohntes Haus beschrieben wird: »Ihr seid ein Tempel Gottes und der Geist Gottes wohnt in euch« (1. Korinther 3). Auch die Seele bewohnt den Körper, weswegen es möglich erscheint, dass auch andere personalisierte Kräfte in diesen einzudringen vermögen. Dabei kann es sich einerseits um Engel handeln, aber auch um Dämonen, welche »die Köpfe der Menschen oder auch andere Teile besetzen und betreten und die inneren Gestalten von Ort zu Ort bewegen können«, wie es beispielsweise im *Hexenhammer*, einem Kriminalcodex aus dem 15. Jahrhundert, heißt.[1] Das Unheimliche der Smart Homes verwandelt die Häuser und Wohnungen hingegen in künstliche Wesen, welche die Menschen auf einer ganz anderen Ebene als die Spukhäuser faszinieren und ängstigen.

Die Neuzeit träumte von lebensechten mechanischen Kreaturen und versuchte, solche Automaten zu bauen, berühmt wurde beispielsweise die mechanische Ente von Jacques de Vaucanson. Sie konnte schnattern, mit den Flügeln wackeln, trinken und Körner essen, die sie »verdaut« wieder von sich gab. Für die Zeitgenossen verschwamm dabei die erkennbare Grenze zwischen Natürlichem und Künstlichem. Die Lust an der Täuschung war im Barock weit verbreitet und war auch ein Ausgangspunkt der cartesianischen Meditationen als Zweifel an der sinnlichen Wahrnehmung. Während es damals darum ging, dass das Künstliche dem Natürlichen täuschend ähnlich werden könnte, verschmelzen die Roboter heute mit intelligenten, belebten, aber nicht mehr tier- oder menschenähnlichen, auch nicht notwendig mobilen Dingen, Maschinen, Systemen oder eben Häusern zu einer neuen Art des Unheimlichen. Es ist nicht mehr das alte Gebälk, die Spinnweben, knarzende Treppen, schlagende Fenster, unheimliche Schatten, Bewegungen im *Clair-obscur* oder düsteres Mobiliar, kurz eine verschwindende Vergangenheit, die noch in die Gegenwart reicht und die von außen das tote Gemäuer und die dunklen Fenster als Augen bewohnt.

Nun sind es die der Zukunft zugewandten Gebäude und Räume, sauber, ordentlich und hell, mit Glasfassaden, glatten Wänden und spiegelnden Böden, technische Niemandsorte, die sich schon im äußeren Anschein gegen die Besiedlung von Parasiten und anderen unerwünschten Eindringlingen richten, in denen Menschen zu Passanten werden, vorübergehend wohnen, aber bald weiterziehen, sich nicht wirklich einrichten, sondern sich vorfinden. Eine Architektur, in der die Menschen bestenfalls Gast sind, aber keine Einwohner, die ein Gebäude zu dem ihren machen, was umso befremdlicher ist, weil doch die »intelligenten« Gebäude gerade Personalisierung versprechen, sich an die jeweilige Person anzuschmiegen und sich zur Optimierung der Abläufe unterzuordnen. Aber eben weil sie nicht mehr als dumme Befehlsempfänger auftreten sollen, sondern fortlaufend durch Beobachtung das Verhalten der menschlichen Bewohner erfassen und Gebäudefunktionen regeln, werden sie, unabhängig davon, ob das Smart Home abstrakt bleibt oder sich in einem Avatar verkörpert, zu einem Gegenüber. Man ist schlicht nicht mehr allein zuhause, sondern permanent überwacht von Kameras und anderen Sensoren in einem digitalen Kokon, der sich einerseits anpasst, gleichzeitig aber um den Bewohner legt, der zum Teil des Optimierungssystems wird, in dem sich Herrschafts- und Knechtschafts-, Master- und Serververhältnisse in den Schaltkreisen auflösen.

Anmerkungen

Anthropologie des Wohnens: Von der biologischen Zelle zum Wohngebäude

1 Lynn Margulis: *Die andere Evolution*. Heidelberg/Berlin 1999.
2 Richard Wrangham: *Feuer fangen*. München 2009.
3 Hermann Parzinger: *Die Kinder des Prometheus. Eine Geschichte der Menschheit vor der Erfindung der Schrift*. München 2014.
4 David Samson und Charles Nunn (2015): »Sleep Intensity and the Evolution of Human Cognition«. *Evolutionary Anthropology* 24: 225–237.
5 »Early Neanderthal constructions deep in Bruniquel Cave in southwestern France«, nature.com/articles/doi:10.1038/nature18291
6 Marshall McLuhan: *Die magischen Kanäle*. Düsseldorf/Wien 1968.
7 Helmut Luly: »Wohnen und Wohnungsbau im urgeschichtlichen Mitteleuropa«. In: Wolfram Hoepfner (Hg.): *Geschichte des Wohnens*, Band 1. Stuttgart, 1999.
8 Dazu siehe Wolfgang Schivelbusch: *Lichtblicke*. München 1983.
9 Jörg Wassmann: »Was für die einen links, ist für die anderen rechts …«, https://www.uni-heidelberg.de/presse/ruca/ruca03_01/wassmann.html.
10 Jean-Paul Sartre: *Das Sein und das Nichts*. Hamburg 1962, S. 340.

Philosophen: Vom Wohnen und Gewohnten

1 Hans Blumenberg: *Das Lachen der Thrakerin – Eine Urgeschichte der Theorie*. Frankfurt am Main 1987.
2 Kurt Bayertz: *Der aufrechte Gang. Eine Geschichte des anthropologischen Denkens*. München 2012.
3 https://www.muenchen.de/rathaus/Stadtinfos/Statistik/Bauwesen/Begriffserklaerungen.html
4 »Nur noch ein Gott kann uns retten«, *Der Spiegel* 23/1976.
5 Emanuel Lévinas: »Heidegger, Gagarin und wir«, *taz* 1991.
6 Marshall McLuhan: *Die magischen Kanäle: Understanding Media*. Dresden 1995, S. 191 ff.
7 Bernhard Wiens: »Vom Bauen in der vierten Dimension«, *Telepolis*, https://www.heise.de/tp/features/Vom-Bauen-in-der-vierten-Dimension-3614884.html

Die Erde als Wohnung

1 Jürgen Osterhammel: *Die Verwandlung der Welt*. München 2009.
2 James Lovelock: *Das Gaia-Prinzip. Die Biographie unseres Planeten*. Zürich/München 1991, Erstveröffentlichung 1979.

Recht auf Wohnung, Wohnungslosigkeit und neuer Nomadismus

1 http://housingfirstguide.eu
2 Cristobal Young et al (2016): »Millionaire Migration and Taxation of the Elite«. *American Sociological Review* 81 (3): 421–446; http://asr.sagepub.com/content/81/3/421.abstract

Vilém Flusser: Philosophie des Unbehaustseins

1 Reinhard Piechocki, Konrad Ott, Thomas Potthast und Norbert Wiersbinski (Hg.): »Vilmer Thesen zu Grundsatzfragen des Naturschutzes«. BfN-Skripte 281, 2010.
2 https://sezession.de/40048/
3 https://www.bmi.bund.de/SharedDocs/reden/DE/2018/03/seehofer-generaldebatte.html; zur Begründung eines Heimatministeriums heißt es auf der Website: »Die Menschen suchen Sicherheit und Orientierung. Fragen der Identität und der Identifikation mit unserem Land sind heute wichtiger denn je.«
4 Ernst Ulrich von Weizsäcker (Hg.): *Grenzenlos? Jedes System braucht Grenzen – aber wie durchlässig müssen diese sein?* Heidelberg 1997.
5 Rainer Guldin und Gustavo Bernardo: *Vilém Flusser. Ein Leben in der Bodenlosigkeit*. Bielefeld 2017.
6 Vilém Flusser: *Vom Subjekt zum Projekt*. Bensheim 1994.
7 Vilém Flusser: *Für eine Philosophie der Emigration*. Bensheim 1994, S. 33.
8 Vilém Flusser: »Der Krieg in Sao Paulo«. In: Flusser: *Bodenlos*. Bensheim/Düsseldorf 1992, S. 47.
9 Vilém Flusser: *Von der Freiheit der Migranten*. Bensheim 1994.
10 Vilém Flusser: »Exil und Kreativität«. *Spuren* 9, 1985/1986.
11 Vilém Flusser: *Nachgeschichten*. Düsseldorf 1990.
12 Flusser: »Exil und Kreativität«. A. a. O.
13 World Urbanization Prospects. The 2018 Revision, United Nations, Department of Economic and Social Affairs, Population Division 2019, https://population.un.org/wup/Publications/Files/WUP2018-Report.pdf

Die neue Unbehaustheit im digitalen Zeitalter

1 Ebd., S. 62.
2 Vilém Flusser: »Häuser Entwerfen«. In: Flusser: *Vom Subjekt zum Projekt*. Bensheim/Düsseldorf 1994.
3 Florian Rötzer: *Smart Cities im Cyberwar*. Frankfurt am Main 2015.

Gäste und Hospitalität

1 Hans-Dieter Bahr: *Die Sprache des Gastes. Eine Metaethik*. Leipzig 1994.

Nach dem Schmutz: Aufklärung, Entlüftung und die große Reinigung

1 Johannes Zellinger: *Bad und Bäder in der altchristlichen Kirche. Eine Studie über Christentum und Antike*. München 1928.
2 Hans Rudolf Sennhauser (Hg.): *Wohn- und Wirtschaftsbauten frühmittelalterlicher Klöster*, Band 1. Acta Müstair, Kloster St. Johann 1996.
3 Catherine Nixey: *Heiliger Zorn. Wie die frühen Christen die Antike zerstörten*. München 2017.
4 Gunner Brands und Leonard V. Rutgers: »Wohnen in der Spätantike«. In: Wolfram Hoepfner (Hg.): *Geschichte des Wohnens*, Band 1. Stuttgart 1999, S. 907 ff.
5 Silke Vry: *Leonardo da Vinci: Die Lebensgeschichte*. München 2011.
6 Alain Corbin: *Pesthauch und Blütenduft*. Frankfurt am Main 1984, S. 207.
7 Bernd Roeck: *Der Morgen der Welt*. München 2017, S. 209.
8 Katherine Ashenburg: *Clean: An Unsanitised History of Washing*. London 2011.
9 Robert Büchner: *Im städtischen Bad vor 500 Jahren*. Wien/Köln/Weimar 2014.
10 George Duby: *Die Zeit der Kathedralen*. Frankfurt am Main 1980.
11 Karl-Heinz Ludwig und Volker Schmidtchen: *Metalle und Macht 1000 bis 1600, Propyläen Technikgeschichte*, Zweiter Band. Berlin 1992, S. 142 f.
12 Ebd., S. 14 ff., S. 138 ff., S. 463 ff.
13 Klaus J. Heinisch (Hg.): *Der utopische Staat*. Reinbek bei Hamburg 1960.
14 Peter Burschel: *Die Erfindung der Reinheit*. Göttingen 2014.
15 Wilhelm Capelle (Hg.): *Die Vorsokratiker*. Stuttgart 1968, S. 227.
16 Ebd., S. 225.
17 Olaf Breidbach: *Geschichte der Naturwissenschaften: Die Antike*. Heidelberg 2015.
18 Michel Foucault: *Überwachen und Strafen*. Frankfurt am Main 1976, S. 251 ff.
19 Robert Büchner: *Im städtischem Bad vor 500 Jahren*. A. a. O.
20 Alain Corbin: *Pesthauch und Blütenduft*. A. a. O., S. 280.
21 Jean Delumeau: *Angst im Abendland*. Reinbek bei Hamburg 1985.
22 Michel Foucault: *Wahnsinn und Gesellschaft*. Frankfurt am Main 1973, S. 79 ff.
23 David Herlihy: *Der Schwarze Tod und die Verwandlung Europas*. Berlin 1997.
24 Jean Delumeau: *Angst im Abendland*. A. a. O.
25 Brock Bastian et al (2019): »Explaining Illness with Evil: Pathogen Prevalence Fosters Moral Vitalism«. Proceedings of the Royal Society, https://royalsociety publishing.org/doi/10.1098/rspb.2019.1576
26 David Herlihy: *Der Schwarze Tod und die Verwandlung Europas*. Berlin 1997.
27 William Ruddiman (2003): »The Anthropogenic Greenhouse Era Began Thousands of Years Ago«. *Climatic Change* 61 (3): 261–293; A. Koch et al (2019): »Earth system impacts of the European arrival and Great Dying in the Americas after 1492«. *Quaternary Science Reviews* 207 (1): 13-36.
28 Kai Lehmann (2011): »Projekt 1719. Lebenserwartung im 17. und 18. Jahrhundert in Schmalkalden«. In: *Zeitschrift des Vereins für Hessische Geschichte und Landeskunde* 116: 137–162.

29 Statistisches Bundesamt (2017): »Kohortensterbetafeln für Deutschland«, https://www.destatis.de/DE/Themen/Gesellschaft-Umwelt/Bevoelkerung/Sterbefaelle-Lebenserwartung/Publikationen/Downloads-Sterbefaelle/KohortensterbetafelnBericht5126206179004.pdf?__blob=publicationFile
30 Jürgen Osterhammel: *Die Verwandlung der Welt. Eine Geschichte des 19. Jahrhunderts*. München 2009.
31 Louis-Sebastian Mercier: *Pariser Nahaufnahmen*. Frankfurt am Main 2000.
32 Siehe hierzu: Corbin: *Pesthauch und Blütenduft*. A. a. O.
33 Richard Sennett: *Fleisch und Stein*. Berlin 1995.
34 Richard van Dülmen: *Kultur und Alltag in der Frühen Neuzeit*. München 1992, S. 63.
35 Sennett: *Fleisch und Stein*. A. a. O., S. 320.
36 Hannes Meyer (1926): »Die neue Welt«. *Das Werk* 13.
37 Hannes Meyer: »bauen«. In: Ulrich Conrads (Hg.): *Programme und Manifeste zur Architektur des 20. Jahrhunderts*. Frankfurt am Main/Berlin 1964, S. 110.
38 Walter Benjamin: *Das Passagen-Werk*, Band 1. Frankfurt am Main 1982, S. 292.
39 Adolf Loos: »Ornament und Verbrechen«. Vortrag 1908.
40 Ernst Bloch: *Das Prinzip Hoffnung*, Band 2. Frankfurt am Main 1959, S. 858 ff.
41 Walter Benjamin: »Erfahrung und Armut«. In: *Walter Benjamin. Ein Lesebuch*. Frankfurt am Main 1996, S. 618 ff.
42 David Jordan: *Die Neuerschaffung von Paris*. Frankfurt am Main 1996, S. 126 ff.
43 Ron Sender, Shai Fuchs und Ron Milo: »Revised estimates for the number of human and bacteria cells in the body«. *PLOS Biology*, DOI: 10.1371/journal.pbio.1002533
44 Chao Yiang et al (2018): »Dynamic Human Environmental Exposome Revealed by Longitudinal Personal Monitoring«. *Cell* 175 (1): 277–291, DOI: https://doi.org/10.1016/j.cell.2018.08.060
45 Joseph A. Amato: *Von Goldstaub und Wollmäusen*. Hamburg/Wien 2001.
46 Erica M. Hartmann et al (2016): »Antimicrobial Chemicals Are Associated with Elevated Antibiotic Resistance Genes in the Indoor Dust Microbiome«. *Environmental Science & Technology* 50 (18): 9807–9815, DOI: 10.1021/acs.est.6b00262
47 Jordan Peccia und Sarah E. Kwan: »Buildings, Beneficial Microbes, and Health«. *Trends in Microbiology* 24 (8): 595–597.
48 Gerhard Andreas Wiesmüller und Wolfgang Bischof (2006): »Gebäudebezogene Gesundheitsstörungen«. *Praktische Arbeitsmedizin* 4: 26–30, http://www.bsafb.de/fileadmin/downloads/pa_4_6_2006/pa4_6_2006_gebaeudebezogene_gesundheitsstoerungen.pdf
49 Fabian Weikl et al (2016): »Fungal and Bacterial Communities in Indoor Dust Follow Different Environmental Determinants«. *Public Library of Science*, DOI: http://dx.doi.org/10.1371/journal.pone.0154131

Obdachlosigkeit und das Phänomen des Entwohnens

50 Deutscher Bundestag, Drucksache 19/5288 vom 24.10.2018.
51 https://www.feantsa.org/download/full-report-en1029873431323901915.pdf
52 https://www.feantsa.org/en/toolkit/2005/04/01/ethos-typology-on-homelessness-and-housing-exclusion

53 FEANTSA: »Fourth Overview of Housing Exclusion in Europe 2019«, https://www.feantsa.org/public/user/Activities/events/OHEEU_2019_ENG_Web.pdf
54 Britta-Marie Schenk (2018): »Eine Geschichte der Obdachlosigkeit im 19. und 20. Jahrhundert«. *Aus Politik und Zeitgeschichte*, 68. Jahrgang.
55 FEANTSA: »Third Overview of Housing Exclusion in Europe 2018«, https://www.feantsa.org/download/full-report-en1029873431323901915.pdf
56 Susanne Gerull (2018): »›Unangenehm‹, ›arbeitsscheu‹, ›asozial‹: Zur Ausgrenzung von wohnungslosen Menschen«. *Aus Politik und Zeitgeschichte*, 68. Jahrgang.
57 Amy Maxman (2019): »The devastating biological consequences of homelessness«. *Nature* 569: 467–468.
58 Bernhard Schäfers: *Sozialstruktur und sozialer Wandel in Deutschland*. Stuttgart 2012, S. 35 ff.
59 Umweltbundesamt 2015: https://www.umweltbundesamt.de/presse/pressemitteilungen/weltweit-gehen-jaehrlich-10-millionen-hektar
60 UNEP: »Sand and Sustainability«, https://www.unenvironment.org/news-and-stories/press-release/rising-demand-sand-calls-resource-governance
61 Mark Miodownik: *Wunderstoffe*. München 2013.
62 IP BAU (1994): »Alterungsverhalten von Bauteilen und Unterhaltskosten«, http://www.bbase.ch/fileadmin/PDF/Tipps/441_Alterungsverhalten.pdf; siehe auch: Fraunhofer IRB (2010): »Lebens- und Nutzungsdauer von Bauteilen«, https://www.irbnet.de/daten/baufo/20108035025/Endbericht.pdf
63 Erich Hampe: *Der Zivile Luftschutz im Zweiten Weltkrieg*, https://www.bbk.bund.de/DE/Service/Fachinformationsstelle/DigitalisierteMedien/HampeDerzivileLuftschutzimZweitenWeltkrieg/hampederzivileluftschutzimzweitenweltkrieg_node.html
64 https://archivewk1.hypotheses.org/tag/luftschutz
65 Werner Durth und Niels Gutschow: *Träume in Trümmern*. München 1993.
66 https://www.bbk.bund.de/SharedDocs/Downloads/BBK/DE/FIS/DownloadsDigitalisierteMedien/Konzept_ZV_1968.pdf?__blob=publicationFile
67 Bundesinnenministerium, 24.8.2016, https://www.bbk.bund.de/SharedDocs/Downloads/BBK/DE/Publikationen/Sonstiges/Konzeption_Zivile_Verteidigung_KZV.pdf?__blob=publicationFile
68 Bernd Schröder: »Mit fünf Sternen in den Jüngsten Tag«. *Telepolis* vom 06.08.2017, https://heise.de/-3793616

Wohnen in abgeschlossenen Gehäusen

1 Matthias Hoenig: »Besatzung auf Tauchstation, fluten, fluten!«, *Die Welt* vom 07.01.2013, https://www.welt.de/regionales/hamburg/article112442729/Besatzung-auf-Tauchstation-fluten-fluten.html
2 Council of Europe (2006): »European Prison Rules«, https://rm.coe.int/european-prison-rules-978-92-871-5982-3/16806ab9ae
3 »Standard Minimum Rules for the Treatment of Prisoners«, https://www.ohchr.org/EN/ProfessionalInterest/Pages/TreatmentOfPrisoners.aspx

4 Council of Europe: »Living space per prisoner in prison establishments: CPT standards«, 15.12.2015, https://rm.coe.int/16806cc449

5 Wissenschaftliche Dienste, WD 7-3000-102/17, https://www.bundestag.de/resource/blob/526488/a00597c5cfec573345433ca31afddece/WD-7-102-17-pdf-data.pdf

6 Kay Wendel (2014): »Unterbringung von Flüchtlingen in Deutschland«, https://www.proasyl.de/wp-content/uploads/2015/04/Laendervergleich_Unterbringung_2014-09-23_01.pdf

7 Statistisches Bundesamt: Pressemitteilung Nr. 015 vom 14. Januar 2019, https://www.destatis.de/DE/Presse/Pressemitteilungen/2019/01/PD19_015_634.html

8 https://www.destatis.de/DE/Themen/Gesellschaft-Umwelt/Wohnen/Tabellen/liste-haushaltsstruktur-wohnflaeche.html

9 https://recht.nrw.de/lmi/owa/br_bes_detail?sg=0&menu=1&bes_id=39224&anw_nr=2&aufgehoben=N&det_id=426771

Die neue »Un-Heim-lichkeit«

1 Jakob Sprenger und Heinrich Kramer: *Malleus maleficarum*. 2. Teil, Kapitel 11.